BLONDEL

DU MÊME AUTEUR

Les mathématiques de la décision, Paris, P.U.F., 1973.

Le décideur, Paris, préface de Raymond Aron, Paris, Gallimard, 1979.

L'action politique selon Simone Weil, Paris, Le Cerf, 1988.

Genèse et unité de l'action, Paris, Vrin, 1989.

Parcours de l'ombre. Les trois indécidables, Paris, Archives contemporaines, 1994.

La raison au XXe siècle, Paris, Le Seuil, 1995.

Entretiens nocturnes sur la théorie des jeux, la poésie et le « nihilisme » chrétien, Bruxelles, Le Cri, 1997.

Cournot. Le réalisme, Paris, Vrin, 1998.

Whitehead. Un univers en essai, Paris, Vrin, 2000.

Philosophie des sciences (I) & (II), Daniel Andler, Anne Fagot-Largeault et Bertrand Saint-Sernin, Gallimard, 2002.

La raison, « Que sais-je ? », Paris, PUF, 2003.

Le rationalisme qui vient, Paris, Gallimard, 2007.

BIBLIOTHÈQUE DES PHILOSOPHIES

Directeur : Michel MALHERBE

BLONDEL

UN UNIVERS CHRÉTIEN

par

Bertrand SAINT-SERNIN

PARIS

LIBRAIRIE PHILOSOPHIQUE J. VRIN

6, Place de la Sorbonne, V[e]

2009

ISSN 1281-5675
ISBN 978-2-7116-2251-1

www.vrin.fr

Pour Pierre Oster

AVANT-PROPOS

Cette présentation de l'œuvre de Maurice Blondel repose sur l'étude des ouvrages suivants : *L'Action* (1893), le *De vinculo substantiali et de substantia composita apud Leibnitium* (1893), *Itinéraire philosophique* (1828), *Une énigme historique : le* Vinculum substantiale *de Leibniz* (1930), *La Pensée I & II* (1934), *L'Être et les êtres* (1935), *L'Action I & II* (1937), *Lutte pour la civilisation et philosophie de la paix* (1940), *La Philosophie et l'esprit chrétien I* (1944) & *II* (1946). Elle s'appuie aussi sur d'autres écrits de Blondel : les notes qu'il destine au *Dictionnaire critique de la philosophie* de Lalande, ses interventions écrites à la *Société française de Philosophie* (qui figurent dans le *Bulletin*), sa contribution au Premier Congrès international de Philosophie (Paris, 1900), des études ou des propos sur ses contemporains Henri Bergson, André Blondel, Léon Brunschvicg, Victor Delbos, Pierre Duhem, Lucien Lévy-Bruhl, etc., sa *Correspondance* avec Auguste Valensin et avec Pierre Teilhard de Chardin.

En revanche, peut-être à tort, j'ai laissé de côté les innombrables articles et interventions écrites du philosophe sur des questions religieuses, notamment à l'occasion de la querelle du « modernisme », même s'ils reflètent l'inquiétude et la douleur dans lesquelles a vécu Blondel : il se sentit incompris, critiqué, malmené par une partie de la presse catholique sous des prétextes divers : accusations de « modernisme », de « kantisme », d'« immanentisme », de « naturalisme », etc. À certains moments, il semble même craindre la mise à l'index de certaines de ses propositions, alors que, parallèlement, il reçoit le soutien des Papes Léon XIII, Pie X et Pie XI. Blondel, on le voit dans les lettres qu'il écrit à Auguste Valensin ou à Teilhard de Chardin, est un esprit libre ; mais il redoute l'exclusion dont ont pâti un certain nombre de catholiques audacieux et sincères. D'où, dans ses écrits publics, quelque chose d'enveloppé qui ne tient pas uniquement à la méthode qu'il s'est choisie, et qui implique des explorations patientes, des reconstitutions généalogiques, des évocations successives de crises et de dénouements.

Nous avons du mal, à un siècle de distance, à prendre la mesure des tempêtes politiques et religieuses qui secouèrent la France entre 1881 (expulsion des Congrégations), 1905 (séparation de l'Église et de l'État) et 1923, date où, après la Grande Guerre, l'apaisement se fait. Dans ce contexte, Blondel est en butte à deux sortes d'attaques qui le marginalisent : de la part de certains milieux catholiques traditionalistes, qui lui reprochent son libéralisme et sa modernité; de la part du Ministère de l'Instruction publique qui, en 1893, lui refuse un poste dans l'enseignement supérieur : il faudra l'intervention de son directeur de thèse, Émile Boutroux, parent de la famille Poincaré, pour que Louis Liard, alors directeur de l'enseignement supérieur, consente à le nommer à Lille, puis à l'université d'Aix, où il fera toute sa carrière.

On a le sentiment que les difficultés de Blondel avec l'université et ses collègues philosophes ont disparu assez vite : sa collaboration au *Dictionnaire* de Lalande et à la *Société française de Philosophie*, son élection comme membre correspondant de l'Institut en 1914, les relations de plus en plus amicales qui le lient à Léon Brunschvicg en sont des signes, parmi d'autres. En revanche, ses heurts avec quelques « petits chefs » catholiques, persuadés de détenir la vraie foi, ont été longs à s'apaiser : sa correspondance avec le Père jésuite Auguste Valensin, qui fut pour lui un ami fidèle, en porte témoignage.

Si je signale cet état de choses, c'est qu'il a eu une incidence sur l'expression de la pensée philosophique de Blondel : celui-ci accueille avec faveur, tout au long de sa vie philosophique (qui s'étend sur soixante-dix ans, de 1879 à 1949), les découvertes des sciences de la nature, de l'ethnologie et de la sociologie. En revanche, il ne traite pas de façon précise, dans ses œuvres principales, de l'évolution de la vie, alors qu'il souscrit, dit-il à Auguste Valensin, aux vues de Teilhard de Chardin qui, comme quelques autres savants et penseurs catholiques (Maximilien Begouën et ses fils, l'abbé Breuil, Jules Lachelier, etc.), estiment que les observations scientifiques de Darwin sont compatibles avec la vision chrétienne de l'univers. Ainsi, en 1882, Jules Lachelier écrit à Caro : « Spéculativement, je suis attaché à Darwin et à Moïse ». Dans cette perspective, le récit de la Genèse et l'histoire naturelle de Darwin (telle qu'elle est exposée en 1859 dans *L'Origine des espèces*) ne sont pas contradictoires.

Quelle est l'âme de sa pensée ? Il a dit lui-même, et la lecture de son œuvre le confirme : c'est l'action. De fait, il n'a pas cessé d'explorer ce domaine qui, dans les années 1880, apparaissait étranger à la philosophie, en France tout au moins. Non que les moralistes français n'aient pas traité de l'action, bien sûr ! Mais on avait du mal à reconnaître, dans l'institution philosophique, que l'action est une source originale non seulement d'expérience mais de connaissance. Pour Blondel, l'action est un « laboratoire vivant », où nous acquérons des lumières que nous ne pourrions pas recevoir d'ailleurs. Et, de fait, les thèses de 1893, sur l'action d'abord et sur le *Vinculum substantiale* chez Leibniz, en fournissent la preuve. On peut lire la thèse principale comme un traité sur l'action qui, plus d'un siècle après sa publication, reste un classique. D'une certaine manière, la trilogie des années 1934-1937 (*La Pensée I & II*, *L'Être et les êtres*, *L'Action I & II*) procède de *L'Action* de 1893 et de la thèse latine sur le *Vinculum*.

Blondel confie à son ami Auguste Valensin que son inspiration originaire vient de la notion chrétienne de l'Incarnation, c'est-à-dire de la liaison indissoluble, dans le Christ et, par analogie, dans tous les hommes, entre l'âme et le corps, entre le divin et l'organique. Il lui écrit : « Le problème de l'Incarnation m'est apparu... (peut-être même antécédemment à toute autre question philosophique) comme la pierre de touche d'une vraie cosmologie, d'une métaphysique intégrale... »[1]. Pour comprendre le sens de cette déclaration, il faut dire un mot de ce qui distingue la pensée antique de la pensée hébraïque et, plus encore, chrétienne. Ni dans la Bible ni dans les Évangiles ni dans les Épîtres de saint Paul on ne trouve l'idée, présente dans le *Phédon* de Platon et dans le néo-platonisme, que l'âme peut mener une vie séparée de celle du corps. Par conséquent, la mort biologique a deux issues possibles : ou la totale disparition de l'individu ou la « résurrection des corps » dans la vie du monde à venir. Bien plus, des penseurs comme Tertullien, à la fin du IIe siècle, ne semblent plus accorder de crédit aux arguments platoniciens sur l'immortalité de l'âme et fondent l'espérance de la résurrection sur l'idée que Dieu ne laissera pas disparaître ce qu'il a créé avec amour. En second lieu, la pensée chrétienne ne considère pas les individus comme des isolats. Le même Tertullien, dans son *Apologétique* (vers 197), écrit : « *Corpus sumus*, nous sommes un seul corps », perspective à laquelle les Pères de l'Église et les théologiens attacheront les noms de « communion des saints » et de « corps mystique ». Ces notions, au cours des siècles, se séculariseront dans l'Europe latine, et donneront naissance aux idées qui nous sont familières d'interaction des êtres libres, de « communauté éthique » (Kant) et d'intersubjectivité.

On pourrait s'interroger : si Blondel est un chrétien convaincu, est-ce que sa philosophie présente de l'intérêt pour les incroyants ou pour ceux qui

1. *Correspondance* entre Maurice Blondel et Auguste Valensin (1899-1912), Paris, Aubier, 1957, t. 1, p. 47.

doutent? Atteint-elle dans ses analyses l'impartialité rationnelle qu'on attend d'un philosophe? Je crois que l'on peut répondre, sans hésitation, par l'affirmative. Pourquoi? Pour deux raisons. La première tient à la formation et à la personnalité de Maurice Blondel. C'est, par toutes ses fibres, un philosophe d'une culture très large, libre, rigoureux, soucieux de n'assumer que ce qu'il voit avec évidence. La seconde tient à une caractéristique fondamentale de l'anthropologie chrétienne, qu'Ignace de Loyola a résumée par la sentence suivante :

> *Que les hommes qui doivent agir adoptent la maxime suivante : confie-toi à Dieu,*
> *comme si le succès de l'action dépendait entièrement de toi, et aucunement de Dieu ;*
> *et cependant porte toute ton attention aux moyens, comme si tu ne faisais rien,*
> *et que Dieu fît tout*[1].

La pratique de l'action exclut donc tout abandon paresseux à la fatalité ou à la Providence divine : l'homme, quand il agit, doit être entièrement requis par les moyens et par les fins de ce qu'il accomplit. La foi de l'homme d'action en Dieu n'a pas pour conséquence de lui faire prendre Dieu pour une puissance réparatrice qui corrigerait les erreurs ou compenserait les faiblesses de l'agent : elle se manifeste par le détachement, par l'amenuisement du « moi », qui, tout en agissant, se traite lui-même comme s'il ne faisait rien. De la sorte, les analyses qu'il fait de l'action, des lumières que l'exécution apporte, de l'incomplétude de nos actes, de la dimension d'infini qu'ils recèlent ne sont pas déformées par la foi.

De même, l'analyse que fait Blondel de la science moderne, celle qui naît au début du XVIIe siècle, est d'une étonnante justesse : il a vu que celle-ci n'est pas, comme la science antique, « spéculative » et « résignée » ; il voit en elle une puissance « transformatrice du monde ». Il ne sépare pas les théories de leurs applications techniques et donc refuse le clivage ordinaire entre nature et artifice. C'est que, pour lui, la science moderne est un produit du christianisme ou, plus exactement, de sa sécularisation.

Si Blondel fait de la science moderne une production chrétienne, il voit aussi l'ambivalence de ce processus : c'est une suite de réussites et de

1. Gaston Fessard, *La dialectique des* Exercices spirituels *de saint Ignace de Loyola * Temps-Grâce-Liberté*, Paris, Aubier, 1956, p. 305.
Haec prima sit agendorum regula : sic Deo fide,
quasi rerum successus a te, nihil a Deo penderet ;
ita tamen iis operam omnem admove, quasi tu nihil,
Deo omnia solus sit facturus.

créations si étonnantes que les hommes risquent de l'ériger en un absolu. Or le problème de l'humanité, c'est de découvrir dans quelles conditions la science et la technologie se diffusent, se greffent, se recréent, émigrent dans d'autres cultures. C'est essentiel, parce que l'accès des hommes aux biens élémentaires, dans toutes les sociétés, en dépend. Blondel ne cessera pas de souligner l'importance des sciences de la nature et des sciences sociales. En fin de compte, c'est une cosmologie que le philosophe, à travers une étude complète de l'action, nous propose.

Platon a décrit presque exhaustivement tous les types d'explication de la nature : par la matière, par la forme, par la causalité physique, par la finalité constructive, par une multiplicité de dieux, par un Dieu unique ou indifférent ou aimant. Bref, la pensée antique nous fournit une panoplie presque complète d'explications de l'univers.

Pourtant le judaïsme et, plus encore, le christianisme apportent une notion entièrement nouvelle : celle d'un Médiateur envoyé par Dieu, qui est le Messie et le fils de Dieu. En d'autres termes, Dieu n'est pas à une distance infranchissable de l'homme ; et l'idée d'Incarnation, propre au christianisme, affirme que Dieu s'est fait homme et qu'« il est venu parmi nous ».

L'œuvre philosophique de Blondel porte l'écho de cette « Bonne Nouvelle », comme il la nomme : à une époque de mondialisation, où les hommes de religions diverses se rencontrent et cohabitent dans le même État, il est précieux de regarder de près un grand philosophe qui ne soit ni agnostique, ni athée, ni musulman, ni juif, ni hindou, ni animiste, mais catholique, ne serait-ce que pour comprendre la nature du rationalisme chrétien.

Maurice Blondel est à la fois philosophe et catholique : il ne cherche ni à masquer les deux faces de sa vocation ni à les faire concorder par mélange. Quand il réfléchit, il le fait muni des instruments de la raison naturelle ; quand il croit, il le fait par adhésion du cœur et de l'esprit. Pourtant, tout en maintenant avec rigueur la différence entre penser et croire, il estime pouvoir montrer, par les voies de la raison commune, que l'ordre humain n'est pas clos sur lui-même dans son immanence. Il est ouvert sur une réalité autre, que Blondel appelle « transcendance » et qui recouvre le divin, c'est-à-dire, pour lui, la Trinité et, plus particulièrement, le Christ.

Imprégné des Écritures, lecteur de saint Augustin, il est aussi nourri de sciences et, notamment, il est convaincu par les travaux de Darwin et considère comme un fait la transformation des espèces. Comme il adhère au dogme de l'Incarnation, il refuse de distinguer radicalement l'ordre physico-chimique, l'ordre biologique et l'ordre humain. Tout au contraire, il pense que chaque être humain porte en lui, à sa façon, l'histoire de l'univers matériel et de la vie. Il s'ensuit que, pour éclairer la plus infime de nos pensées, nous devons en retrouver à la fois les racines et les visées encore confuses. Cette exigence de refaire individuellement un parcours que la matière et la vie ont effectué confère à ses analyses une lenteur incompressible. On voudrait qu'il brûle des étapes, mais il s'y refuse car la précipitation mènerait à l'erreur.

A-t-il au moins laissé une indication sur l'idée qu'il se faisait du terme de sa quête? Oui, par endroits, et de façon voilée. L'expression la plus limpide se trouve tout à la fin de son œuvre. Dans *La Philosophie et l'esprit chrétien*[1], il évoque ainsi le corps mystique, c'est-à-dire l'état des hommes dans le monde à venir, quand ils communieront en Dieu : « C'est ainsi que chacun, gardant son originalité et ses mérites, au point que l'Apocalypse nous révèle que chacun de nous conservera son nom unique, un nom que Dieu et nous-mêmes serons seuls à connaître pour garder l'intime secret du seul à seul, jouira en même temps de la félicité immensément multipliée par l'innombrable foule des membres du corps mystique » *(E. C. I*, p. 207).

Encore faut-il établir que le réel ne se limite pas aux trois ordres classiques de la nature : physico-chimique, vivant et humain et que l'idée de corps mystique n'est pas un rêve chimérique. La méthode de Blondel consiste à prendre comme fil conducteur le désir qui anime de l'intérieur l'esprit humain et à examiner, par les moyens de la raison, si une telle aspiration subjective a un corrélat objectif, c'est-à-dire si elle signifie qu'il y a, au-delà du périmètre humain, une présence transcendante qui valide l'aspiration subjective : « En fait, et sans limiter la souveraine liberté divine, le dessein créateur se justifie par cette vocation à un ordre nouveau qui confère à des esprits créés et, par eux, à l'immense univers une valeur, une participation, une adoption divine qu'aucune créature, si élevée qu'on puisse la concevoir, ne pourrait tenir de sa nature propre, ni gagner par ses seules forces ; ... » (*E. C. I*, p. 55).

Il est décisif, pour savoir quelle est notre destination, de poser la question : « Faut-il donc fermer les yeux du philosophe en obturant également tous les traits de lumière que laissent passer les voiles de la foi ? » (*E. C. I*, p. 54). Blondel ne pense pas que les idées de communion des saints et de corps mystique soient des assertions que la raison naturelle peut établir ; ce sont des révélations de la foi, mais la raison peut les ratifier à titre d'hypothèses parce qu'elles ne recèlent aucune contradiction logique.

Dans le tome II de *La Philosophie et l'esprit chrétien*, Blondel se pose la question : Pourquoi, si l'espérance de la révélation chrétienne (celle de la

1. Maurice Blondel, *La Philosophie et l'esprit chrétien*, t. I, Paris, P.U.F., 1944 (dorénavant cité *E. C. I*).

communion des saints et du corps mystique) est désirable pour la raison ou, en tout cas, ne contredit pas aux exigences de la pensée rationnelle, provoque-t-elle tant de réticences, d'oppositions violentes, voire de persécutions?

À ses yeux, cet état de choses a des causes simples, voisines des explications que donne Bergson dans *Les Deux Sources de la morale et de la religion*: nous sommes construits pour vivre dans de petits mondes clos et répugnons à en sortir et à nous défaire des habitudes et des imaginations que nous avons contractées. La philosophie a pour tâche de nous extraire de ces niches mais, quand on tente de nous déloger de nos certitudes, nous montrons les dents!

Ce qui a rendu son itinéraire sinueux, c'est la méthode qu'il s'était fixée – qui lui commandait de patientes recherches généalogiques – et l'attitude hostile de certains milieux catholiques. Il a cru devoir prendre des biais qui nuisent à la clarté de ses exposés. Dans un mémoire à son ami Auguste Valensin, il écrit: «[...] ce ne sont pas seulement des primaires et des journalistes [...] qui déclarent que la Science est dangereuse et mauvaise, que notre civilisation est tout entière corrompue et corruptrice; mais des théologiens [...], des sociologues chrétiens comme Le Play, ont l'idée et donnent l'impression que ce qui seul importe est la sanctification personnelle... » Blondel rétorque: «Eh bien, je n'ai jamais pu me résigner à cette conception-là ni croire que la phylogénie ne fût pas à surnaturaliser comme l'ontogénie de chaque chrétien... »[1]. L'histoire naturelle de l'univers possède à ses yeux un sens surnaturel, que la raison ordinaire ne saisit pas mais qu'elle n'a pas de raison logique de refuser.

Maurice Blondel a tenté d'explorer, avec les instruments de la raison, l'interface entre les actions que les hommes peuvent accomplir avec leurs moyens propres et ce que, venu d'ailleurs, une présence «transcendante» leur suggère, nous dit-il, de pressentir et d'accomplir.

Nous avons besoin, en ce début du XXIe siècle, de philosophes qui nous aident à trouver en nous et dans la société à laquelle nous appartenons, des principes d'unité, c'est-à-dire des règles de méthode pour parcourir le spectre des problèmes qui se posent à nous. Blondel est au nombre de ces penseurs très rares qui allient l'ampleur de vues et le souci de l'unité.

1. *Blondel et Teilhard de Chardin, correspondance commentée par Henri de Lubac*, Paris, Beauchesne, 1965, p. 39-40.

CHAPITRE PREMIER

LA SOCIABILITÉ PHILOSOPHIQUE

FORMATION

Maurice Blondel est né à Dijon, dans un bel hôtel de la rue Chabot Charny, en 1861. Sa famille est ancienne; certains de ses membres se sont illustrés sous les ducs de Bourgogne. Son père est un notaire prospère[1]. L'enfant est élevé par une mère pieuse et envisage de devenir prêtre[2], comme en témoignent ses *Carnets intimes*. Il fait ses études secondaires à Dijon : un collège de jésuites vient d'ouvrir, mais il n'y va pas. C'est un adolescent timide et brillant : il passe son baccalauréat de philosophie, puis, l'année suivante, de mathématiques[3]. Sa famille souhaite qu'il prépare

1. Ce fait n'est pas sans importance. En effet, quand Blondel, après avoir soutenu sa thèse en juin 1893, demande un poste et que, sans même le faire asseoir, dans les bureaux du directeur de l'enseignement supérieur, Louis Liard, on ne lui propose qu'un poste de professeur d'Histoire au collège de Chaumont, il peut refuser et vivre, pendant deux ans, de ses propres ressources.

2. Dans le mémoire qu'il adresse à un prêtre de Saint-Sulpice le 9 septembre 1893 pour le consulter sur sa vocation, il écrit : « Pénétré, dès mon enfance, par de pieuses influences, élevé par une mère et une tante profondément chrétiennes, entouré d'affection par les bonnes Sœurs du Couvent où j'allais, chaque jour des vacances, passer une partie de mes récréations, ayant pour compagnon de promenade et de jeux un jeune prêtre plein du zèle des vocations, de bonne heure "sérieux et méditatif", je me suis trouvé en possession de la pensée du sacerdoce sans en connaître l'origine… », *Carnets intimes*, I, p. 545.

En même temps, dans *Une énigme historique. Le* Vinculum substantiale *d'après Leibniz*, Beauchesne, 1930, il évoque l'intérêt qu'il prit à la correspondance de Leibniz et de Des Bosses dès 1879, alors qu'il était élève de philosophie à Dijon, signe d'une vocation philosophique précoce.

3. Le baccalauréat de mathématiques était obligatoire, à l'époque, pour passer l'agrégation de philosophie.

l'École polytechnique[1]; il a les dons nécessaires; l'un de ses cousins, André Blondel (1863-1938), dont il sera proche toute sa vie, y entre et devient un physicien expérimentaliste réputé, membre de l'Académie des Sciences[2]. Comme il songe alors à la prêtrise, il se dit que le droit ou les lettres conviennent mieux. Il s'inscrit à la Faculté de Droit de Dijon et, alors qu'il vient de passer son baccalauréat de Droit, on lui suggère de se présenter à l'École normale supérieure. Il s'y prépare en candidat libre et réussit brillamment au concours d'entrée en 1881. Une fois sa thèse achevée, le 9 septembre 1893, il envoie un mémoire à un prêtre de Saint-Sulpice, et celui-ci lui confirme, ce qu'il sait déjà, que sa vraie vocation est la philosophie.

Les *Carnets intimes* d'une part, son *Itinéraire philosophique* (entretiens avec Frédéric Lefèvre en 1928) de l'autre, permettent de suivre l'éclosion de sa vocation philosophique et de deviner que la foi est une constante de sa vie. Le catholicisme n'est pas pour lui seulement une croyance fervente: c'est un élément essentiel de sa pensée qui structure sa métaphysique et son anthropologie. En effet, à ses yeux, la philosophie n'est pas complète en elle-même: elle prépare la voie à une expérience – analogue à celle que décrit saint Augustin –, celle d'abriter dans sa conscience un hôte intérieur[3] (*inhabitator*) qui se révèle être une présence divine.

Alors qu'il est en deuxième année d'École (le 5 novembre 1882, précise-t-il), il décide de faire une thèse sur l'action. Le choix surprend. Encore s'il avait parlé de « l'idée de l'action »! ! Mais ce n'est pas le cas.

1. Maurice Blondel, *Carnets intimes I*, p. 546 : « D'après leur désir, je pris également mon baccalauréat ès sciences et mon baccalauréat en droit; mais je sentais que ces études auxquelles je m'adonnais accessoirement par obéissance étaient sans intérêt pour moi. La vraie inspiration, qui me vint de mon arrière-pensée [s.e. de devenir prêtre un jour ou de faire de la philosophie], ce fut, alors que j'étais étudiant à la Faculté de droit de Dijon, de me présenter à l'École Normale : dans le milieu très peu universitaire où je vivais, timide comme je l'étais, très attaché à la vie de famille, de santé délicate, pusillanime à l'excès en face de tout inconnu, jamais je n'aurais seulement conçu ce projet, si je n'y avais été soulevé par l'idée qui me pressait secrètement. Sans même remarquer l'étrangeté du moyen, il me semblait que cette École (je ne la connaissais que de nom), qui inspirait autour de moi et qui m'inspirait de l'effroi, était la voie qu'il me fallait prendre pour en venir à mes fins, pour m'armer contre ceux à qui je souhaitais de faire entendre la vérité, pour acquérir une connaissance plus directe et plus profonde des esprits égarés ou des incrédules sincères dont mon rêve d'adolescent était de dissiper les préjugés en leur parlant leur propre langage ».

2. En décembre 1945, Louis de Broglie consacra la première séance de l'Académie des sciences après la guerre à l'éloge de ce grand spécialiste des phares et balises qui fit des recherches expérimentales de première force, sans quitter sa chambre, de ses 25 à ses 50 ans.

3. C'est le terme qu'emploie saint Augustin dans le *De Vera Religione* dédié à Romanien de Thagaste (Souk Ahras en Algérie).

Bien plus tard, en 1934, dans *La Pensée I*, premier tome de sa trilogie, il cite la lettre de Descartes à Mersenne du 28 janvier 1641, dans laquelle celui-là précise : « Je prétends que nous avons des idées non seulement de tout ce qui est en notre Intellect, mais même de ce qui est en la Volonté. Car nous ne saurions rien vouloir sans savoir que nous le voulons, ni le savoir que par une idée; mais je ne mets point que cette idée soit différente de l'action même »[1]. Or le jeune Blondel est persuadé que Descartes a tort : l'équation entre l'action et l'idée de l'action est fausse. C'est alors que Lucien Herr, « géant débonnaire » et bibliothécaire érudit de l'École normale, lui conseille : « "Mon petit Blondel, tu devrais ne point faire figurer un seul nom propre dans cette thèse-là qui mérite d'être taillée en plein drap ; c'est du neuf !" Telle était bien ma résolution »[2]. Blondel, d'une certaine façon, a trop bien suivi ce conseil : il fait peu de citations, reste souvent allusif, et, de ce fait, le lecteur a du mal à découvrir ses sources. Il y a à cela une raison : selon lui, le travail philosophique implique le contact avec les autres penseurs, mais la relation n'est « philosophique » qu'à la condition d'assimiler l'apport extérieur et, pour ainsi dire, de le transsubstancier (la référence devient alors anecdotique).

Pendant qu'il est élève à l'École normale, le directeur, Georges Perrot, demande à Dastre, qui est alors maître de conférences à l'École, « [de] donner aux candidats à l'agrégation de philosophie une série de conférences sur les caractères et les méthodes de la biologie et sur les enseignements réciproques de cette science et de la philosophie »[3]. Ces enseignements jouent un rôle important dans la formation de Blondel : il y puise ou y confirme l'un des traits essentiels de sa méthode : reconstituer les étapes que traversent les vivants pour accéder à la pensée. Dans le chapitre III de *La Pensée I*, intitulé « La pensée psychique ». Blondel écrit : « C'est l'aspect *psychique* de la vie qu'il nous faut maintenant discerner et préciser, en y reconnaissant un effort original de la pensée, encore tout inconsciente d'elle-même, mais préparant les voies, formant les instruments, accumulant les expériences sans lesquelles la conscience ne pourrait ni surgir, ni

1. *Œuvres de Descartes*, Adam et Tannery, Paris, Vrin, t. III, p. 295.

2. Maurice Blondel, *Itinéraire philosophique*, Paris, Spes, 1928, p. 65.

3. Maurice Blondel, *La Pensée*, Paris, Alcan, 1934, t. I, p. 47 en note. Albert Dastre (1844-1917) fut préparateur de Claude Bernard au Collège de France ; puis, en 1876, suppléant de Paul Bert à la Sorbonne ; enfin, de 1879 à 1887, maître de conférences d'Anatomie et de Zoologie à l'École normale supérieure. Il fut élu en 1887 professeur à la Sorbonne à la chaire de Physiologie. Il devint membre de l'Académie des Sciences en 1904. Par la suite, nous notons, en abrégé, *P.I.* Pour *L'Être et les êtres*, Paris, Alcan, 1935, nous abrégeons en *E.* et, pour *L'Action I* et *II*, *A.I* et *A.II*.

prendre possession d'elle-même, ni insérer sa propre activité dans la nature inorganique ou organique dont elle émerge, mais où elle a aussi à puiser ses aliments et à étendre son règne » (*P. I*, p. 45-46). Ces remarques, suscitées par les conférences de Dastre, constituent un programme auquel Blondel sera fidèle toute sa vie : il voit dans la nature organique et même inorganique les conditions de « la genèse de la pensée ». Sa conviction est faite et sa méthode décidée : pour découvrir ce qu'est la pensée accomplie ou « pensante », il faut parcourir « les paliers de son ascension spontanée » (sous-titre de l'ouvrage).

Blondel échoue deux fois à l'agrégation – probablement a-t-il du mal à se mettre dans le moule – et la réussit en 1886. À la rentrée scolaire de 1886, il est d'abord nommé au lycée de Montauban, puis, à partir de novembre, au lycée d'Aix-en-Provence, où il passe trois ans. À la fin de l'année scolaire 1888-1889, il demande un congé pour achever sa thèse et, le 16 août 1889, il se met au travail, dans son « pensoir » de Saint-Seine-sur-Vingeanne, « le lieu que j'aime le plus au monde », écrit-il dans ses *Carnets intimes* (I, 236). En 1891, il effectue un remplacement au Collège Stanislas du 7 janvier au 18 mars et se remet au travail à Saint-Seine. Le 14 novembre 1891, il note qu'il commence à rédiger sa thèse et, le 28 octobre 1892, il en envoie à l'impression les premières pages.

Le 7 juin 1893, Blondel soutient sa thèse sur l'action, qui est aussi l'*opus magnum* de sa vie : elle contient en germe le déploiement entier de son activité philosophique. Qu'a-t-il découvert ? Que l'action est un « laboratoire », que c'est grâce à elle que la philosophie trouve son centre et sa raison d'être : « cette discipline a toujours rempli une double fonction, visé un double but et assuré comme elle l'a pu l'unité de ce rôle : – discerner la connexion rationnelle de l'univers entier pour une explication qui satisfasse l'intelligence en rendant compte de toute la vérité et réalité, – mais aussi procurer par-là force d'âme, certitude pacifiante, solution au problème de la destinée » (*A. I*, p. 284).

Le 13 juin, il est reçu par Louis Liard qui refuse de lui donner un poste dans l'enseignement supérieur sous prétexte, rapporte Blondel, que « sa façon d'entendre le problème philosophique et moral était destructive de la méthode et de la conception dont le directeur de l'Enseignement supérieur avait à assurer le respect »[1]. Cette « mortification » affecte le jeune philosophe et l'année de la soutenance se finit tristement. En revanche, l'année 1894 apporte deux événements heureux : Maurice Blondel rencontre la

1. Maurice Blondel, *Carnets intimes I*, p. 487 en note.

belle-sœur de son ami Adéodat Boissard, à laquelle il se fiance. Émile Boutroux intervient en sa faveur auprès de Raymond Poincaré, Ministre de l'Instruction publique, qui lève les réticences de la direction de l'Enseignement supérieur: Blondel est nommé à Lille, puis à Aix-en-Provence.

Peu après la soutenance, Jules Lachelier lui écrit qu'il devrait donner une seconde version de *L'Action* « en cent pages »[1]. Blondel rapporte ce conseil mais ne le suit pas: entre 1934 et 1937, il publie sa trilogie (*La Pensée*, *L'Être et les êtres* et *L'Action*) qui compte 2500 pages et y ajoute, entre 1944 et 1946, *La Philosophie et l'esprit chrétien* qui fait 700 pages. À quoi tient cette lenteur méticuleuse dans la progression? Il y a certainement des causes secondaires, comme la nécessité où il se trouve, faute de pouvoir se relire[2], de dicter ses dernières œuvres. Mais il y a aussi à cette abondance une raison plus profonde, qui tient à sa méthode « génétique »: quand il étudie une question, il s'attache à montrer comment elle a surgi dans l'histoire de la nature et dans l'histoire de l'esprit, et il veut mettre au jour comment ces deux généalogies s'entrecroisent et se fondent dans une unité à établir. Le lecteur d'aujourd'hui est désarçonné par ce mélange d'exposés et d'excursus, où il doit cheminer sans constater toujours que Blondel illustre la formule du psaume 118 qu'il affectionne: « *lucerna pedibus* ».

Quoi que dise Lachelier et si fondés que soient ses suggestions et ses regrets, *L'Action* de 1893, tel qu'elle se présente, est un chef-d'œuvre. Blondel se sent si profondément lié à ce livre que, plus de quarante ans après, il décide de reproduire l'introduction de la première *Action* dans la seconde, tout en soulignant que, « dans ce tome I, pas une seule ligne n'est empruntée à la thèse de 1893 » (*A. I*, p. 304). De fait, cette introduction a valeur de programme: « C'est donc une science de l'action qu'il faut constituer; une science, qui ne sera telle qu'autant qu'elle sera intégrale, parce que toute manière de penser et de vivre délibérément implique une solution complète du problème de l'existence... » (*A. II*, p. 26). On y trouve

1. « Après avoir pris connaissance de *l'Action*, Jules Lachelier m'écrivait que "les arbres lui masquant un peu trop la forêt", une nouvelle édition plus concise, "en cent pages", devrait offrir l'itinéraire entier et ouvrir au regard une avenue unique, d'où des points de vue intermédiaires, des ronds-points pourraient, selon les occurrences, permettre des perspectives latérales, sans que l'attention de l'explorateur perdît le sens de la marche à suivre et du but à atteindre », *La Pensée*, *I*, p. 213.

2. À partir de la fin des années 1920, la vue de Maurice Blondel baisse beaucoup et il est de plus en plus obligé de dicter.

cette déclaration qui inspire Blondel de bout en bout: «Le chimiste ne prétend pas fabriquer de l'eau sans hydrogène ni oxygène. Je ne prétendrai pas me connaître et m'éprouver, acquérir la certitude ni apprécier la destinée de l'homme, sans livrer au creuset tout l'homme que je porte en moi. C'est un laboratoire vivant que cet organisme de chair, d'appétits, de désirs, de pensées dont je sens perpétuellement l'obscur travail: voilà où doit se faire d'abord ma science de la vie» (*ibid.*, p. 21). Et il précise: «[...] l'action est cette méthode de précision, cette épreuve de laboratoire, où, sans jamais comprendre le détail des opérations, je reçois la réponse certaine à laquelle aucun artifice de dialectique ne supplée» (*ibid.*, p. 22). La thèse de 1893 explore toutes les dimensions de l'action: son surgissement dans l'individu, les formes de coactions qui se nouent, la diversité des interactions qui se créent, l'aspiration à l'universel qui s'y manifeste, enfin le cœur transcendant de l'agir qui nous révèle que le réel a une dimension surnaturelle qu'il faut découvrir. Ainsi, au cours des dix années que dure l'élaboration de sa thèse, Blondel acquiert ce fil conducteur qui va le guider dans tout son itinéraire philosophique, au point qu'il écrira en 1937: «Dans la thèse de 1893 était déjà préfigurée l'espérance d'une Société des Nations...» (*ibid.*, p. 497).

ENSEIGNEMENT ET ÉCRITURE

Dans *Itinéraire philosophique*, Blondel raconte discrètement à Frédéric Lefèvre les difficultés qu'il a rencontrées avant d'obtenir un poste et de se fixer en 1896 à Aix-en-Provence où il fera toute sa carrière[1]. De quoi sa pensée s'est-elle nourrie? Comment sa sociabilité philosophique s'est-elle exprimée? C'est à ces deux questions que nous devons essayer de répondre.

Ce n'est ni aisé ni assuré car Blondel, nous l'avons dit, fait peu de références explicites. On peut tout de même identifier de façon assez précise les auteurs qu'il a lus de près: les penseurs grecs, surtout Aristote et Platon; les Pères de l'Église, surtout saint Augustin; les philosophes et théologiens médiévaux, principalement saint Thomas; des mystiques, au premier rang desquels saint Bernard de Clairvaux; les auteurs classiques, avec une prédilection pour Leibniz et Malebranche, et une distance à

1. «... l'Administration, devinant sans doute que je ne voudrais porter tort à aucun collègue et que j'étais assez occupé à traîner mon char qui, de 6 nourrissons annuels au début, en contenait 67 pour finir, respecta l'humble lenteur d'une carrière où 46 ans 3 mois de services n'ont pas abouti à la première classe de mon emploi», *Itinéraire philosophique*, p. 90.

l'égard de Descartes et de Kant; des penseurs plus récents, comme Maine de Biran, Gratry, Ollé-Laprune, Lachelier, Boutroux, mais aussi Newman; enfin, des amis de l'École normale, comme Pierre Duhem et Victor Delbos, et tout un ensemble de contemporains avec lesquels il a échangé une abondante correspondance. Il participe à des travaux collectifs, à la *Société française de Philosophie*, dans les Congrès internationaux de Philosophie et dans des Sociétés locales de philosophie à Marseille et à Lyon.

En outre, tout au long de sa vie, il se tient informé des sciences: mathématiques, astrophysique, mécanique ondulatoire, mais aussi histoire naturelle, physiologie, psychologie, sociologie. Ainsi, il s'intéresse vivement aux travaux de Lucien Lévy-Bruhl, correspond avec des linguistes, s'informe du cas de Lydwine Lachance, une Canadienne sourde-muette-aveugle, et se demande: «Comment la démure-t-on?» (*P. I*, p. 333). Blondel regarde de près le cas de Marie Heurtin, elle aussi sourde, muette et aveugle; il étudie le processus interactif entre une religieuse et cette femme, qui provoque la délivrance de «l'âme en prison». La thèse du philosophe est celle-ci: «Puisque enfin "l'âme en prison" peut être délivrée sans qu'on lui rende les sens qui lui manquent, c'est donc que la carence dont elle souffrait dépendait moins de fatalités physiques que d'un insuffisant usage des ressources qui lui demeuraient en sa misère» (*ibid.*, p. 89).

C'est pour lui l'occasion de méditer sur les signes. Il partage avec Cournot (qu'il ne cite jamais, me semble-t-il, mais qu'il reconnaît avoir lu et apprécié) la conviction que, pour connaître, nous ne disposons pas de langues «bien faites» (Condillac): d'où la nécessité de réfléchir sur la nature des signes et sur les images si différentes que les diverses langues associent à l'expression des mêmes concepts. Il note: «Si, d'après un philologue contemporain, il se parle actuellement dans le monde 3424 langues et si le record des polyglottes est tenu par le savant qui en connaît 140 (appartenant d'ailleurs à un petit nombre de familles linguistiques), on comprend aisément la difficulté d'une enquête comme celle que nous souhaiterions; d'autant que les techniciens du langage recherchent plus volontiers la filiation des formes verbales à partir des racines primitives que l'histoire psychologique des métaphores originelles» (*P. I*, p. 255).

Or le problème que se pose Blondel en philosophie ressemble à celui que Max Planck[1] se posait en physique, quand il se demandait comment on

1. À propos des instruments, Planck écrit: «Leur matière est déterminée par le lieu d'où elle provient; leur construction est déterminée par l'habileté du technicien qui les a inventés; leur maniement est déterminé par les buts particuliers que l'expérimentateur veut atteindre

pouvait passer du relatif à l'absolu et du particulier à l'universel, sachant que les instruments d'observation, les dispositifs expérimentaux et les techniciens, même quand ils sont soumis à des normes, sont affectés de traits variables. En philosophie, les difficultés sont encore plus grandes : l'une des façons dont Blondel s'y prend pour les surmonter, c'est de participer à des travaux collectifs.

TRAVAUX COLLECTIFS

Ainsi, dans le domaine de la terminologie philosophique, il contribue très activement au *Dictionnaire critique de la philosophie* de Lalande (une centaine de notes). De même, il participe régulièrement, à distance, aux travaux de la *Société française de Philosophie*, réagissant par écrit aux conférences, évoquant dans ses propres écrits les séances qui l'ont marqué. À plusieurs reprises, il se réfère aux travaux de Lucien Lévy-Bruhl concernant la mentalité primitive et la notion de « participation » : « On a vu l'importance que nous attachons aux fondements "pré-déductifs" et même "pré-réfléchis, pré-logiques, préconscients" de la vive idée que nous avons de notre subjectivité » (*P. I*, p. 362). Les réflexions de Lévy-Bruhl sur la « mentalité primitive » valent pour chacun d'entre nous ; elles ont le mérite de réfuter le solipsisme, qui réduit l'individu « à un faux atome spirituel » ; et elles nous font comprendre que « l'isolement du sujet, coupé de ses racines et de ses floraisons, est une de ces erreurs séculaires qu'il faut émonder » (*ibid.*, p. 363). Pour y parvenir, nous devons nous rattacher « à une tradition plus profonde, celle de la "participation" que l'on a montrée comme l'âme de la mentalité primitive et religieuse » (*ibid.*). Blondel n'est pas choqué qu'il y ait un élément primitif dans la religion ; les observations de l'ethnologie ont au contraire pour lui quelque chose de libérateur. « C'est ainsi qu'a surgi, aussi loin que la préhistoire puisse sonder les manifestations primitives d'une vie religieuse, l'idée au moins vague, mais traduite en des croyances et des rites, d'une intervention supra-naturelle, toute déformée qu'elle peut être par perversion magique et superstitieuse. Toujours le sentiment d'une obligation, même réciproque, une alliance et un testament reliant l'homme à la divinité... » (*P. II*, p. 339).

grâce à eux », Max Planck, *Physikalische Abhandlungen und Vorträge*, cité par Amim Hermann, *Planck*, coll. « RoRoRo », Rowohlt Taschenbuch, 1973, p. 29. D'où le problème : « il s'agit de sortir du particulier, du conventionnel et de l'accidentel, pour tendre à l'universel, au réel et au nécessaire », Max Planck, *Vorträge*, p. 181, cité par Amim Hermann, *Planck*, p. 29-30. Cf. B. Saint-Sernin, *La raison au XXe siècle*, Paris, Seuil, 1995, p. 103.

Ceux qui ont étudié les formes primitives (ou évoluées) de la religion ont tous observé l'existence d'« un vœu intime de l'esprit humain » (*ibid.*, p. 339). La question que se pose Blondel est celle-ci : est-ce que « cette intervention est effectivement accordée » ? Ou la religion est-elle une construction sociale, qui instruit sur l'humanité, mais n'atteste aucunement la réalité de la divinité ? Sa réponse n'est pas celle d'Auguste Comte : il pense pouvoir établir, sans se référer à une religion positive et à ses dogmes, que la religion vise une réalité qui n'est ni la nature ni l'humanité mais Dieu. Il souligne : « [...] nous devons, préalablement au délicat examen qu'il nous faut entreprendre, avertir notre lecteur qu'il ne s'agit aucunement de découvrir ou de retrouver aucun dogme, aucun précepte d'aucune religion positive » (*ibid.*, p. 353). La recherche du vrai cheminement de l'esprit ne relève pas d'une religion établie : « Ce n'est point sous l'aspect d'un empirisme historique ou d'une dogmatique notionnelle qu'il est possible et légitime de reconnaître les voies frayées à la vie plénière et salutaire de l'esprit » (*ibid.*, p. 353).

Les recherches sur le côté primitif de la religion sont nécessaires parce que, si l'on n'est pas attentif aux soubassements du psychisme humain, on devient vulnérable aux idéologies religieuses et politiques totalitaires, qui en appellent à la race et au sang. Il se refuse aux clivages artificiels qui isolent une partie de notre esprit et nous plongent dans un mensonge à nous-même qui, sur le plan politique, s'avère mortel. « Rien de plus important que de montrer à la fois – que notre conscience du sujet a son fondement naturel et rationnel avant toute ratiocination discursive – et qu'elle est cependant une construction partiellement artificielle – et qu'il faut la redresser, l'élargir, la rendre moins imparfaite en écartant les illusions de l'égoïsme décevant et de l'antinomie fallacieuse » (*ibid.*, p. 363). Sans l'acceptation volontaire des strates les plus inconscientes et les plus physiologiques de notre être, nous sommes voués à prendre « une construction partiellement artificielle » pour le statut achevé de la pensée. De la sorte, nous nous rendons impropres à l'*attention*, qui est nécessaire pour que nous ne restions pas clos sur nous-mêmes.

À ce sujet – à la fois politique et religieux –, il cite Delbos : « Il y a, disait-il, quelque chose de monstrueux, une déduction illégitime dans l'effort pour faire sortir un ordre intelligible d'une puissance obscure, d'une pensée née d'en bas, et qui ne saurait, par la faute de cette origine toute naturiste, appuyer son ascension ni la faire aboutir à une justification et à une perfection de l'acte de penser » (*P. II*, p. 462). Cette « faute contre l'esprit » qui mène tout droit au totalitarisme, en rabaissant la pensée aux forces de la race et du sang, ne peut être évitée que si l'on est lucide sur les stades que la conscience doit franchir avant de fonctionner de façon libre et accomplie, comme une « pensée pensante ». On discerne ici l'annonce du livre qu'il fait paraître en 1940 : *Lutte pour la civilisation et philosophie de la paix*, dont il sera question au chapitre II. Ainsi entendues, l'ethnologie et la sociologie confortent et éclairent « les responsabilités de la pensée et la possibilité de son achèvement » (sous-titre du tome II de *La Pensée*).

De la même manière, Blondel s'intéresse à la psychologie et à la psycho-pathologie. En effet, évoquant « l'article célèbre » que Lachelier « avait consacré à la psychologie », il note que celui-ci substituait au mot « psychologie » celui de « métaphysique », « entendue en un sens large et précisé tout ensemble comme une genèse de l'esprit » (*P. I*, p. 367). Or, pour faire une « genèse réelle » (*ibid.*, p. 368), il faut prendre la mesure des altérations qui peuvent perturber le fonctionnement de l'esprit : il n'est donc pas superflu d'étudier les « cas paradoxaux du "dédoublement de la personnalité" » (*P. I*, p. 364). C'est une incitation à faire une exploration plus complète de la personne humaine. Les traumatismes, les situations d'emprisonnement psychique nous renseignent, par contraste, sur la vocation de l'homme : « Ce regard jeté en bas ou au-dedans des troubles de la personnalité nous amène aussi à regarder au-dessus d'elle, afin de mieux comprendre que, liée partiellement à ses origines inférieures, elle ne se termine pas en soi, ni ne constitue le tout non plus que le sommet de l'être humain » (*ibid.*, p. 365).

Ces indications suffisent à nous donner une idée de la façon dont Blondel entend le travail philosophique : il ne le conçoit pas comme une réflexion solipsiste. Tout au contraire, même si par métier le philosophe est un homme de cabinet, il se nourrit d'échanges réciproques et doit participer à la vie de la cité. Il observe : « La pensée s'élabore de plus en plus, semble-t-il, bien ailleurs encore que dans le cabinet du philosophe » (*P. II*, p. 207).

De fait, dans sa trilogie, Blondel revient à plusieurs reprises sur sa participation aux congrès internationaux de Philosophie (Paris, 1900 ; Heidelberg, 1908 ; Berlin, 1914 ; Congrès Descartes, Paris 1937). Dans deux d'entre eux au moins, en 1900 et en 1937, il a un rôle actif et intervient dans des séances plénières.

1) Le premier Congrès international de Philosophie se tient à Paris en 1900 sous la présidence d'Émile Boutroux : celui-ci introduit la « philosophie de l'Action » comme un membre nouveau à insérer dans « l'organisme philosophique ». Il charge Blondel de cette mission : « il fallait ménager la distribution des fonctions pour que l'étude même de l'action fût annexée et même postulée par l'ensemble du corps animé qui avait à profiter tout entier de cette croissance » (*A. II*, p. 409). L'événement a dû

être important pour Blondel, car il revient sur sa contribution à la fois dans *L'Être et les êtres* (1935) et dans *L'Action II* (1937). C'est l'occasion pour lui, en effet, d'exposer deux notions fondamentales de sa philosophie organique : celle de *norme* et celle d'*interconnexion*. Leur combinaison l'amène à affirmer l'existence d'une « logique intégrale » qui exprime le « *vinculum substantiale* » liant tous les éléments de l'univers et explicite le principe de leur unité. Leibniz est à l'arrière-fond, mais Blondel a en tête autre chose : il se demande ce qu'est une logique dans un univers qui n'est pas fermé sur soi, où les êtres sont à la fois rattachés les uns aux autres, affectés d'incomplétude et comme aspirés par une réalité vivante, personnelle, divine. On mesure la complexité de la tâche, dont il n'est pas sûr qu'elle soit réalisable par les moyens de la raison humaine. Il ne s'agit pas d'un système logique au sens des *Principia Mathematica* (1910-1913) de Russell et Whitehead, mais de la conjonction symbolique d'une philosophie de la nature et d'une philosophie de l'esprit. Puisque l'univers est un et que ses parties tiennent ensemble, il doit y avoir un principe intelligible de leur unité, un Logos : la « logique intégrale », c'est la Pensée et l'Action de ce Logos qui, l'une et l'autre, ne font qu'un (notion du « pur agir »).

Par-là on voit que la sociabilité philosophique de Blondel, même si elle se traduit en actes empiriques, a un aspect ontologique et même religieux : il s'agit d'activer des relations dormantes qui existent potentiellement dans le corps de l'humanité. Du même coup, on comprend que les déficiences ou les déviations de ce commerce social et spirituel puissent avoir des effets politiques tragiques. C'est ce qui explique que Blondel soit à la fois un observateur politique perspicace et un métaphysicien difficile : il veut tenir les deux bouts de la chaîne qui lie les péripéties de l'histoire politique aux événements de la destinée spirituelle.

2) La mention du Congrès philosophique de Berlin, au printemps 1914, est pour Blondel l'occasion d'évoquer la rupture tragique entre la France et l'Allemagne. Boutroux y avait été convié. Il choisit « comme thème les caractères différents de l'esprit allemand et de l'esprit français, afin de montrer que leur concert est possible, désirable et qu'ils ont à devenir complémentaires pour le bien de l'humanité tout entière »[1]. Blondel ajoute : « Ce fut la guerre de 1914 ; ce fut la déclaration des 93 intellectuels allemands qui répondit à Boutroux en célébrant la supériorité de la force conquérante » (*ibid.*, p. 171-172). Notons que, du côté français, les répliques ne manquèrent pas : les rêves de paix du XIXe siècle étaient morts.

1. Maurice Blondel, *Lutte pour la civilisation et philosophie de la paix*, Paris, Flammarion, 1940, p. 171.

D'où, chez Blondel, la nécessité de chercher les conditions d'une « philosophie de la paix », qui n'a d'ailleurs rien à voir, nous le verrons, avec le pacifisme[1].

3) Le Congrès international de 1937, en l'honneur du troisième centenaire du *Discours de la méthode*, est pour Blondel l'occasion de marquer sa distance avec Descartes : « il faut entrer dans une perspective d'ensemble où les rapports du penser, de l'être et de l'agir apparaissent dans une lumière autrement large et pénétrante que celle dont s'étaient contentés Descartes et ses successeurs » (*A. II*, p. 531). Son intervention s'intitule : « Aspects actuels du problème de la transcendance ». Elle précède la communication de Léon Brunschvicg : « Transcendance et immanence ». Le contraste entre les deux textes est instructif, car il met en évidence l'originalité du programme philosophique de Blondel : « rendre intelligible la réalité d'une relation entre l'Être absolu et les êtres contingents, l'idée d'une charité qui seule explique, en dernière analyse, l'existence de l'ordre immanent et de la société des esprits »[2]. À quoi Léon Brunschvicg répond : « Une fois détachée du réalisme spatial qui la soutient littéralement et matériellement, la transcendance se ramène à un jeu de symboles et de métaphores qui flatte l'instinct poétique, mais qui paraît bien dépourvu de consistance intrinsèque ». Il ajoute : « Au contraire, tout effort critique qui dégage de son enveloppe charnelle l'universalité du verbe intérieur tend à enrichir et à purifier la vie spirituelle »[3].

Cet échange entre deux hommes liés d'estime et d'amitié montre la difficulté philosophique du problème : le terme de « transcendance » désigne-t-il, comme le pense Brunschvicg, une réalité destinée à être rapatriée dans l'ordre humain ou indique-t-elle, au sein de l'ordre humain, une ouverture à autre chose que l'homme et qui est Dieu ? Dans les *Actes du Congrès*, leurs communications se suivent : quand on les lit à la fois, on constate que les deux hommes philosophent en croisant le fer : ce n'est pas de la polémique, mais leur conviction commune que l'on n'affine ses propres idées que par la confrontation (que les philosophes appelaient

1. Blondel mentionne le sort de la communication de Boutroux : « Ce beau rapport a été publié au cours de l'été 1914, dans une revue suisse (*Revue politique internationale*, sept-oct. 1914) et il a été peu connu en France » (*ibid.*, p. 171 en note).

2. Maurice Blondel, dans *Actes du Congrès Descartes*, Paris, Hermann, 1937, t. VIII, p. 17.

3. Léon Brunschvicg, dans *Actes du Congrès Descartes*, t. VIII, p. 22.

« *concertatio* »). Après la mort de Brunschvicg, Blondel écrit un bel essai à la mémoire de son ami[1].

De même, dans l'hommage posthume qu'il rend à Bergson, sous le titre « La philosophie ouverte », Blondel analyse avec une minutie admirative l'œuvre de Bergson, mais marque avec netteté ce qui le sépare de celui qui « peut-être pour rester dans son rôle de savant, de psychologue, de philosophe [...] s'est abstenu de décrire intellectuellement les étapes secrètes de sa vie intérieure, se bornant à des allusions confiées à quelques amis de son âme »[2]. Même si sa quête a été le plus souvent solitaire, Blondel possède un sens très vif du dialogue philosophique et de ses exigences.

À travers les Congrès philosophiques – celui de 1937 fut très suivi et l'on recense 308 communications –, Blondel poursuit une méditation qui est indissolublement sociale et solitaire : il veut rester fidèle à une sorte de but intérieur, mais il voit dans le dialogue philosophique une actualisation de cette « société des esprits » qui est le volet terrestre de la « communion des saints ». Cette exigence lui est venue très tôt.

En effet, Léon Ollé-Laprune, qui fut maître de conférences de philosophie à l'École normale à l'époque où Blondel y était élève, insistait auprès de ses étudiants sur la nécessité de comprendre leur époque, pour mieux discerner les influences auxquelles ils étaient soumis et en prendre la mesure. C'est dans cet esprit que Blondel fait allusion au « dilettantisme » et à la littérature des années 1880. La peinture de cette atmosphère se trouve dans les *Essais de psychologie contemporaine* de Paul Bourget. Tout à la fin, l'auteur écrit : « J'ai examiné un poète, Baudelaire; j'ai examiné un historien, M. Renan; j'ai examiné un romancier, Gustave Flaubert; j'ai examiné un philosophe, M. Taine; je viens d'examiner un de ces artistes composites, en qui le critique et l'écrivain d'imagination s'unissent étroitement [Stendhal (Henri Beyle)], et j'ai rencontré, chez ces cinq Français

1. « Une des formes de la spiritualité et de l'amitié de Léon Brunschvicg » dans « Léon Brunschvicg. L'œuvre. L'homme », *Revue de Métaphysique et de morale*, Paris, Armand Colin, t. LV (nos 1-2), 1945. Dans ce bref éloge, Blondel qualifie ainsi la pensée de Brunschvicg : « Le mouvement profond de sa réflexion la plus personnelle le portait constamment vers l'épuration d'une pensée qui plaçait le divin non au-dessus de nous, mais dans une conscience de plus en plus supra-temporelle ; épuration non d'une foi envers un Être personnel et transcendant, mais d'une certitude libératrice qui mettait en l'esprit humain ce qui peut être réalisé de divin, « un divin » plus véritablement digne de ce nom en nous qu'en soi. Cette réalisation supposait en effet l'influence de l'universel et de l'impersonnel sur ces idées adéquates et cette libération qui nous affranchit de toute limite particulière » (p. 16).

2. *Henri Bergson. Essais et témoignages inédits* recueillis par Albert Béguin et Pierre Thévenaz, À La Baconnière, Neuchâtel, 1943, p. 90.

de tant de valeur, la même philosophie dégoûtée de l'universel néant »[1]. Dans son avant-propos daté du 13 juin 1883 à Oxford, l'auteur écrit : « Mon ambition a été de rédiger quelques notes capables de servir à l'historien de la Vie Morale pendant la seconde moitié du XIXe siècle français » (p. V-VI). Une section de l'étude consacrée à Renan s'intitule « Du dilettantisme ». L'auteur le définit comme un état où « l'extrême civilisation a peu à peu aboli la faculté de créer, pour y substituer celle de comprendre » (p. 61). L'époque présente, selon Bourget, s'oppose aux « siècles d'action », où « la sève créatrice coule encore à flots » (*ibid.*). D'où la tentation du « nihilisme », mot mis à la mode en 1861 par Tourgueniev dans son roman *Pères et fils*. Blondel, par toutes les fibres de son être, répugne à ce « rêve », « délicieux » mais destructeur, que Bourget décrit ainsi : « ... le rêve du dilettante serait d'avoir une âme à mille facettes pour réfléchir tous les visages de l'insaisissable Isis » (p. 63).

On comprend, si tel était l'air du temps, que le programme philosophique de Blondel soit apparu comme singulier et même étrange : d'où venait à ce jeune homme la conviction intrépide que la raison – pourvu qu'elle fût enracinée dans l'action – soustrayait l'homme à l'esthétisme et au nihilisme ? D'où tirait-il sa foi dans le pouvoir révélateur de l'action et dans la capacité de notre esprit de constituer une « ontologie concrète » ? Si encore il avait déclaré qu'il fondait sa certitude sur la science ! Mais non : tout en faisant aux sciences, dans sa philosophie, une place majeure, il ne leur attribuait pas la fonction d'amener la pensée à rejoindre complètement la réalité. Elles formaient, par les relations qu'elles établissaient entre les faits, une phénoménologie, non une ontologie.

PROGRAMME PHILOSOPHIQUE

Il ne fondait pas sa belle assurance sur l'autonomie de la raison comme un homme des Lumières : il entendait, au contraire, établir par des arguments rationnels que l'humanité, dès qu'elle pense, découvre l'insuffisance dont pâtit son être pour soutenir le désir d'infini qui l'habite. D'où la tâche de la philosophie : faire la généalogie du désir d'infini ; s'assurer qu'il ne repose pas sur une illusion ; s'en servir comme d'un fil d'Ariane pour remonter jusqu'à un ordre du réel qui dépasse l'homme ; bref, aller des êtres

1. Paul Bourget, *Essais de psychologie contemporaine* [1883], 6e éd. 1890, Paris, Alphonse Lemerre, p. 322.

à l'Être. Dans *L'Être et les êtres*, en 1935, il écrira: « C'est assez pour le moment de retenir l'idée que les êtres en devenir ne se développent, ne se constituent pas eux-mêmes ni les uns sans les autres, ni les uns par les autres, ni dans leur propre plan, sans que la tendance emportant tout l'univers (qu'on a été tenté de croire éternel, circulaire et enfermé en lui-même) cesse de manifester un exode continu, une norme ascensionnelle, un mouvement: mouvement qui, sans rien abandonner, va de l'univers physique aux esprits et des esprits à l'infini; faute de quoi les êtres ne pourraient réaliser la consistance qui leur assure la solide vérité de leur être » (p. 251). Un peu plus loin, il souligne le lien entre l'histoire naturelle et l'ontologie: « Ce qu'il nous faut discerner ici, c'est le rôle ontologique de la vie, sa fonction normative dans la préparation des êtres véritables qu'elle contribue à constituer et auxquels réciproquement elle devra de garder et de développer ses propres virtualités et sa permanente raison d'être » (p. 266-267).

Pour Blondel, l'histoire de la vie est un fait: il suffit « qu'on étende le regard jusqu'à la phylogénie et à l'histoire commençante ou finissante de l'élan vital, tel que la science biologique peut l'étudier dans les phases successives et par l'enchaînement des phénomènes de la vie périssable » (p. 266). Mais ce n'est pas là l'essentiel, car, après tout, la vie – telle que nous la connaissons – est un phénomène limité à une planète[1]. Or le problème qui se pose au physicien, à propos du devenir, est d'une tout autre ampleur: « le rôle ontologique de la vie » (p. 266) est de dessiner en creux ce qui est nécessaire pour qu'apparaissent « des êtres véritables » (p. 266). Le philosophe a pour tâche de discerner les conditions que requiert leur « préparation » (p. 266). « Mais il ne faut pas sous-estimer les difficultés à surmonter, les conditions à remplir pour qu'un tel idéal puisse se préciser et se parfaire » (p. 288). En d'autres termes, l'ontologie concrète est délicate à constituer, tant les conditions de réalisation d'« êtres véritables » sont malaisées à réunir: « [...] car il s'agit non plus seulement d'une intention plénière, mais d'une réalisation substantielle, d'une assimilation au moins ébauchée, d'une solution ontologique, tout inchoative et enveloppée qu'on la suppose encore » (p. 288). En effet, on sait déjà que ces êtres véritables ne seront pas des substances séparées, « toute la multiplicité concevable des esprits formant comme un corps unique où circule une même vie » (p. 288). D'une certaine façon, Blondel fait une analyse philosophique des notions de « communion des saints » et de « corps mystique ». Mais il n'importe pas

1. Blondel, nous le verrons, considère l'éventualité d'autres mondes habités.

ces notions dans la philosophie comme des éléments exogènes : il pense y arriver par une recherche ascensionnelle ordonnée.

Les textes de *L'Être et les êtres* sont en assonance avec le programme que Blondel développe en 1900 à Paris, lors du premier Congrès international de philosophie, congrès organisé par Xavier Léon et présidé par Émile Boutroux. Blondel y défend l'idée de l'existence d'une logique générale de l'agir, qui embrasse la logique formelle (ou logistique) et la dialectique de l'interaction des êtres rationnels : il qualifie ainsi cette *Logique réelle* : « [...] logique exquise et imperturbable qui, dans son calcul, n'omet jamais aucun élément de la solution, et qui, quelles que soient les données, tisse sa trame indélébile ; logique universelle, qui embrasse toutes les singularités et les approximations de la casuistique, toutes les complications que prépare la collaboration de la nature et de la liberté ; logique infiniment équitable et exacte, puisqu'elle est la loi doublement intérieure à la vie spontanée et à l'activité volontaire, *norma sui* ; logique lumineuse, puisque, à travers les obscurités de notre destinée présente, elle ne tend qu'à exprimer la relation de ce que nous pouvons et devons avec ce que nous voulons et faisons, pour éclairer d'avance la justice finale de notre sort ; logique qui seule mérite en propre ce nom tout court, puisque la science qui l'a à demi usurpé n'en est qu'un résidu partiel et qu'un aspect détaché »[1].

Blondel est un rationaliste, certes, mais pour qui la raison humaine est liée, comme par un hile nourricier, à la Raison divine, au Logos. Une logique intégrale est possible, parce que, comme le recommande Augustin à son ami Romanien dans le *De Vera Religione*, quand nous découvrons les incertitudes de notre être, il nous reste la ressource de nous dépasser nous-même et de laisser la lumière d'où procède notre raison et notre être nous éclairer.

Dans les années 1880-1900, cette démarche paraît doublement incongrue de la part d'un philosophe : a) dans l'université française, parce qu'elle apparaît comme un péché capital d'hétéronomie (reproche de Léon Brunschvicg dans la *Revue de métaphysique et de morale*) ; b) dans l'Église, parce qu'elle déplace les frontières traditionnelles de la foi et de la raison (en accordant trop à cette dernière). Si Blondel avait analysé la religion comme un phénomène social à la manière de Durkheim ou qu'il eût fait de la raison un instrument de libération de la religion comme Brunschvicg, on aurait applaudi. Mais il entendait montrer que foi et raison ne sont pas inconciliables et que la raison humaine est armée pour

1. *Actes du Congrès*, t. II, p. 75.

comprendre leur articulation. À l'époque, c'était une « *unzeitgemässe Betrachtung*[1], une considération inactuelle », pour reprendre le titre d'un essai de Nietzsche. Ainsi Blondel a-t-il été doublement marginalisé, par l'Université et par l'Église.

Dans la solitude, il élabore sa doctrine de l'individualisation, préparation solidaire des êtres en ébauche à une destinée qui les dépasse et les accomplit : cet immense travail – dont *L'Action* de 1893 et la thèse secondaire sur le « lien substantiel (*vinculum substantiale*) et la substance composée chez Leibniz » sont les premiers résultats – conjugue l'apport des sciences, l'observation directe de l'action et la référence au christianisme. Ce cheminement singulier comporte un enseignement que l'on peut résumer ainsi : plus les êtres prennent la mesure des liens multiples qui les attachent, plus ils découvrent leur caractère unique et plus ils se sentent reliés à celui qui est le principe même de leur cohésion, l'Être, c'est-à-dire, pour Blondel, Dieu.

1. Frédéric Nietzsche, *Unzeitgemässe Betrachtungen* (1873-1876), *Considérations inactuelles*.

CHAPITRE II

LE PHILOSOPHE DANS LA CITÉ

LA DOCTRINE DE HITLER : *MEIN KAMPF*

En 1940, Maurice Blondel a soixante-dix-neuf ans. Trois ans plus tôt, il a achevé la publication d'une trilogie (2500 pages) : *La Pensée*, *L'Être et les êtres*, *L'Action*. Il fait paraître un petit livre de deux cents pages : *Lutte pour la civilisation et philosophie de la paix*. Alors qu'il s'attend à trouver un surgeon des œuvres précédentes, le lecteur, dès qu'il l'ouvre, découvre le philosophe analysant le racisme, le totalitarisme, la conquête des Amériques et le colonialisme, appuyant sur la lecture de *Mein Kampf* (1923) et des articles de Goebbels[1] une critique impitoyable du national-socialisme, de la propagande nazie, des risques de violence et d'extermination que les régimes totalitaires font courir à l'Europe et au monde. Le livre est achevé avant la déclaration de guerre : « Profitons, écrit l'auteur, de ce que quelques apparences de paix subsistent en ce qui ressemble à une

1. Dans *L'étrange défaite, Témoignage écrit en 1940*, de Marc Bloch, Paris, Gallimard, coll. Folio, 1990, on trouve un article ironique et documenté d'Edmond Vermeil, longtemps attribué à Marc Bloch, et paru dans *Les Cahiers politiques*, n° 4, novembre 1943. L'auteur rapporte les propos tenus par Goebbels en novembre 1942 sur la propagande au cours d'une allocution aux chefs de service de son ministère : « La propagande ne doit pas seulement prendre en considération les événements internationaux et militaires. Elle doit, contrairement à la propagande anglaise, tenir compte de la mentalité du peuple allemand. L'endurance de la nation allemande n'est pas aussi grande que celle de la nation britannique. » Il poursuit : « Chez un peuple comme le nôtre, aucun gouvernement ne peut présenter les faits sous leur vrai jour. Le contraire ne sera possible que dans 150 ans, lorsque nous serons riches et que nous aurons une tradition impérialiste, lorsque la jeunesse allemande étudiera à Kiev et à Bruxelles, quand chaque citoyen allemand aura une telle confiance en soi qu'il sera réfractaire à toute propagande étrangère » (*op. cit.*, p. 324-325).

veillée des armes pour contribuer à l'intelligence et à la préparation d'une paix authentique »[1].

Mais, dira-t-on, c'est un écrit de circonstance, le cri d'alarme d'un observateur perspicace, comme il y en eut un certain nombre. Ce n'est pas si simple : l'ouvrage, dont l'allure rapide contraste avec les longs développements de la trilogie, présente le totalitarisme hitlérien comme une doctrine ontologique, et ses exactions actuelles et futures comme les conséquences morales et politiques d'une philosophie de la nature et de l'esprit. Blondel, en effet, s'appuie sur la méditation qu'il poursuit depuis soixante ans pour mettre au jour avec netteté et condamner avec vigueur les fondements d'un régime qui agit masqué sur la scène du monde.

Il se livre à la critique du racisme : « [...] toute théorie exclusivement raciste et de concurrence vitale nous ramène sur le plan de l'animalité et [...] en prétendant ériger en droit de conquête ou même d'extermination la soi-disant supériorité native ou acquise d'une race sur les autres, on retourne à une sorte de sauvagerie qui, pour être savante, n'en est que plus barbare » (*L.*, p. 119). En trois propositions, tout est dit, du droit de conquête et de l'efficacité technique à la liquidation des malades mentaux, aux grands massacres et au génocide. Pour Blondel, le national-socialisme n'est pas un accident de l'histoire ; il ne croit pas non plus à la thèse selon laquelle une bande de criminels et de fous se serait emparée du pouvoir en Allemagne. Si Hitler et sa bande n'étaient que des malfaiteurs, ce serait terrible sans être tragique : la tragédie consiste à professer un « contre-évangile », à mener une lutte à mort contre le judaïsme et le christianisme, en adossant cette lutte à une idéologie pseudo-scientifique.

Hitler dit en effet dans *Mein Kampf* : « Dans un monde où les planètes et les soleils suivent une trajectoire circulaire, où des lunes tournent autour des planètes, où la force règne partout et seule, en maîtresse de la faiblesse qu'elle contraint à la servir docilement, ou qu'elle brise, l'homme ne peut relever de lois spéciales » (*L.*, p. 174). Le philosophe conclut : « Voilà, si l'on ose dire, la figure, la substance ontologique du totalitarisme génuine : pour lutter contre lui, il faut recourir à tout ce qu'il nie » (*ibid.*, p. 174-175). Après la guerre, en raison de la Shoah, on ne verra plus que le génocide des juifs, et, même, on laissera entendre qu'il y eut sinon une complaisance, du moins une mollesse de l'Église catholique vis-à-vis du IIIe Reich. Le diagnostic de Blondel, fondé sur les textes de Hitler, est que le national-socialisme, dans sa lutte à mort contre la transcendance, refuse absolument

1. Maurice Blondel, *Lutte pour la civilisation et philosophie de la paix*, Flammarion, 1940, p. 32. Dans ce qui suit, nous désignerons en abrégé ce livre par la lettre '*L*'.

toute croyance dans une puissance intelligente et aimante extérieure à l'ordre de la nature et de la force.

Lutte pour la civilisation et philosophie de la paix nous fait apercevoir la pensée de Blondel : 1) Les drames de l'histoire ont une source métaphysique et la tâche du philosophe est d'en établir la généalogie, d'où la nécessité d'être attentif à la longue durée. 2) Le réel est fait d'ordres distincts interconnectés : on ne saisit ontologiquement une réalité qu'en parcourant complètement ses strates et leur développement. 3) La philosophie a donc plusieurs aspects qu'il faut distinguer et dont il faut aussi comprendre l'unité : philosophie de la nature et philosophie de l'esprit sont reliées. 4) Exposer une situation, c'est décrire sa singularité et les contradictions qu'elle recèle, puis indiquer comment on peut sortir de l'état qu'elle dénote. Il en découle qu'une description fidèle se fait en trois temps : a) exposition de la spécificité positive d'un état ; b) mise au jour des limites ou des déficiences qui lui sont inhérentes ; c) suggestion d'une action conceptuelle et pratique pour trouver une issue. 5) Cette structure trinitaire, qui caractérise les processus élémentaires, se retrouve dans l'ontologie, dont l'exposition complète exige une trilogie : *La Pensée*, *L'Être et les êtres*, *L'Action*. 6) Enfin, et c'est la clé, dans une vraie philosophie, tout communique, il n'y a pas de pièces disjointes.

« L'homme, même sans le savoir, vit toujours en métaphysicien »[1], dit Blondel. Appliquant sa méthode génétique à la compréhension du racisme et du totalitarisme, il montre d'abord que le totalitarisme est « une doctrine du devenir, du relatif considéré comme le seul absolu » (*L.*, p. 43). Si l'homme n'a pas de but extérieur à la nature et que sa destinée s'accomplisse entièrement sur terre, il est compréhensible qu'il vise la conquête de l'univers, puisque rien ne peut le faire échapper à la force. L'ordre humain n'est pas en discontinuité avec le règne animal ; l'idée selon laquelle la pensée juive et chrétienne opère un saut est non seulement fausse mais délétère : « Les Aryens sauveront la civilisation, malgré les Juifs et malgré les Églises »[2]. Le journaliste du *Stürmer* s'inspire de *Mein Kampf*, que cite une fois encore Blondel : « La condition préalable mise à l'existence durable d'une humanité supérieure n'est donc pas l'État, mais la race qui possède les facultés requises »[3]. Par-là, l'idéologie national-socialiste

1. Maurice Blondel, *L'Action, II*, Alcan, 1937, Avertissement, p. 7.

2. Maurice Blondel, *Lutte pour la civilisation et philosophie de la paix*, p. 63 en note : citation de *Der Stürmer*, 9 mars 1939.

3. Hitler, *Mein Kampf*, p. 371 ; *Mon Combat*, trad. fr. par J. Gaudefroy-Demonbynes et A. Calmettes, Nouvelles éditions latines, 1934, dans *op. cit.*, p. 63.

s'oppose radicalement à l'enseignement judéo-chrétien dont « l'immense nouveauté [...] fut de placer la personne humaine au-dessus de l'ordre cosmique tout entier, de voir en l'homme une œuvre de l'amour divin et de destiner l'homme lui-même à une œuvre d'amour et à l'union divine » (*L.*, p. 164). Le nazisme est un « illuminisme »[1], efficace au niveau des moyens et hanté au niveau des fins.

La réduction de l'ordre humain au règne de la force laisse transparaître « le visage à découvert dont peu d'entre nous consentent à regarder les véritables traits » (*L.*, p. 63), celui du Chef au « regard toujours fuyant ». Que signifie ce qualificatif ? Tout simplement que la force nue heurte l'humanité et que, de ce fait, elle est d'autant plus efficace qu'elle opère de façon dissimulée. D'où le rôle crucial de la propagande. Elle trompe, mais permet une grande économie de moyens : « Quand la propagande a rempli un peuple tout entier d'une idée, observe Hitler, l'organisation peut en tirer les conséquences avec une simple poignée d'hommes »[2]. Blondel observe : « [...] en jouant sur les mots on parvient à permettre au nom de l'équité, on absout même cette violence préméditée avec toutes les habiletés d'une préparation belliqueuse, d'une diplomatie astucieuse, d'une ostentation vengeresse et grandiloquente » (*L.*, p. 134).

Le pire malheur, c'est que la tromperie du propagandiste désarme les velléités de résistance de sa victime, la réduit à l'immobilisme, à la passivité et finalement au déshonneur. Comment « comprendre la myopie intellectuelle et volontaire qui dérobe à tant d'esprits les évidences à longue portée ? » (*L.*, p. 142). C'est que, dans le danger, le réflexe est de fermer les yeux comme si la cécité abolissait le péril. Dans la cité, le philosophe a pour fonction de combattre cette attitude de dénégation. Si, en effet, le totalitarisme ne rencontre pas de résistance, il cède à son essence qui est mouvement, agressivité, convoitise. Puisque rien ne transcende la force, cette doctrine condamne ses dévots à « d'incessants risques et d'infinis triomphes » (*L.*, p. 50). Cette idéologie penche vers la destruction plutôt que vers l'édification d'une cité nouvelle, pour une raison que, déjà en 1900, Georg Simmel[3] avait discernée : la destruction, plus rapide que la construction,

1. « En dernière analyse c'est à l'illuminisme plus ou moins sincère d'une fausse science et plus encore au fanatisme d'un orgueil pathologique que se réfère le règne cosmique qu'on nous prophétise... » (*L.*, 62).

2. Hitler, *op. cit.*, p. 554, dans Blondel, *op. cit.*, p. 59.

3. Georg Simmel, « Zu einer Theorie des Pessimismus » (1900) in *Vom Wesen der Moderne Essays zur Philosophie und Äesthetik*, Junius Verlag, Hamburg, 1990, écrit : « Der Zerstörende fühlt sich als Herrscher über den Schaffenden, der Verneinende über den Bejahenden, der Entwertende über den Besitzenden », c'est-à-dire : « Le destructeur se sent le

provoque un sentiment immédiat de puissance. « Comment donc, se demande Blondel, échapper à cette emprise de la violence, de l'astuce, de cela même qu'un peuple a nommé d'un mot qui n'a d'équivalent dans aucune autre langue, "la joie de nuire et de faire souffrir" » (*L.*, p. 106). Il songe à la « *Zerstörungslust* (joie de détruire) ».

LE TOTALITARISME

Pour mener à bien son enquête sur le totalitarisme, Blondel procède en deux temps : 1) il montre d'abord, dans un chapitre liminaire, que les notions de civilisation, de culture, de liberté, d'honneur, d'union sont susceptibles de significations opposées et ambiguës. Ainsi, la notion de civilisation recouvre deux réalités radicalement opposées : « D'un côté, la civilisation apparaît comme l'exaltation des personnes humaines et de leur liberté volontairement disciplinée ; d'un autre côté, un besoin d'unitarisme grégaire qui, pour fondre les individus dans une masse écrasante, écrase d'abord les opinions privées afin de constituer une force irrésistible d'attaque et de défense… » (*L.*, p. 15). 2) Il se demande alors : « Où trouver et comment dégager la sincérité véritable chez tant d'acteurs, de comédiens qui jouent leur rôle parmi les *idola* que décrivait Bacon ou que les maîtres de la vie spirituelle ont analysés jusque dans les plus ascétiques expériences de la lutte contre "l'art de se duper soi-même" ? » (*L.*, p. 31). Il ne s'agit pas de mettre en scène des États ou des personnes : « Nous suivons seulement des filières logiques d'idées et de désirs qui, fût-ce à leur insu, influent sur les pensées et les mœurs individuelles et collectives » (*L.*, p. 29). Pour que les attitudes qui imprègnent la vie politique deviennent patentes, Blondel les soumet aux regards croisés de leurs adversaires et de leurs partisans : « Nous allons donc examiner successivement l'une et l'autre de ces thèses en acte, considérant chacune à la fois du dehors et du dedans, du dehors comme son adversaire la voit, la comprend et l'exècre, du dedans en tant qu'elle se systématise, se justifie, se canonise elle-même » (*L.*, p. 35). Alliant perspicacité et ironie, il ajoute : « Il importe donc, selon notre promesse, que nous nous plaçions successivement de chaque côté de la barricade, même et surtout quand elle se mue en tapis vert pour la signature de conventions diversement comprises par les signataires » (*L.*, p. 38).

maître de celui qui crée ; le négateur de celui qui affirme ; le dépréciateur de celui qui possède (s.e. des valeurs) », p. 90.

Il soumet d'abord le totalitarisme à un examen externe en précisant que l'idée de pureté raciale d'un peuple situé au cœur de l'Europe est une fiction : « [...] dans ce centre européen, dépourvu de frontières naturelles, où tant d'invasions et de croisements se sont produits sans être gênés par aucune centralisation politique, l'idée d'une consanguinité sauvegardée pour une mission d'élite ne peut être présentée aux esprits avertis que comme un "mythe", tandis qu'aux simples et aux dociles on l'impose comme un fait et un principe de gouvernement et d'action » (*L.*, p. 41-42). Quelles sont les sources idéologiques du totalitarisme ? D'où « cette doctrine tendancieuse » tire-t-elle sa force ? Blondel répond : « Elle est essentiellement [...] une doctrine du devenir, du relatif comme le seul absolu, des contraires assimilables par la dialectique de l'histoire, où le succès crée la vérité, où la force, non seulement, prime ou révèle, mais constitue le droit, où par conséquent les engagements comportent toujours des restrictions mentales... » (*L.*, p. 43).

L'exaltation et l'usage habile de la force ont un effet multiplicateur : « Car les victimes mêmes préparent souvent, par crainte, par intérêt, par défaut d'énergie ou de perspicacité, leur propre asservissement, faute de foi à la vérité et de virile docilité au devoir » (*L.*, p. 45). En effet, les régimes totalitaires disposent d'une vaste panoplie d'instruments diplomatiques pour endormir leurs adversaires : « Comme les promesses les plus authentiquement signées n'engagent, pour la suite proche ou lointaine, à rien de fixe et de sacré, les conducteurs d'une grande politique totalitaire qui n'admettent que les pactes bilatéraux peuvent sans scrupule apaiser, flatter, chloroformer, pénétrer par leur propagande occulte ou retentissante, tels ou tels peuples voisins... » (*L.*, p. 47). Blondel conclut ainsi en 1940 son analyse externe du totalitarisme en action : « Un premier axe, dont on célèbre la puissance et les succès, va s'accompagner d'un autre axe perpendiculaire du Pacifique à l'Atlantique, étalant sur l'Ancien Continent, en attendant le Nouveau Monde, une immense croix gammée dont les crochets pourront s'abattre jusqu'au cap de Bonne-Espérance ou jusqu'au cap Nord... » (*L.*, p. 49).

Blondel examine ensuite « le totalitarisme vu du dedans » (*L.*, p. 51) : il s'agit « de nous placer au-dedans même de ces conceptions qui prétendent se justifier non seulement par la force brutale de leurs succès, mais par leur vérité intrinsèque... » (*ibid.*). Le premier caractère des régimes totalitaires qui demande explication, c'est leur culte de la guerre : « En fait, la guerre est, à leur sens, l'état normal, permanent, viril. Et cette guerre doit être appelée, elle aussi, totale, puisque, ne comptant pour rien les droits des autres et méprisant l'humanité avec les devoirs dont parlait un spiritualisme périmé, elle recourt sans scrupule à tous les moyens de destruction, de démoralisation, de félonie, de terrorisme » (*L.*, p. 53). La raison invoquée par les dirigeants de ces régimes est celle-ci : rien ici-bas, ni le cours des planètes, ni la vie des animaux ni celle des hommes n'échappe au règne de la force. Ainsi, observe Hitler, « Ce qui, dans tous les temps, a agi le plus efficacement, c'est la terreur, la violence »[1] (*L.* p. 55, en note). Pourtant, le totalitarisme, « théogonie du devenir humain », échoue à satisfaire les aspirations humaines. En effet, il « ne peut jamais trouver en ses réalisations les plus évoluées que les ingrédients originellement mis dans le creuset où fermentent la matière et l'instinct » (*L.*, p. 57). Blondel conclut : « Nous voici loin de la vertu qu'Aristote nommait l'amitié, fondée sur la raison universelle, sur l'inaltérable dévouement des hommes et des peuples… » (*L.*, p. 61).

MÉFAITS DES CONQUISTADORES

Blondel fait une analyse plus brève mais aussi percutante des méfaits de la conquête de l'Amérique par les *Conquistadores* : mentionnant le *De Indis* de Vitoria[2], il observe que le théologien espagnol avait « formulé les thèses essentielles du "droit des gens" et de la conscience morale et chrétienne dans l'ordre international » (*L.*, p. 137). Et, surtout, il ne considère pas seulement cette conquête en moraliste : il examine les conséquences qu'elle eut pour l'Espagne : « Et quelle leçon déjà nous donne cette histoire d'une rapacité conquérante qui, loin d'enrichir et de fortifier la florissante et noble Espagne, est devenue le point de départ d'une diminution spirituelle et d'une décadence politique ! » (*ibid.*). On pourrait rapprocher les rapides remarques de Blondel du roman que Joseph Conrad a consacré à un problème semblable : dans *Nostromo*[3], il analyse l'empire que prend progressivement sur son héros initialement enthousiaste et limpide une mine dont il a dû contre son gré assurer la direction : peu à peu, cet être attachant s'identifie avec les lourds filons d'argent, délaisse sa femme et sent se défaire les liens du cœur qui l'attachaient aux autres. Mais on est plus proche de Braudel, qui, dans sa *Méditerranée au temps de*

1. Hitler, *Mein Kampf*, p. 338 de la grande édition, précise Blondel.

2. Francisco de Vitoria (1492 env.-1546), Dominicain espagnol. Il a enseigné à Burgos, à Paris et à Salamanque. Il soutient Las Cases dans sa politique en faveur des Indiens. Il est considéré comme « le premier théoricien moderne du "droit des gens" » (cf. *Encyclopaedia Universalis*).

3. Joseph Conrad, *Nostromo* [1904], trad. fr. Philippe Néel, Gallimard, 1926, « Bibliothèque de la Pléiade », t. II, p. 1985.

Philippe II, a décrit ce même processus d'involution, aux effets moraux et politiques dévastateurs. Sartre, dans *Critique de la raison dialectique* (1960), reprendra ses analyses.

Pour Blondel, l'histoire n'a pas un sens tout fait : chaque situation comporte ses déterminations et ses contraintes ; mais aussi ses occasions de dépassement ou, au contraire, de démission et de régression. Il en va ainsi parce que les circonstances particulières ne s'éclairent qu'en fonction d'une vision globale de la civilisation. De même que, selon Kierkegaard, l'individu traverse des « étapes sur le chemin de la vie », les sociétés, selon Blondel, passent par des stades de civilisation.

LA NOTION DE CIVILISATION

Considérons, par exemple, la pensée antique : « Pour les anciens, l'être humain n'était qu'engrené dans les forces mystérieuses de la nature, le premier sans doute dans le monde de la génération et de la corruption, mais subordonné aux sphères supérieures dont il pouvait seulement par la raison contempler l'éternelle régularité, sa liberté ne consistant qu'à "comprendre et à consentir" devant l'immuable destin et la force des causes occultes » (*L.*, p. 164).

L'enseignement des Écritures, lui, situe l'humanité au-dessus de l'ordre physico-chimique et organique : il maintient l'ordre humain dans le cosmos sans l'y enfouir. La philosophie de la nature et la philosophie de l'esprit de Blondel s'attachent à montrer que, dans les manifestations les plus hautes de son intelligence et de sa sensibilité, l'homme physique, biologique, psychique, social est embarqué ; car il y a inséparabilité des éléments composants de sa nature ou de son « âme » (au sens aristotélicien du terme). La fusion intime du corps et de l'âme, fusion liée à l'Incarnation, s'explicite en parcourant, sur le plan conceptuel et affectif, toutes les ordres d'éléments qui constituent l'être humain ; mais elle n'implique aucunement que ce parcours soit un processus de développement immanent à la nature. Le philosophe pense pouvoir montrer, par des arguments rationnels, l'existence d'une réalité transcendante qui soit comme l'Autre de la nature et le visage de l'Être. Le christianisme apporte trois évidences (ou trois conjectures) nouvelles : 1) la personne humaine – quoique enracinée dans l'ordre cosmique – est irréductible à ce dernier ; 2) cette irréductibilité est la conséquence du fait que la personne humaine est la création d'un Dieu ; 3) Ce Dieu n'est pas seulement tout-puissant : il est Amour et veut que ses créatures s'unissent à lui.

Que s'exprime ici la profession de foi d'un croyant, on le comprend aisément; mais, pour Blondel, il s'agit aussi d'autre chose : il estime que la philosophie, avec ses instruments d'investigation propres, peut établir l'existence de cette réalité transcendante et même la nommer, sans s'appuyer sur une révélation religieuse. La foi enrichit le savoir, mais le philosophe les distingue et veille à ne pas importer en fraude dans sa pensée des éléments de la doctrine chrétienne. Ce n'est pas simple, car le christianisme ne se caractérise pas seulement par les idées nouvelles qu'il introduit, mais par l'Incarnation. Or, que Dieu se fasse homme suscite une interrogation : « [...] si le Christ revenait en homme parmi les hommes de ce temps, sauriez-vous le reconnaître en sa divine et paradoxale vérité de pauvre parmi les pauvres, d'ouvrier et de supplicié ? » (*L.*, p. 182). Cette dimension concrète et historique du christianisme est toujours présente dans la pensée de Blondel.

En même temps, il ne se contente pas d'évoquer les deux étapes que sont à ses yeux, dans la marche de la civilisation, la pensée antique et l'enseignement judéo-chrétien. Il analyse deux autres étapes. D'abord, le transfert de la « Bonne Nouvelle » du plan religieux au plan séculier, du domaine des âmes à l'étude de la nature : c'est ce que le Moyen Âge a préparé et la Renaissance accompli, donnant ainsi naissance à la science moderne. Il examine ensuite comment les succès de la connaissance positive ont déclenché un processus dangereux « où, peu à peu, souvent oublieuse de ses origines, la science rationnelle ou expérimentale n'a plus seulement exercé une autonomie légitime, mais a prétendu à une suffisance entière, à un totalitarisme exclusif » (*L.*, p. 164). Il y a donc eu un quatrième stade, celui où la science, confiante dans ses succès et ayant (volontairement) effacé le souvenir du « message chrétien » d'où elle est issue, s'est sentie « autosuffisante ».

En fait, on peut distinguer deux stades dans cette évolution historique : l'époque des Lumières, où Kant insiste sur la liberté théorique et pratique de la raison; et la période contemporaine, à partir du XIXe et plus encore du XXe siècle, où l'on passe de la liberté de la raison à un culte exclusif de la science et de la raison. Il y a là un double danger : a) celui de prendre la phénoménologie scientifique pour une ontologie; b) celui de se couper des sources mêmes de la science moderne. Blondel remarque : « Or une telle prétention est doublement vicieuse et malfaisante. D'une part, les sciences physiques ne peuvent sans illogisme se retourner contre le mouvement spirituel dont elles sont issues. [...] D'autre part, on se méprendrait du tout au tout en imaginant que l'ère positiviste procure à l'humanité le pouvoir de se passer de tout *sursum* vers un ordre transcendant : c'est tout le contraire qui est vrai » (*L.*, p. 164-165). Bref, il y a un risque d'« illusions » et de « griserie » lié au « rapide progrès des sciences et de leurs applications » (*ibid.*, p. 165), alors que les découvertes scientifiques et les inventions techniques sont en elles-mêmes bonnes si des progrès spirituels correspondants sont accomplis (Blondel se réfère à Bergson de façon élogieuse).

LE RÔLE DU PHILOSOPHE

La réflexion de Blondel sur l'état du monde entre les deux guerres est notamment nourrie par *Politique*. Cette revue, fondée par son gendre Charles Flory, présente chaque mois, de 1927 à 1940, des études sur la situation des différents pays et, en particulier, sur l'évolution de l'Allemagne. Le 15 janvier 1932, on lit, sous la plume de XXX : « Une question venait naturellement à tous les esprits : l'heure du "Troisième Empire" a-t-elle sonné ? pour parler le jargon des "nazis" ou plus simplement : l'accession au pouvoir du parti hitlérien est-elle proche ? [...] L'année dernière, tous les évêques allemands successivement avaient condamné les tendances doctrinales du mouvement. L'animosité est restée vivace : les feuilles racistes jettent aux organisations catholiques le reproche d'être asservies à des intérêts universels (elles disent : internationaux), et de reléguer au second plan ceux de la collectivité racique allemande ». Le 15 juin, le même éditorialiste, après avoir brossé le portrait des dirigeants hitlériens, note : « [...] c'est un spectacle singulier de voir toute l'Allemagne, pays des érudits et des techniciens, se mettre à la remorque de ces ignorants et de ces aventuriers ». Il poursuit : « C'est qu'outre leur habileté diabolique, ces hommes, comme tous ceux qui les suivent, sont portés par un gigantesque courant social ». En avril 1933, le même XXX écrit : « Une des caractéristiques de cette révolution fut l'absence complète de résistance des adversaires. Les socialistes prussiens, qui ne manquaient, cependant, pas de combattants, les ministres bavarois qui déclaraient qu'ils feraient arrêter à la frontière le Commissaire du Reich, les syndicats ouvriers qui disposaient de la menace de la grève générale, les catholiques unis et influents, les terribles communistes eux-mêmes, tout le monde se tint coi ». Alors que la seule chance d'éviter la guerre est une action commune des Européens, un Anglais, Wickham Steed, écrit en avril 1936 à propos de Pierre Laval : « Chez nous il a détruit la croyance en le dévouement de la France au principe de la sécurité collective contre la guerre ». Or, en juillet-août 1936, Henri Simondet observe : « L'Allemagne hitlérienne proclame bien haut sa volonté de paix, préconise le système des accords bilatéraux, mais elle s'arme à outrance et pratique la politique du “fait accompli”. Peut-on vouloir organiser la paix, tout en laissant se développer cette politique ? ». Enfin, en avril-mai 1940, l’éditorialiste de *Politique* constate : « Une guerre totale nous est imposée, préparée par un monstrueux totalitarisme. Il n’y a de réplique que dans une union totale de la France et de l’Angleterre. Celle que réalise progressivement le Conseil Suprême assure, pour un avenir indéfini, la mise en commun de toutes les ressources des deux empires ». Le rêve de ce Conseil Suprême se brise quelques semaines plus tard !

Blondel croit à la responsabilité historique des penseurs : il développe, par exemple, l’idée que la philosophie allemande exprime, sous la forme de « systèmes métaphysiques », des impulsions profondes, des « tendances foncières ». Il adhère à la thèse de Schopenhauer, reprise par Nietzsche et léguée selon Thomas Mann à Freud, selon laquelle les idées tirent leur puissance de forces sous-jacentes. Le danger mortel, pour l’humanité, n’est pas cette reconnaissance du soubassement psychique et organique de la conscience, mais l’ignorance ou, plus encore, le déni volontaire de l’autre face du réel, à savoir l’existence d’un domaine transcendant, qui doit s’incarner dans l’agir humain.

Dans la cité, le rôle du philosophe n’est pas celui du politique – homme d’action et praticien de la vie collective –; plutôt celui du guetteur qui décèle, dans les comportements effectifs, les lacunes, les omissions, les déformations volontaires. Ainsi, la propagande – telle que la conçoivent Hitler et Goebbels – a une source métaphysique : elle est faite pour occulter la transcendance, à savoir ce qui, dans l’homme, passe l’homme. Elle déforme, sans la supprimer, la dimension religieuse de l’action : elle lui propose un autre but, celui d’édifier le « surhomme » dans un Reich millénaire. Le pendant sera l’édification d’un « homme nouveau » dans l’autre religion de la Terre, le communisme. Pour souligner la dimension métaphysique de la propagande nazie, Blondel observe : « *Mein Kampf* peut bien répéter que différents régimes politiques peuvent coexister, mais dans les instants de franchise radicale et sous la secousse des passions de fond, le masque tombe, les anathèmes éclatent : c’est la contradiction absolue, la guerre à mort contre toute croyance à la transcendance, à la vie future, à la tradition judéo-chrétienne, à un ordre d’universelle fraternité et d’obligatoire charité » (*ibid.*, p. 174).

Lutte pour la civilisation et philosophie de la paix est un écrit de circonstance : en même temps, c’est un miroir fidèle où se reflète la doctrine du philosophe. Ce que nous appelons les accidents de l’histoire comme les catastrophes se préparent de loin ; il leur faut parfois des siècles avant de faire surface. Leur source lointaine est rationnelle : ce serait une illusion et une démission de croire qu'il y a dans l'univers de l'illogique ou de l'alogique. Tout ce qui advient a des causes, même si la causalité n'exclut pas la contingence du devenir. Comme le suggère saint Augustin, le temps cyclique a été brisé[1], et nous devons comprendre la marche irréversible du monde.

Quoique la science soit liée au message chrétien[2], elle ne parvient pas à atteindre le fond des choses : elle est nécessaire, sans être suffisante. À travers les théories physiques, biologiques, sociales, nous parvenons à discerner les structures et le mouvement des choses ; leur essence et leurs causes se déroberaient, pourtant, si nous ne disposions pas, pour les approcher, d'instruments d'investigation que le philosophe s'efforce de conjuguer : « L'ontologie concrète », le retour aux choses elles-mêmes, ou plutôt, dit Blondel, l'intelligence des relations entre les êtres et l'Être, a besoin des sciences pour se constituer en phénoménologie ; mais seule l'action réduit l'espace entre les phénomènes et le fond des choses.

À la différence de Bergson, Blondel ne croit pas qu'il existe une faculté de l'âme, l'intuition, qui nous mette en contact avec les processus naturels, avec la création continuée. Nous devons conjuguer tous les moyens du « composé » humain, et notamment son intelligence, pour aller vers le réel concret. Mais nous ne l'atteindrions pas si nous brûlions les étapes et que nous nous figurions que les êtres sont saisissables dans l'instant et sans médiation.

Pour prendre conscience de la *créativité* de la nature, pour découvrir que l'univers est en devenir, la phénoménologie scientifique est nécessaire, mais la notion de création – étrangère à la pensée antique – nous resterait obscure si nous n'avions pas, pour la former, une proximité intellectuelle avec l'inspiration chrétienne. Aussi la tâche philosophique que Blondel s'assigne est-elle complexe : il s'agit, en effet, avec les moyens d'investigation et d'analyse de la raison naturelle, de montrer que la transcendance n'est pas illusoire. Il convient donc de comprendre en quoi consiste la phénoménologie et comment s'opère, par l'action, le passage de la phénoménologie à l'ontologie.

1. « [...] circuitus illi jam explosi sunt [...] », *De Civitate Dei*, *La Cité de Dieu*, XII, 21, 4.

2. En effet, si Dieu crée les hommes « à son image et à sa ressemblance », comme il est dit dans le livre de la Genèse, il n'y a pas de raison pour que la nature reste opaque à l'intelligence humaine. Il y a un rationalisme juif et chrétien, auquel la scolastique, au Moyen Âge, donne une forme logique, et qui prend toute son extension avec la science moderne, à partir du début du XVIIe siècle.

CHAPITRE III

LA PHÉNOMÉNOLOGIE

Le programme philosophique de Maurice Blondel est de facture classique : il s'agit de rechercher la vérité et, à cette fin, de constituer une « ontologie concrète ». Pour reprendre une expression de Locke, rendue célèbre par Husserl, il faut « retourner aux choses mêmes ». L'originalité du penseur tient à la façon dont il exécute ce programme : pour s'en faire une idée, examinons les problèmes qu'il se pose : a) Quels sont les rapports de la science et de la philosophie ? b) La perception place-t-elle l'esprit au cœur du réel ? c) L'histoire de la pensée – antique, chrétienne, ou plus lointaine – apporte-t-elle un éclairage utile au philosophe ? d) Comment distinguer et mettre en communication les idées d'origine religieuse et le travail de la raison naturelle ? Le philosophe dispose de trois instruments d'investigation : a) les sciences (qui suggèrent des questions, écartent des fausses pistes, font pressentir l'univers) ; b) la perception ; c) l'action, laboratoire où l'on rejoint le réel.

LA SCIENCE

Blondel fait partie des penseurs pour qui la science moderne, née au début du XVIIe siècle, est un produit de l'esprit chrétien. Les sciences lui paraissent nécessaires mais insuffisantes : elles « sauvent tous les phénomènes et leurs relations » (selon la devise de Pierre Duhem), sans pour autant pénétrer jusqu'au cœur du réel. Blondel partage le point de vue qu'exprime son ami dans *La Théorie physique* : les sciences décrivent des faits d'observation, formulent des lois empiriques ; la convergence des théories indique que celles-ci s'approchent de la nature : toutefois, elles s'arrêtent en chemin. Elles édifient une phénoménologie, non une ontologie. Il ne semble pas que Blondel, dans *La Pensée* (1934), *L'Être et les êtres* (1935) et *L'Action* (1936-1937), ait changé sur ce point.

Proche de Pierre Duhem, dont *Le Système du monde* embrasse les cosmologies de Platon à Copernic (dix volumes), il crédite les sciences d'une autre fonction : elles font apparaître en pleine lumière les bases de chaque cosmologie, interviennent dans les efforts pour rafistoler les systèmes défaillants, et aident à constater la ruine d'une conception du monde. Duhem donne une illustration de la fonction critique de la science quand il étudie « la physique parisienne au XIVe siècle » : « Dès le début du XIVe siècle, le grandiose édifice de la Physique aristotélicienne était condamné à la destruction ; la foi chrétienne en avait sapé tous les principes essentiels ; la science d'observation ou, du moins, la seule science d'observation qui fût alors quelque peu développée, l'Astronomie, en avait rejeté les conséquences ; l'antique monument allait disparaître ; la science moderne allait la remplacer »[1]. Pourtant, l'érosion de la Physique d'Aristote sera un processus lent et mouvementé, pour une raison que Thomas Kuhn a, lui aussi, dégagée dans *La Structure des révolutions scientifiques*[2] : tant qu'on pense pouvoir colmater les brèches d'un système existant, on s'y emploie. Duhem analyse ainsi les essais pour maintenir en vie l'ancienne physique : « La destruction de la Physique péripatéticienne ne fut pas un subit écroulement ; la construction de la Physique moderne ne se fit pas sur un terrain où rien n'était plus debout. De l'une à l'autre, le passage se fit par une longue suite de transformations particulières, dont chacune prétendait seulement retoucher ou agrandir quelque pièce de l'édifice sans rien changer à l'ensemble » (*ibid.*). De bonne foi, les savants qui retouchent l'édifice croient pouvoir le sauver : ils s'illusionnent sur la nature des remèdes qu'ils administrent au corps malade de l'ancienne physique. La fin est dramatique : ce qu'ils avaient cru être une construction ou un étayage révèle sa vraie nature, qui est d'avoir dissous la physique d'Aristote : « Mais lorsque toutes ces modifications de détail eurent été faites, l'esprit humain, embrassant d'un regard le résultat de ce long travail, reconnut avec surprise qu'il ne restait rien de l'ancien palais et qu'un palais neuf se dressait à sa place » (*ibid.*).

L'évolution des sciences et, notamment, le développement d'une cosmologie scientifique, basée sur la Relativité générale et la microphysique, ne laisse pas Blondel indifférent : ainsi, dans *L'Être et les êtres*, il

1. Pierre Duhem, *Le Système du Monde*, Paris, Hermann, 1956, t. VII, p. 3.
2. Thomas S. Kuhn, *The Structure of Scientific Revolutions* [1962], 1970, The University of Chicago Press, trad., *La Structure des révolutions scientifiques*, 1972, Paris, Flammarion.

évoque à deux reprises « les théories de la relativité généralisée ». Pourquoi ce pluriel ? Pour une raison simple : c'est qu'il y eut, en effet, une première conception, statique, de l'univers, celle que proposa Einstein en 1917 ; puis une seconde, en 1925-1926, lorsque l'abbé Georges Lemaître et le Russe Alexandre Friedmann[1] démontrèrent, indépendamment l'un de l'autre, que les équations d'Einstein pouvaient avoir des solutions non statiques et qu'ainsi elles décrivaient un univers en devenir, ce que l'astronomie d'observation confirmera à la fin des années 1920.

Il se réfère à l'évolution des espèces comme à un fait que la géologie et la paléontologie attestent : cependant il ne s'y attarde pas, car il pense que ce n'est pas à la science mais à la philosophie d'en révéler le véritable sens. Dans *L'Action* (1893) il écrit à propos du transformisme : « Grande et féconde idée que celle de cette solidarité sympathique entre tous les êtres qui s'édifient en quelque sorte les uns les autres, comme se correspondent les membres d'un organisme en perpétuelle croissance ; hypothèse divinatoire qui symbolise, mais sans rigueur scientifique, la formule précise du concert que compose l'univers ; pressentiment de vérités qu'une science plus avancée devra définir et limiter en les complétant »[2].

En revanche, il observe que la notion de création, y compris organique, est absente de la pensée antique et qu'elle prend sa consistance philosophique dans le contexte judéo-chrétien. D'où le fait déconcertant que, quand il analyse l'idée de devenir, y compris en cosmologie physique ou en histoire naturelle, il se réfère aux *Confessions* de saint Augustin (XI, 29-30). En effet, l'ouverture à la science moderne n'est pas à ses yeux décisive, puisque, à la différence de Cournot (1801-1877) et à l'instar de Duhem, il ne crédite pas la science de la capacité d'expliquer causalement et, dans certaines circonstances, de reproduire les êtres et les processus naturels. Les disciplines scientifiques fournissent une image approchée du réel ; mais, pour aller au fond des choses, il faut procéder autrement. Il ne s'agit pas de tourner le dos aux sciences, ni non plus d'imaginer qu'on peut, sur la voie qu'elles ont ouverte, aller plus au fond des choses qu'elles ne font. La philosophie exige une conversion de la pensée et un changement de méthode.

Blondel se donne pour objectif de parcourir intégralement et de façon ordonnée les relations de toute nature connectant les êtres et de mettre au

1. Cf. Alexandre Friedmann et Georges Lemaître, *Essais de cosmologie*, précédés de *L'invention du Big Bang* par Jean-Pierre Luminet, Paris, Seuil, 1997.

2. Maurice Blondel, *Œuvres complètes, I, 1893, Les deux thèses*, Paris, P.U.F., 1995, p. 105, éd. originale, p. 71.

jour le principe vivant qui fait tenir ensemble la multiplicité des existants, à savoir l'Être. La philosophie essaie de constituer une ontologie dont l'organisation interne exprime la « logique des êtres ». Le rationalisme de Blondel est sans limites. Il n'y a pas de réalité « *alogique* » : ce qui paraît désordonné ou absurde est « *logique* ». Cette affirmation grandiose – qui amenait son ami Victor Delbos (1863-1916) à le rapprocher de Hegel – n'est pas soutenue par la logique moderne ni non plus par la mathématisation de l'interaction entre les êtres dont Cournot[1] montra le modèle en 1838 dans ses *Recherches mathématiques sur la théorie des richesses*. Ce que Blondel appelle « logique générale » ou « logique des êtres » est un programme ou, plutôt, une profession de foi au sujet de la rationalité du réel; ce n'est pas une Logique au sens des *Principia Mathematica* (1910-1913) de Russell et Whitehead. Son peu de métier mathématique et logique ne paraît pas lui avoir causé de gêne. C'est que, pour lui, la science, l'art, l'action procèdent d'une inquiétude dont la philosophie a pour tâche de comprendre le sens. Celle-ci dispose, à cet effet, d'instruments qui lui sont propres et suffisent à la constitution d'une ontologie concrète.

LA PERCEPTION

Blondel refuse de légitimer la différence entre « qualités premières » et « qualités secondes », différence sur laquelle la mécanique classique s'est construite à partir de Galilée. Bien au contraire, il veille à réintroduire dans le monde réel le toucher, les odeurs, les saveurs. Quand il explique la taille des arbres et la régénération des bois, il le fait en Bourguignon expérimenté. De surcroît, distinguer la provenance, le nom et l'âge d'un vin restitue aux qualités dites « secondes » leur objectivité originaire. Prenons, par exemple la description qu'il fait d'une futaie dans *L'Être et les êtres* : « On a comparé les êtres à la futaie et aux sous-bois où la végétation a besoin, en haut, des rayons solaires et de l'air, en bas, de l'ombrage, de la fraîcheur et de l'humus d'un sol fécondé par la dépouille même du feuillage. Mais que les coupeurs surviennent : qu'une exploitation rationnelle, enlevant ces arbres qu'on appelle les anciens, les modernes et le taillis, ne laisse que des baliveaux, alors les mousses et les plantes forestières se dessèchent; mais surtout, au souffle de l'orage, les tiges isolées, faute d'être soutenues et mutuellement protégées par la ramure continue du dôme de verdure,

1. Cournot fut recteur de l'Académie de Dijon de 1854 à 1861. Il venait de quitter la ville quand Blondel y naquit.

laissent tomber la tête trop lourde et trop élevée de ces baliveaux, même les plus vigoureux ; et ce ne sont plus que des “chablis” qui ne se redresseront pas, désormais sans avenir et sans valeur. Ainsi en est-il dans l'ample fourré du monde. En voulant trop isoler, trop élever à l'écart les uns des autres des êtres dont chacun semblait en effet avoir ses racines propres, sa vie pleine de vigueur, son avenir assuré, l'on risque de ruiner ce qu'on prétendait confirmer dans une existence autonome et par-là même aussi de retirer au maître de la forêt le revenu normal de son souverain domaine » (p. 138-139).

Il a une raison plus profonde de lier la raison aux sens : il croit en l'Incarnation et, de ce fait, écarte la séparation du corps et de l'âme, familière à la pensée antique. Pour lui, comme pour saint Augustin ou Malebranche, il ne saurait y avoir de coupure substantielle entre le corps et l'esprit. Par conséquent, l'étude de la raison et l'analyse de l'interaction entre les personnes impliquent que l'on suive le fonctionnement de la pensée jusqu'en ses soubassements physico-chimiques, biologiques, psychiques. Quand il parle de « science de l'esprit », il y englobe la physiologie et la psychologie : il est probable que la neurophysiologie et les sciences cognitives l'auraient intéressé.

De même, dans *Itinéraire philosophique* (1928), il indique l'attention qu'il porte aux travaux de Marcel Jousse sur le langage non verbal et sur les langues sémitiques. Sensible au fait que les images associées aux concepts diffèrent d'une langue à l'autre, il se demande : comment s'affranchir du relativisme puisqu'on ne peut se passer des signes du langage ? Il envisage deux moyens de salut : a) l'étude comparative des langues et l'histoire de la pensée, d'une part ; b) l'épreuve de l'action, de l'autre. Il confie à Frédéric Lefèvre qu'il a songé à écrire une *Histoire de la pensée philosophique* : il aurait rejoint la méthode de Léon Brunschvicg qui, pour restituer le cheminement de l'esprit à travers l'histoire, analyse les œuvres qui en constituent à ses yeux les sommets, de façon à exposer le mouvement progressif de la pensée en une suite de portraits philosophiques. Si Blondel n'a pas réalisé ce projet, celui-ci n'a cessé de le hanter. Pour comprendre le sens d'une idée, il faut en refaire la genèse.

Quand nous exprimons ce que nous percevons, nous le faisons dans notre langue natale, qui est elle-même pétrie d'apports divers. Blondel y est attentif : sa conception de l'interaction entre les êtres et du statut des personnes provient de l'anthropologie chrétienne, telle que saint Augustin l'expose. L'emprunt est explicite et Blondel explique pourquoi il le juge légitime : la tâche du philosophe consiste à discerner le bénéfice conceptuel que la raison naturelle peut tirer de tels emprunts. De même, si le philosophe constate une convergence entre ce que la raison démontre et ce que la révélation suggère, il doit en rendre compte (c'est la *norme* de son métier), et non l'accepter passivement.

Blondel ne dissocie pas, comme on le fait aujourd'hui, la connaissance ordinaire et la connaissance scientifique. Il est proche du Whitehead de *The Concept of Nature* (1920), qui s'élève contre la disjonction (*bifurcation*) entre la science et la perception. Comme le penseur anglais, il est favorable à l'intégration des qualités secondes dans le monde réel, auprès des qualités premières. En même temps, comme Whitehead, il constate que la distance séparant la connaissance commune (qui culmine dans la poésie) et la connaissance scientifique ne peut pas être abolie. Dans ces conditions, la philosophie ne peut pas être le simple prolongement des sciences : elle doit se doter d'autres instruments d'exploration.

Depuis le *Saggiatore* de Galilée, la distinction entre qualités premières et qualités secondes s'est imposée aux philosophes et aux savants. Ces derniers ont réussi à développer une science du mouvement (cinématique, puis dynamique) sur la base étroite et puissante d'un petit nombre de caractères mesurables des choses, nommés pour cette raison qualités « premières ». La mécanique classique – qui est jusqu'à la fin du XIXe siècle la partie la plus intrinsèquement parfaite de la science moderne – s'édifie sur une base empirique qui exclut certaines qualités des choses, dites pour cette raison « secondes ». L'une des tâches de la philosophie est de rendre au monde objectif les qualités dont on l'a amputé et, ainsi, de faire retrouver leur objectivité aux qualités secondes, c'est-à-dire au vaste éventail des sensations que la science oublie.

L'ACTION

C'est l'action qui fait le pont entre la phénoménologie et l'ontologie. Alors que la science reste nominaliste, même si elle tend vers le réel, l'action est d'emblée enracinée dans le réel : quoique ses perspectives soient limitées, elle est réaliste, car elle plonge dans le réel l'indissociable composé humain (l'âme au sens aristotélicien).

Comme la science moderne est de plus en plus liée à l'agir, c'est-à-dire aux actions qu'elle conçoit et réalise, établir que le passage de la phénoménologie à l'ontologie se fait par l'action signifie que l'ontologie ne nous éloigne pas des sciences, puisque le lien entre celles-ci et la technique est devenu étroit et comme consubstantiel. Blondel, à plusieurs reprises, compare l'action à un laboratoire et, quand il parle de laboratoire, il songe notamment à la chimie. Ainsi, pour montrer que l'étude des sociétés humaines ne peut pas commencer par celle des individus qui les composent, il prend l'exemple des combinaisons chimiques « où les ingrédients, quoique présents, sont transfigurés dans l'unité nouvelle du composé, la vie individuelle, la vie de famille, sans perdre leur naturelle vigueur, sont transformées dans le cœur de la société où elles s'abritent » (*L'Action II*, p. 273). (Freud utilise la même allégorie chimique pour dire que, quand une cure analytique réussit, il y a comme une recombinaison des éléments de la personnalité.)

C'est, nous le verrons (chap. V et VI), par l'action que s'effectue le passage de la phénoménologie – axée sur la science et sur la perception – à l'ontologie concrète, tournée vers la recherche des êtres et de l'Être.

BLONDEL ET WHITEHEAD

Bien que Whitehead soit son contemporain, je ne pense pas que Blondel l'ait lu : pourtant, il y a une certaine parenté entre leurs œuvres, même si Whitehead, dans *Religion in the Making* (1926), laisse à son lecteur le soin de décider pour lui-même ce qu'il croit. Whitehead et Blondel prennent en compte la description scientifique du monde et les résultats de la cosmologie scientifique des années 1920-1930. Ils sont conscients, l'un et l'autre, du caractère provisoire des théories scientifiques. Ils pensent donc qu'il y a une distance entre la vision scientifique du monde et ce qu'exigerait la restitution fidèle des processus naturels dans l'univers en devenir. Ils ont une égale méfiance touchant l'atomisme des substances qui conduit à substantifier les individus et à minimiser les interactions entre les êtres. Ils pensent que, dans l'univers, tout est interconnecté. L'un et l'autre ont le même souci de réintégrer dans le monde réel les qualités secondes qui en ont été chassées par la science moderne à ses débuts.

En revanche, ils ne se représentent pas de la même manière le passage de la science à l'ontologie, c'est-à-dire, selon Whitehead, à un *Essay in Cosmology*. En quoi leurs projets se distinguent-ils ? À mon sens, par les instruments et par la stratégie. Whitehead est par profession un mathématicien et un physicien ; il a des vues étendues sur la biologie, la génétique, l'histoire naturelle. Il s'est occupé de problèmes d'éducation dans l'administration du Grand Londres et a fait, quand il était à Cambridge, de la politique. Quand il parle de logique, c'est en coauteur des *Principia Mathematica*. Il a donc des instruments d'investigation scientifique plus étendus et plus puissants.

Blondel pense, comme Whitehead, que les qualités du réel mises de côté par les sciences quand elles s'édifient, doivent retrouver place dans l'univers objectif. Tous deux constatent que l'approche perceptive et l'approche scientifique du monde ne parviennent pas à faire leur jonction : mais ils n'en tirent pas la même conclusion. Whitehead mise sur les progrès des sciences pour enserrer d'un réseau de plus en plus dense et de plus en plus fidèle les « entités actuelles » et leurs relations ; Blondel mise sur l'action pour réintégrer dans la conscience les aspects du réel négligés ou rejetés par la science. À partir du constat de l'incomplétude des sciences, ils élaborent deux stratégies différentes pour se rapprocher du réel : Whitehead reste dans le cadre de *An Essay in Cosmology* qui repose sur l'alliance plus complète de l'expérience (perception) et des mathématiques (prises comme « réservoir de formes »), ce qui est l'idéal de la « connaissance parfaite » dans le livre XII des *Lois* (961 d) de Platon ; Blondel, tout en restant attentif aux sciences, pense qu'il faut traverser les descriptions qu'elles proposent pour atteindre des couches plus profondes du réel.

L'essentiel est ailleurs : bien qu'ils jugent, l'un comme l'autre, que le lien entre science et perception est essentiel, ils ne s'en font pas la même idée. Blondel, comme plusieurs de ses contemporains français et allemands, pense que la philosophie possède les moyens d'accéder, par une voie qui lui est propre, aux êtres et à l'Être ; Whitehead, parce qu'il est, depuis ses premiers travaux, à la fois mathématicien et philosophe, ne croit pas à l'existence d'une voie philosophique autonome et originale. Il a, certes, une conscience aiguë de l'insuffisance des sciences ; mais il situe la cosmologie dans leur prolongement, alors que Blondel, tout en faisant sur les sciences un constat analogue, croit que la philosophie, par un cheminement propre, peut constituer l'ontologie.

En effet, Blondel est imprégné de la conception positiviste des sciences, dont les sources religieuses se trouvent, selon Léon Brunschvicg, dans l'occasionnalisme[1] de Malebranche. Les principaux théoriciens du positivisme sont Auguste Comte et Joseph Fourier, dans le premier tiers du XIXe siècle, Ernst Mach à la fin du même siècle et, au début du XXe siècle, Pierre Duhem. Celui-ci pense que la science décrit mais qu'elle n'explique pas, parce que, comme le dit Fourier dans le « Discours préliminaire »[2] de

1. Nicolas Malebranche (1638-1715), prêtre de l'Oratoire et membre de l'Académie royale des Sciences, a eu le coup de foudre à vingt-cinq ans pour l'œuvre de Descartes. Il est l'auteur d'une critique de la causalité qui inspirera notamment David Hume. Léon Brunschvicg, pour cette raison, voit en lui le père du positivisme.

2. Le Discours préliminaire débute ainsi : « Les causes primordiales ne nous sont point connues ; mais elles sont assujetties à des lois simples et constantes, que l'on peut découvrir par l'observation, et dont l'étude est l'objet de la philosophie naturelle », Joseph

sa *Théorie analytique de la chaleur* (1822), les causes des phénomènes (de la propagation de la chaleur à travers les solides, par exemple) ne nous sont pas connues et que nous ne pouvons qu'en établir les lois grâce à des régularités empiriques justifiables de l'analyse mathématique. Blondel ne s'est pas éloigné de cette conception de la science, qui va un peu plus loin dans le réalisme que celle de Mach. Il ne croit pas que le pari réaliste de Cournot[1] soit tenable : tout en étant sensible aux prises causales sur les choses que la technique éclairée par la science procure à l'humanité, il ne pense pas que les applications des sciences permettent de reconstituer les processus naturels, alors que Cournot, s'appuyant notamment sur les réalisations de la synthèse chimique, juge que la science peut, par endroits, reproduire les processus naturels.

LE RÉALISME PHILOSOPHIQUE

L'aventure scientifique peut se dévoyer si l'homme devient oublieux des sources judéo-chrétiennes. Cela se produit dès que l'homme, enivré par ses succès théoriques et techniques, se juge autosuffisant. Le déni de la transcendance que Blondel appelle un « immanentisme » est la cause du totalitarisme politique. La science et ses applications sont intrinsèquement bonnes, mais entraînent, à cause de leurs réussites, un risque d'oubli et de rejet de la tradition judéo-chrétienne dont elles sont issues, tradition selon laquelle l'homme comprend la nature parce que Dieu l'a fait « à son image et à sa ressemblance ». Le « miracle grec » (Renan) a une dimension religieuse, comme l'atteste la cosmologie du *Timée*.

Pour comprendre ce qu'est la science, il faut donc en saisir tous les aspects et, par exemple, situer la naissance de la science moderne dans une histoire de longue durée, qui comprend la révolution anthropologique judéo-chrétienne, le Moyen Âge, la Renaissance, la naissance de la science moderne au début du XVIIe siècle, enquête qui doit se poursuivre jusqu'à l'état le plus contemporain de la science et de ses applications.

Comme l'oubli des origines religieuses de la science peut avoir un effet dévastateur, pratique et théorique, le philosophe a pour tâche d'explorer les déviations et les omissions que le comportement humain manifeste : les

Fourier, *Théorie analytique de la chaleur*, Firmin Didot, Paris, 1822, reprint Paris, Jacques Gabay, 1988.

1. Il ne cite pas, me semble-t-il, Cournot, mais a probablement lu celui qui fut recteur de Dijon juste avant sa naissance. Il évoque avec faveur un autre recteur de Dijon, Édouard Spenlé, auteur de *La Pensée allemande*.

analyses de Blondel sont longues et minutieuses, parce que, selon lui, les points de bifurcation et de choix échappent le plus souvent aux regards. Nous tentons d'ignorer le caractère mouvant du réel en nous figeant dans des positions intellectuelles et pratiques dont nous refusons de voir les limites et les contradictions. Du même coup, la phénoménologie, qui a donc pour fonction de « sauver les phénomènes », se mue en une occultation du réel, en une entrave à la constitution d'une « ontologie concrète ». Il y a un lien entre ces stagnations voulues et la démission de la pensée. Or cette démission engendre erreurs et pièges. La tâche du philosophe est alors de signaler les erreurs et d'éventer les pièges, de sorte que la phénoménologie maintienne sa destination propre et que la passe qui mène à l'ontologie soit praticable.

Blondel, sans être réaliste dans le domaine des sciences, croit en la possibilité du réalisme en philosophie. De quoi sont faites les lumières du philosophe ? Son regard est-il plus pénétrant que celui du scientifique ? La réponse de Blondel à ces questions est la suivante : 1) la perception gagne en force quand elle est éclairée par la science; 2) chaque théorie scientifique est solidaire d'une perspective métaphysique sur les choses : ses concepts fondamentaux sont à demi obscurs : la cinématique, par exemple, privilégie le mouvement dans l'espace et dans le temps sans se préoccuper des causes du mouvement; la dynamique classique considère que les événements s'enchaînent d'une façon déterminée, sans apercevoir la réalité de la contingence. Bref, toute prise scientifique sur le monde a une limitation intrinsèque que la philosophie a pour vocation de discerner et de dépasser. C'est cette exigence de dépassement qui permet d'approcher de mieux en mieux le réel, d'abord les êtres et, à travers eux, l'Être.

Blondel ne professe pas l'ignorance dédaigneuse des sciences qui s'est installée chez certains phénoménologues : c'est la critique active des sciences, menée de l'intérieur et non par faux surplomb, qui fraye la voie à l'ontologie, ontologie qui se présente sous les deux faces indissociables d'une philosophie de la nature et d'une philosophie de l'esprit. On ne saute donc pas brusquement de la phénoménologie à l'ontologie : à chaque époque, quand on se porte aux avant-postes de la science, on découvre à ses confins les frontières théoriques et expérimentales qui la circonscrivent et l'on éprouve une insatisfaction qui induit d'autres recherches, d'autres hypothèses, et d'autres avancées théoriques. Néanmoins, on n'enjambe pas une clôture qui ferait passer de la phénoménologie à l'« ontologie concrète ». Le domaine de l'ontologie est pressenti et comme touché par les sens; mais, même si nous en foulons le sol, nous ne l'embrassons pas du regard. Le réalisme exprime un état et un programme : c'est un état, dans la mesure où nous sommes enracinés dans la nature ; et c'est un programme, car, tout en sachant que tout est interconnecté dans l'univers, nous sommes bien en peine d'expliciter « la logique des êtres », la structure et le devenir de l'Être, car celui-ci, tout en étant une puissance créatrice, reste à la fois présent et inaccessible (infigurable, bien que nous ne doutions pas de la rationalité de son agir).

La science découpe la nature en régions qu'elle isole. « Cette méthode de dissection » est efficace, mais mutilante : « [...] nos sciences positives et nos spéculations métaphysiques acceptent la vivisection de l'organisme universel... » (*P. I*, p. 351). Il en découle « une erreur meurtrière qui vicie ou tue la vérité essentielle, celle de la cohésion du monde et de l'union finale que les êtres ont à réaliser » (*ibid.*). Les sciences sont donc doublement dangereuses : elles fragmentent le monde et elles contrarient l'union des êtres.

Toutefois, le christianisme a favorisé la naissance de la science moderne : a) en concevant que Dieu agit rationnellement, si bien que l'univers dans son ensemble est « logique » ; b) en faisant sienne l'affirmation du livre de la Genèse selon laquelle Dieu a créé l'homme « à son image et à sa ressemblance ». De ce fait, on est en droit d'espérer que l'intelligence humaine peut percer les secrets de la nature. Les hypothèses scientifiques, même périssables, sont essentielles pour le philosophe : Blondel est frappé par les résultats de l'astrophysique suggérant que l'univers est en devenir (en expansion). La description de l'univers ou de telle ou telle région du monde implique l'usage des sciences ; mais on ne peut pas attendre d'elles une vision complète et vraie de la réalité ou, comme il dit, « de la cohésion du monde ». Bref, pour décrire le monde, la science est nécessaire ; mais, comme elle est fragmentée en un ensemble de disciplines et que, dans chaque domaine, elle ne retient qu'un nombre réduit des qualités des choses, elle est insuffisante.

Blondel a la conviction que comprendre une réalité, c'est retrouver ou, à défaut, reconstruire sa genèse. De ce fait, toute connaissance relève de l'histoire de la nature et de l'esprit. Il n'y a pas de saisie intemporelle des choses ; or une histoire est par essence incertaine et incomplète. Pour que surgisse une certitude, il faut une sorte de saut dans le réel, que l'action produit, mais dans un champ limité. D'où une tension entre deux exigences : a) celle de la phénoménologie qui essaie de gagner en extension et en unité, par le jeu de l'unification des théories et de l'analogie entre des registres expérimentaux au départ hétérogènes (par exemple, au XVIIe siècle, l'absorption de la statique par la dynamique ou, au XIXe siècle, l'unification de l'électricité et du magnétisme par Maxwell); b) celle de l'action qui, dans l'exécution, est plus compréhensive que la science, mais aussi plus limitée. La phénoménologie ne peut pas aspirer à la vérité, puisqu'elle écarte délibérément des aspects du réel; ni l'action à l'universalité, puisqu'elle n'est aux prises qu'avec des situations singulières.

Il y aura toujours un écart irréductible entre ce que les théories scientifiques nous disent du monde et ce que le monde est en son fond. Nous devons nous informer des sciences, mieux encore les pratiquer, mais ce qu'elles « sauvent » du réel n'en est qu'une strate superficielle. En outre, elles sont entraînées dans un devenir qui est la marque de leur incomplétude. La phénoménologie est l'esprit de la science moderne; mais elle ne constitue pas en elle-même une « science rigoureuse », selon l'expression de Husserl.

BLONDEL ET HUSSERL

Blondel avait un frère germaniste. Seul ou avec lui, il a fait plusieurs voyages en Allemagne dans les années 1890-1900[1]. Il a notamment connu Eugen Euken, professeur à Iéna, puis à Bonn, qui s'intéressait à la philosophie religieuse en France. Il a aussi connu les travaux de Husserl, sur lequel son ami Victor Delbos a donné une leçon à l'École des Hautes Études sociales, leçon reproduite dans la *Revue de Métaphysique et de Morale*[2] en septembre 1911 sous le titre : « Husserl, sa critique du Psychologisme et sa conception d'une Logique pure ». En quoi Blondel et Husserl diffèrent-ils sur la phénoménologie ? En ceci, me semble-t-il, que Blondel pense que la perception ou même l'action ne fournissent pas un « absolu », alors que Husserl entend démontrer que la philosophie, solidement adossée à la perception, apporte à la conscience un accès à la vérité.

Pourtant, ils pratiquent l'un et l'autre une critique de l'évidence; mais ils ne s'y prennent pas de la même manière : la méthode génétique de

1. Cf. *Correspondance (1899-1912)* entre Maurice Blondel et Auguste Valensin, Paris, Aubier, 1957, t. 1, p. 25-26.

2. Victor Delbos, « Husserl [Sa critique du Psychologisme et sa conception d'une Logique pure] », *Revue de Métaphysique et de morale*, septembre 1911, p. 685-698. C'est donc à tort que l'on fait remonter la connaissance de Husserl en France aux années 1920 et aux célèbres conférences de 1929 qui ont donné lieu aux *Méditations cartésiennes*. Gaston Berger, élève de Blondel à Aix dans les années 1920, fait des visites à Husserl en avion quand il prépare sa thèse.

Blondel l'amène à suivre, à travers l'évolution de la nature, les conditions de l'exercice de l'esprit; la méthode eidétique de Husserl le conduit à rechercher dans «l'homme intérieur» les conditions de production de propositions irrécusables ou apodictiques. Ils sont tous deux conscients du « malaise dans la civilisation » (Freud) : l'un écrit la *Krisis*[1] en 1935, l'autre *Lutte pour la civilisation et philosophie de la paix* en 1940. Tous deux pensent que le philosophe a une place essentielle dans la cité. La longue quête de Blondel indique qu'il assigne à la philosophie le rôle de discerner comment, dans une situation donnée, nous nous enfermons dans la « caverne » et pouvons en sortir. Husserl poursuit un but identique, par des moyens plus solitaires, même s'il est le fondateur de la notion d'« intersubjectivité transcendantale ». Blondel se réfère implicitement à la source chrétienne de ladite notion, à savoir l'idée de communion des saints. Bien plus, il estime que l'analyse complète de l'action la plus limitée implique, de proche en proche, la saisie de l'univers. Il note : « L'action est donc plus qu'une œuvre particulière à ses propres auteurs : par cela qu'elle comporte d'intelligible, d'incarné, d'historiquement acquis, elle est une créature d'ordre nouménal, si l'on peut dire, qui possède une puissance indéfinie de propagation et constitue, au-delà de son aspect phénoménal, une réalité non seulement ontogénique pour les agents qui y ont contribué, mais phylogénétique; c'est-à-dire qu'elle enrichit ou dégrade le patrimoine de l'humanité et la valeur de l'univers» (*A. II*, p. 237). La communion des saints, pour Blondel, n'est pas seulement une idée religieuse ou une hypothèse métaphysique : c'est la mise en évidence, par l'action, de la solidarité des réalités qui font l'univers, à savoir toutes les strates de la nature, tous les êtres dans leur diversité et le principe de leur marche et de leur essence. La vérité s'approche non par réduction eidétique mais par totalisation ontogénétique.

C'est très loin de la méthode de Husserl, qui se situe dans l'esprit de la recherche cartésienne de la vérité. Husserl, mathématicien de formation, se demande : y a-t-il en philosophie des évidences aussi contraignantes qu'en arithmétique ou en géométrie? Il répond par l'affirmative : le doute cartésien est de ce type; de même, dans la perception, certains traits structurels ont une évidence apodictique : par exemple, le fait qu'on perçoive les objets par profils (*Abschattungen*), que les qualités dites secondes adhèrent aussi fortement aux objets que les qualités premières, que la conscience est

1. Edmund Husserl, *Die Krisis der europaeischen Wissenschaftent und die transzendentale Phaenomelologie*, posthume, 1954, *La crise des sciences européennes et la phénoménologie transcendantale*, Paris, Tel-Gallimard, 1976.

nécessairement la visée de quelque chose (*intentionnalité*), que les individus sont reliés entre eux non seulement empiriquement mais *a priori* (*intersubjectivité transcendantale*). Dans ces conditions, on peut qualifier la philosophie elle-même de « science rigoureuse », dans la mesure où elle recherche des caractéristiques universelles de la conscience et des « choses mêmes ».

Blondel est aussi à la recherche des caractères universels des « êtres spirituels », c'est-à-dire des êtres humains. Mais il est aristotélicien et chrétien, c'est-à-dire résolument opposé à la distinction, au sein du composé humain, de deux substances séparées, le corps et l'esprit. Il est en quête d'un « ontologie concrète » : de ce fait, sa méthode ne peut être que radicalement différente de celle de Husserl pour retourner, comme lui, aux choses mêmes. Husserl, plus ou moins implicitement, accepte la distinction kantienne (elle-même d'origine cartésienne) entre le monde de la nature et celui de la liberté. Blondel est radicalement hostile à une telle séparation. Ils cheminent donc sur des voies entièrement différentes, même si, en fin de compte, ils ont l'un et l'autre en vue le même problème : Comment élever à la transparence et à la paix la communauté humaine ? Comment contribuer à la préserver des désastres et de l'autodestruction ?

En France, à partir de la fin de la Deuxième Guerre mondiale, la phénoménologie s'est presque exclusivement focalisée sur la perception ; elle a rompu l'attache qu'elle avait avec les sciences ; elle a pris la fragmentation du savoir scientifique en disciplines spécialisées comme excuse pour l'ignorer. Le résultat se solde par un immense gâchis : la philosophie ne s'est pas haussée au niveau de la littérature, sauf chez quelques rares auteurs comme Sartre et Camus ; au mieux, elle a produit des essayistes de grand talent comme Jean Grenier ou Maurice Merleau-Ponty ; au pire, elle a donné des doctes imprécis. Cette tentation de la facilité a été encouragée par l'atmosphère idéologique qui préservait de penser : si l'on était pour la bonne cause et qu'on eût de la plume, on pouvait faire passer d'honnêtes descriptions pour de la phénoménologie « transcendantale ». Bref, la phénoménologie française s'est coupée du savoir scientifique et, du même coup, de la recherche de la vérité.

Elle s'est aussi éloignée – et c'était bien commode – de ce qui faisait, depuis Louis XV, la spécificité de l'agrégation de philosophie, à savoir le poids initialement égal que l'on donnait aux mathématiques ou à la physique mathématique et à la métaphysique. Cette tradition avait évolué, mais, jusqu'en 1940, la *Société française de Philosophie* consacrait aux sciences un tiers de ses séances.

Cette période de récession philosophique semble en passe de se terminer : on voit des jeunes philosophes acquérir une double formation. C'est méritoire car les scientifiques, depuis trois quarts de siècle, se sont détournés en majorité de la philosophie. Si, de leur côté aussi, un rapprochement avec la philosophie s'esquissait, des conditions plus favorables à l'exercice de la pensée apparaîtraient. Reste une troisième condition : que l'on prenne ou que l'on retrouve l'habitude du travail collectif, dont les formes les plus anciennes ont été le dialogue socratique et l'institution des écoles philosophiques. Tout s'est passé en France comme si les phénoménologues avaient douté de la faisabilité du programme logique de Husserl : ils ont oublié son aspect mathématique et se sont repliés sur la perception.

La phénoménologie de Blondel se distingue de celle de Husserl en ce qu'elle ne rejette pas une forme de naturalisme, au sens d'une insertion de la pensée dans la nature. Delbos conclut ainsi son étude sur Husserl : « [...] une doctrine comme celle de Husserl a le mérite de redresser l'esprit dans sa fonction essentiellement théorique, essentiellement régulatrice, de restituer le droit des significations logiques, précises et rigides [...]. Reste à savoir si la logique pure, telle que l'entend Husserl, par excès de rigidité formelle, par abus de l'esprit mathématique, ne risque pas de livrer le monde donné, le monde de la science positive, à l'indétermination du sub-logique, si elle est capable de relier, autrement que par des compromissions et des artifices, la pensée à l'expérience »[1]. En d'autres termes, Delbos célèbre la rigueur et l'ampleur du programme de Husserl, mais il se demande si la « logique pure », ainsi conçue, est susceptible de devenir une « logique intégrale »[2], capable de mettre au jour toutes les relations entre les êtres.

LE PROBLÈME DE LA MYSTIQUE ET LA « MÉTHODE D'IMMANENCE »

Pour apprécier la difficulté de relever un tel défi, examinons une situation extrême : « Le problème de la mystique », tel que le traite Blondel. Nous testerons ainsi la capacité de la méthode d'analyse blondélienne à décrire la spécificité et le bien-fondé d'états que le rationalisme est enclin

1. *Revue de Métaphysique et de Morale*, Paris, Armand Colin, septembre 1911, p. 698.

2. Lors du Premier Congrès international de Philosophie, en 1900, à Paris, Maurice Blondel présenta une contribution sur la *Logique de la vie morale*, qui a été publiée dans les Actes du Congrès, Armand Cloin, 1903, t. II.. Blondel s'y reporte dans *L'Être et les êtres*. Il y trace les traits d'une « logique » qui embrasserait toutes les relations possibles entre les êtres.

à rejeter. Sur ce sujet, nous discernerons en quoi la phénoménologie, telle que Blondel l'entend, se distingue profondément de la phénoménologie de Husserl. Nous nous appuierons sur une étude intitulée « Le problème de la mystique »[1].

Blondel écarte le positivisme théologique, qu'il décrit ainsi : « Il s'agit, pour le théologien même, de se subordonner aux faits, avec la docilité d'un savant positiviste en son laboratoire qui est ici l'oratoire ou la salle des exorcismes » (*P.M.*, p. 18). Puis il formule sa thèse : « Je vais donc maintenir: qu'il y a normalement une connaissance réelle par connaturalité; qu'elle est vraiment une connaissance; qu'elle a une fonction normale dans l'ordre naturel, un caractère rationnel, une valeur à la fois pratique et contemplative, une portée objective; qu'il y a solidarité et hétérogénéité entre son rôle dans l'ordre naturel et son rôle, indispensable en effet, dans l'ordre surnaturel et plus encore dans cet ordre proprement mystique dont elle contribue à frayer les voies et à permettre la spécification exacte » (*P.M.*, p. 30). Cette position subtile, complexe et cependant tout à fait nette a souvent été mal comprise : elle paraît être un « immanentisme », puisqu'elle pose que la vie spirituelle a ses racines dans la nature; il y a donc « solidarité » entre l'ordre naturel et l'ordre spirituel; mais – et c'est là que l'observateur extérieur risque d'achopper, faute de l'expérience à laquelle se réfère Blondel – il y a aussi « hétérogénéité » entre le domaine de la nature et celui de la grâce, puisque celle-ci vient de Dieu. La pensée forme une sorte de pont entre les deux ordres de réalité.

Dans sa *Correspondance (1899-1912)* avec Auguste Valensin, Blondel donne l'origine de la qualification de « méthode d'immanence » qui a été indûment appliquée à sa doctrine: « Lorsqu'en nov. 1893 la *Revue de Métaphysique* [*et de Morale*] a rendu compte de mon livre sur *l'Action*, l'auteur anonyme de cette critique [Léon Brunschvicg] m'opposait, dans les termes les plus courtois, mais les plus fermes, une fin de non-recevoir au nom de "l'immanence" dont l'idée, disait-il, est de plus en plus le fond même de la pensée moderne. Puisque j'avais eu, en philosophe, le dessein de combattre la philosophie séparée, il me fallait, sous peine d'accepter cette déchéance totalement injuste pour moi et radicalement injurieuse "aux droits de la raison" autant que périlleuse pour la foi, protester contre une telle disqualification : dans une réponse, publiée dans le numéro

1. Maurice Blondel, « Le problème de la mystique » dans *Qu'est-ce que la mystique ? Quelques aspects historiques et philosophiques du problème*, Cahiers de la Nouvelle Journée, N° 8, Paris, Librairie Bloud & Gay, 1929. (En abrégé : *P. M.*).

suivant de la même *Revue*, et dans ma *Lettre sur l'"Apologétique"*, j'indiquais donc que c'est au nom de la raison même que j'avais parlé, en venant sur le terrain proprement philosophique, pour montrer, par une méthode d'immanence, la légitimité d'affirmations transcendantes... »[1].

Or la pensée est entée sur l'univers, sa fonction est de clarifier la structure de celui-ci et les processus de son devenir. En même temps l'exercice de la pensée a quelque chose de paradoxal, puisque c'est à partir d'une précarité organique que la totalité du réel est pressentie et comme embrassée : « On ne saurait donner un sens trop profond, trop concret, trop littéral à la doctrine ancienne selon laquelle la pensée, quelque transcendants qu'en soient le principe, le ressort et le terme, est enracinée dans la nature, nourrie et fondée dans les choses, *cum fundamento in rebus*, impliquant l'idée de l'universel, mais parce qu'elle contient, comprend, dépasse, comme l'univers dans ce microcosme de l'organisme vivant en rapport avec l'organisation totale, non de façon idéale, mais positivement et effectivement » (*P.M.*, p. 30).

Il n'y a pas des types de pensée radicalement distincts et séparables : ce qui est privé de racines naturelles n'a pas non plus de réalité surnaturelle. La mystique n'est pas un illuminisme, encore moins une illusion de notre subjectivité. Bien au contraire, note-t-il à la fin de son étude : « [...] ne devons-nous pas conclure qu'en vérité, selon la doctrine profonde de saint Jean de la Croix, le mystique, même sans y penser, est "le plus raisonnable des hommes" ? » (*P.M.*, p. 63). Le surnaturel n'est pas une efflorescence de l'élan vital comme chez Bergson : « [...] il faut montrer qu'il est possible et nécessaire de tracer une ligne de démarcation très nette, de maintenir l'incommensurabilité d'éléments qui, tout en s'unissant et en s'unifiant, demeurent essentiellement distincts et inconfusibles » (*P.M.*, p. 42). Il convient donc de restreindre l'usage du mot « mystique » et, en particulier, d'exclure ce qui ressemblerait à des effusions, à des transports, à de l'exaltation.

Si c'était le cas, la mystique serait le signe que l'homme, comme le dit un personnage de Conrad, « est une grande chose mais qu'il n'est pas un chef-d'œuvre ». Blondel pousse plus loin dans la thèse pessimiste qu'il s'apprête à combattre : « l'homme est en somme, même abstraction faite de la chute originelle, un être manqué » (*P.M.*, p. 39). Il réfute cette thèse nihiliste, en faveur à la fin du XIXe siècle, en se fondant non sur un humanisme laïc mais sur une christologie : « [...] je crains, hélas, qu'on ne frappe

1. Maurice Blondel, *Correspondance (1899-1912)* avec Auguste Valensin, t. 1, p. 156 en note.

le Christ au cœur, et qu'on éloigne de lui l'humanité dans la mesure où ces conceptions prévalent… » (*P.M.*, p. 39). Pour Blondel – comme d'ailleurs pour Feuerbach, mais en un autre sens –, la figure du Christ garantit la légitimité de l'espérance humaniste, car il donne la vraie mesure de l'humain.

Quel rôle la raison joue-t-elle dans cette aventure humaine dont le mystique représente le sommet ? Ce rôle est essentiel, tout en étant « délicat » à établir : « Mais que la raison puisse contribuer à le rendre mystique (ce serait trop dire), du moins à ratifier, à redoubler librement ce en quoi elle n'a aucune part ; qu'elle exerce une sorte de liberté de perfection inséparable d'une lumière souverainement décisive ; et qu'elle voie dans la mystique une réponse seule satisfaisante à des questions que la raison peut et doit entrevoir et poser, qu'elle ne peut et ne doit pas résoudre, c'est là le point délicat… » (*P.M.*, p. 45).

La raison est capable, au-delà de ce qu'elle est en mesure d'expliquer, de saisir des « présences réelles » qui ne sont pas de sa compétence, mais qu'elle « entrevoit ». La raison, en effet, est capable de juger sa propre incomplétude : l'arpenteur rationnel prend la mesure d'une place vide, qui n'est pas destinée à le rester. D'où cette proposition : « *Comment les échecs normalement inévitables et naturellement incurables des visées humaines dans la science et dans la vie creusent une place expérimentale et philosophique pour la mystique* » (*P.M.*, p. 47). L'étude des sciences et de la vie, que Blondel, à la suite de Duhem, nomme la « phénoménologie », a donc une fonction négative, au sens où Spinoza dit : « *Omnis determinatio negatio est* ». Mais la négation est aussi révélation, puisqu'elle met en lumière l'existence d'un champ que l'esprit pressent, et où il ne peut par lui-même accéder.

Pour Blondel, notre âme est « *capax Dei* » (*P.M.*, p. 47, note), mais nous avons du mal à comprendre « les conditions de notre union à Dieu sans absorption » (*ibid.*). Le point essentiel, dans l'anthropologie chrétienne, telle que Blondel l'expose, c'est que les notions de « communion des saints » et de « corps mystique » n'impliquent aucunement un effacement de l'individu. Connaître vraiment, ce serait voir en Dieu, mais un tel état n'a de sens que s'il ne se solde pas par la disparition de celui qui voit : « Plus on avère la nécessité de passer par Dieu seul pour se connaître et pour connaître *in imis et in singulis* la réalité vraie, plus ressort l'impossibilité naturelle de suffire à une telle tâche et de franchir ce qu'un mystique appelle “le nuage de l’inconnaissance”[1] » (*P.M.*, p. 49). La connaissance vraie est, comme chez Spinoza, une connaissance intime des réalités singulières.

Ainsi, la phénoménologie, telle que la conçoit Blondel, sans pouvoir nous mettre au cœur des choses, est nécessaire pour que nous nous en approchions. Elle a le mérite, quand elle ne peut pas pénétrer dans un domaine, de nous aider à en discerner la direction et à vouloir l’atteindre. La phénoménologie est cheminement, elle est solidaire de la méthode.

Pour Blondel, la pensée est action : la science nous aide à préciser les alternatives devant lesquelles nous nous trouvons. Elle n’est pas seulement un mode de connaissance ; elle est aussi un instrument de décision. En effet, en affinant ses descriptions, elle met en relief les limitations de ses théories, ce qu’elles ont d’insatisfaisant. Par-là, la science aide à entrer davantage dans le réel.

1. *Le Nuage de l’inconnaissance* est l’œuvre d’un mystique anglais dont le nom demeure inconnu. Écrit entre 1350 et 1395, traduit en anglais moderne par Clifton Wolters sous le titre *The Cloud of Unknowing*, Penguin Books, 1961 ; c’est un des livres classiques de piété de l’Église d’Angleterre, un peu comme *L’imitation de Jésus-Christ*, de notre côté du Channel. Trad. française de M. Noetinger, Tours, 1923 et trad. d’Armel Guerne au Seuil dans la collection « Points Sagesse ».

CHAPITRE IV

LE CHEMINEMENT SPÉCULATIF

MÉTHODE ET DOCTRINE

La question que nous nous posons est la suivante : quelle méthode la philosophie suit-elle, qui lui permette d'aller au fond des choses, quand les sciences restent à leur surface ? Pourquoi les sciences en restent-elles à la phénoménologie, alors que la philosophie atteint la réalité des choses, c'est-à-dire édifie une ontologie ?

Pour répondre à cette question, nous prenons pour référence l'introduction et le tome I de *La Pensée*[1]. Blondel y traite de la constitution d'« une science de la pensée » (*P. I*, p. XXXI). Il déclare : « Une science de la pensée requiert donc une étude intégrale, non pas simplement des états de conscience ou de subconscience, mais de tout ce qui rend possibles ou réels ces états eux-mêmes ; d'où ce problème de l'extension du domaine de la pensée qui comprend tout aussi bien l'ordre universel du monde physique lui-même que le développement de la vie organique et spirituelle » (*P. I*, p. XXXI). En d'autres termes, ce qui fait l'originalité de la philosophie, c'est qu'elle dépasse en extension le champ de telle ou telle discipline scientifique : le ressort de ce mouvement d'extension, c'est la mise au jour des conditions qui rendent possible et réel l'objet étudié, c'est-à-dire ici la pensée. « Méthode d'implication en même temps que d'intégration », précise Blondel, qui conclut : « [...] voilà sous quels traits nous apparaît d'abord le procédé qu'exige, pour être adéquate à son objet formel, une étude philosophique de la pensée » (*P. I*, p. XXXI).

1. Maurice Blondel, *La Pensée*, t. I, Félix Alcan (1934). (En abrégé : *P. I*).

La tâche du philosophe est de rechercher à quelles conditions la pensée est possible. Or la pensée ne prendrait pas corps sans la nature : « C'est dans la nature et par la nature d'abord que la croissance de la vie consciente est rendue possible… » (*P. I*, p. XXXIV). En effet, l'observation la plus commune nous fait voir que, sans insertion dans le cosmos, sans organes physiologiques, sans le soubassement du psychisme, il n'y aurait pas de pensée : « Toujours donc, c'est sur les productions réelles de la nature progressivement organisatrice que nous fonderons et notre pensée et la science que nous pourrons acquérir d'elle » (*P. I*, p. XXXIV). En un mot, la perspective de Blondel est à la fois cosmologique et aristotélicienne. Il évoque « ces ébauches de la raison incarnée » (*P. I*, p. 79) que l'étude des animaux révèle : en effet, « dans la série animale les organismes se développent pour permettre à l'être vivant d'étendre de plus en plus ses moyens d'information et de préservation » (*P. I*, p. 78-79) ; et, plus généralement, Aristote est fondé à parler du « composé humain » et de « l'âme, forme du corps » (*P. I*, p. 80).

Blondel accepte le fait de l'évolution. La pensée apparaît au philosophe comme une réalité qui, déjà préparée dans le monde physique, trouve en partie ses conditions de réalisation dans la physiologie : « […] par nos organes nous plongeons réellement dans les profondeurs du monde physique et biologique » (*P. I*, p. 79). Le philosophe a pour tâche d'effectuer un parcours intégral en cherchant, à chaque étape, en quoi les ordres de la nature (inorganique, biologique, psychique, social) contribuent à la « genèse réelle » de la pensée bien qu'aucune strate de l'univers ne suffise à son exercice plénier.

Pour qu'une progression se produise dans cette marche contingente, dont le cours s'invente à mesure, il faut que le philosophe discerne ce que les étapes de son parcours ont de positif et de limité. Une condition supplémentaire s'impose à lui : que son itinéraire restitue fidèlement les moyens que la nature elle-même invente pour surmonter les difficultés qu'elle affronte. En d'autres termes, la pensée n'a de valeur que si elle épouse le mouvement de la réalité, que si elle n'est pas séparée de l'Être. C'est ce que Blondel appelle l'« ontologie concrète ».

Considérons, par exemple, l'apport de l'atomisme et son effondrement. En tant que doctrine, l'atomisme est une invention destinée à surmonter les apories de « la spéculation moniste » (*P. I*, p. 11) et à expliquer le mobilisme observé des choses. Il s'agit d'une « recherche de l'unité réelle et intelligible par le recours à la diversité et à la singularité » (*P. I*, p. 12). Toutefois, alors que « nous avions cru trouver asile et solution » (*ibid.*) dans l'atomisme, une analyse plus poussée fait craquer cette doctrine : « Car ce sont ces “éléments”, ce sont les individualités singulières, les qualités en apparence définies comme des simples et des irréductibles, oui, ce sont ces prétendues composantes non composées, ces soi-disant atomes de substance, ces phénomènes crus séparables, ces entités qualitatives ou logiques, ces suppôts censément atomiques ou subjectifs qui s'effondrent sous le regard savant ou critique » (*P. I*, p. 12). En d'autres termes, la pensée oscille entre deux idoles : celle « du monde affirmé comme “Un et Tout” » et celle « de parties élémentaires et isolables absolument » (*ibid.*).

La destruction de l'atomisme fait disparaître de l'horizon philosophique la doctrine des substances séparées et introduit l'idée fondamentale que, dans l'univers, tout est relié, de sorte que la vocation de la pensée authentique est de saisir l'univers dans toutes ses interconnexions. L'esprit, bien que pressentant par instants le terme qu'il vise, ne peut l'atteindre sans effectuer un parcours complet : « Car, vraiment, la pensée ne deviendra intelligible et sa fin ne paraîtra accessible que dans la mesure où les êtres pensants, tout en intériorisant en eux ce qu'il y a d'unité ébauchée dans le monde, réaliseront en eux et entre eux une union qui les fera participer et à l'ordre universel et à l'Auteur de cet ordre. Comment la genèse de la pensée nous prépare spontanément à une telle solution et à quelles conditions cette solution elle-même sera réalisable, c'est là tout l'enjeu de notre recherche » (*P. I*, p. 14).

Blondel s'impose à lui-même de refaire mentalement ce que la nature accomplit dans l'opacité de ses opérations secrètes. C'est sensiblement la fonction que Bergson assigne à l'intuition ; mais Blondel ne croit pas que nous soyons pourvus d'une vision intuitive des processus naturels : il faut toutes les ressources de l'intelligence (que Blondel met plus haut que la raison) pour discerner quelque peu ce qui se produit dans l'univers. En fait, c'est le programme d'une philosophie de la nature qu'il esquisse.

PHILOSOPHIE DE LA NATURE ET PHILOSOPHIE DE L'ESPRIT

La philosophie de la nature est en même temps une philosophie de l'esprit. Blondel justifie cette position de la façon suivante : « La nature entière, tout en ayant une subsistance propre et impossible à renier ou à refouler, aspire, dans son instabilité perpétuelle, vers l'enfantement de la vie consciente, mieux encore, vers la genèse de l'esprit : réalisation sans doute inachevée, mais qui, fondée sur la solidité du cosmos, ne s'enrichit que par l'ascension spirituelle d'êtres perfectionnés moins par le progrès de leur unité ontologique que par leur union intimement comprise et consentie » (*P. I*, p. 14-15). En effet, tout interagit dans l'univers. Pour acquérir une connaissance positive de ces interactions, la science est contrainte de se fabriquer des isolats théoriques et expérimentaux. Mais, en arrière-fond, l'univers est *un*, même si nous échouons à conceptualiser entièrement cette unité.

À travers les opérations de la nature, nous discernons des processus qui relèvent d'un autre ordre de réalité, que l'on peut qualifier de psychique ou même de spirituel. L'horizon régulateur de la démarche, c'est la conception chrétienne de la « communion des saints » qui, dans son extension la plus grande, désigne l'unité de l'humanité passée, présente et future, et qui embrasse aussi, de proche en proche, l'ensemble de la nature, du fait même que, dans la perspective de l'Incarnation, il n'y a pas de séparation irréductible entre l'ordre des esprits et l'ordre des corps. Toutefois, cette idée ne figure ici qu'à titre d'hypothèse que le philosophe acceptera éventuellement au terme d'un examen attentif.

On discerne cependant la convergence entre la critique de l'idée de substances séparées dans le monde physique, biologique et psychique, d'une part, et, de l'autre, celle de communion des saints, qui exclut, dans l'ordre spirituel, l'existence d'esprits substantiels atomiques. De même, le fait d'embrasser le cosmos en son entier dans l'étude de la pensée est en consonance avec la conception chrétienne de l'Incarnation, qui implique que l'âme et le corps sont les éléments d'un composé destiné ou à disparaître entièrement avec la mort ou à se reconstituer, si l'espérance de la résurrection se concrétise.

Du choix de cette vision des choses, Blondel tire la conséquence que « notre étude de la pensée consistera précisément à décrire, à expliquer ce processus auquel participent en commun la nature et l'esprit » (*P. I*, p. 13). Ils sont, dans la philosophie de Blondel, comme le corps et l'âme dans l'anthropologie chrétienne, à la fois distincts et inséparables. Son dualisme est méthodologique; il n'est pas ontologique. Ce que nous saisissons dans l'univers est indissolublement matière, organisation, pensée. Au niveau de l'univers sensible, nous discernons la réalité « de ce qu'il a fallu appeler la pensée cosmique » (*P. I*, p. 15), c'est-à-dire les processus physico-chimiques qui, du fait qu'ils sont intelligibles, méritent d'être traités comme de la pensée endormie dans les choses. À son tour, l'univers n'apparaît pas autosuffisant, si bien que la doctrine tombe qui tenterait de l'expliquer par lui-même, à savoir le matérialisme (selon la définition qu'en donne Ernst Bloch : « L'explication de l'univers par lui-même, *Die Erklärung der Welt durch sie selbst* »), car « nous y [dans le cosmos] découvrons ce fait originel et essentiel : une instabilité qui condamne à jamais toute prétention de prendre le monde, soit en son ensemble, soit en aucun de ses fragments, comme un fondement solide et suffisant» (*P. I*, p. 15). Le philosophe n'a d'autre solution que de suivre dans ses productions «le génie inventif de la nature et de l'esprit» (*P. I*, p. 19).

La philosophie est une ontologie en ce qu'elle ne cherche pas à prendre sur la nature ou sur l'esprit des vues de surplomb, mais à épouser leurs processus créatifs. Blondel refuse l'idée d'un entendement qui légiférerait artificiellement. La fonction de la pensée n'est pas de fabriquer des théories comme un artiste fabrique des statues. Il doit tenter de restituer la marche de l'univers. De ce fait, il y a aussi un mouvement, une genèse, une histoire de la philosophie, puisque jamais elle ne peut se fixer sur une doctrine définitive : «La philosophie ne peut se contenter de vivre en des enceintes provisoires qui sont ou seront sûrement dépassées» (*P. I*, p. 31). Le ressort de ce dépassement, c'est la contradiction réelle : «À des stades successifs se retrouveront en effet des oppositions et des combinaisons à la fois de plus en plus compréhensives, de plus en plus irréductibles, de plus en plus inséparables» (*P. I*, p. 19).

Le savoir positif est un moyen efficace pour ne pas se figer sur des positions arrêtées : alors que le philosophe insiste sur le fait que l'univers est en devenir, la cosmologie scientifique – née, nous l'avons vu, de la théorie de la Relativité générale et de l'astronomie d'observation – lui vient en appui : songeant à Einstein, à Friedmann, à Georges Lemaître et à Hubble[1], il mentionne que «quelques savants contemporains envisagent l'univers comme grandissant incessamment, en un sens beaucoup plus positif et plus novateur que celui où Descartes parlait de la "création continuée"» (*P. I*, p. 31). De même, il trouve dans la mécanique ondulatoire la confirmation que «c'est dans le détail infinitésimal des mouvements élémentaires qu'apparaît la tendance permanente et universelle à l'organisation du dynamisme total» (*P. I*, p. 31). Bref, même si les références à la science sont allusives, elles n'en jouent pas moins dans la pensée de Blondel un rôle important. Quand il s'agit de la physique, il est rapide mais précis; quand il s'agit de l'histoire naturelle, il est plus voilé, comme s'il craignait de s'expliquer, non sur le fait de l'évolution, mais sur l'explication de l'évolution créatrice. Car en 1934 les débats scientifiques entre darwinistes et lamarckiens ne sont pas achevés en France et, de son côté, l'Église catholique hésite encore à prendre position, malgré le succès

1. Dans le tome II de *La Pensée*, il cite «les travaux récents de Friedmann, de Einstein et surtout de l'abbé G. Lemaître, professeur à Louvain, vulgarisés par le livre de A. Eddington, traduit en français sous le titre *L'Univers en expansion*» (*P. II*, p. 466). *The Expanding Universe*, 1933, paraît en français sous le titre *L'Univers en expansion* en 1934.

de *L'Évolution créatrice* de Bergson et malgré l'évolutionnisme de plusieurs savants catholiques (Lachelier, Maximilien Bégouën et ses fils, l'abbé Breuil, le Père Teilhard de Chardin, par exemple).

Aux yeux de Blondel, la réalité du devenir ne fait aucun doute. Ce qui est difficile, c'est de constituer une ontologie du devenir. Héraclite a pressenti la difficulté sans parvenir à la surmonter (*P. I*, p. 13) : il faut en effet penser « ce mélange d'ordre et de défaillance qui constitue le devenir » (*P. I*, p. 33). Le mouvement dans l'univers, l'« ample rythme de la réalité cosmique », est « à la fois circulaire et ouvert à l'infini » (*P. I*, p. 33). Or les sciences positives « isolent ces aspects associés dans le concret » (*P. I*, p. 31) : elles sont donc nécessaires mais insuffisantes. D'un côté, il est bon de séparer les processus emmêlés « pour obtenir par abstraction des solutions dont on achète la précision au prix d'une inexactitude pratiquement négligeable » (*P. I*, p. 31) ; de l'autre, « la probité philosophique [exige] de se souvenir toujours avec Leibniz que la réalité de la nature échappe, fût-ce par un écart inférieur à toute quantité assignable, aux formules des lois physiques ou des sciences dites exactes » (*P. I*, p. 31-32). Ainsi, le philosophe doit se tenir informé des découvertes scientifiques, tout en demeurant attentif à l'écart qui ne s'abolit jamais entre les régularités qu'énoncent les lois scientifiques et les processus naturels effectifs.

La philosophie se présente comme un périple qui n'est pas seulement celui d'un voyageur philosophe, mais celui qu'effectue la pensée elle-même pour parvenir à son état sinon de plénitude absolue, du moins à la forme la plus achevée que notre condition finie nous permette d'approcher. L'énigme de cette démarche, c'est son objet lui-même : la Pensée, en fin de compte, est l'Être ; or l'Être se livre à notre esprit sous les aspects distincts et conjoints de la Nature et de l'Esprit.

Blondel n'est ni dualiste (il ne sépare pas de façon radicale la nature et l'esprit) ni moniste (il ne fait pas émerger l'esprit de la nature). Du point de vue méthodologique, il reconnaît à chacune de ces faces de l'Être sa spécificité, et donc à l'intelligence humaine le droit d'utiliser des voies distinctes pour les approcher. En même temps, il maintient que la nature et l'esprit ne peuvent ni ne doivent être disjoints ontologiquement, même si l'on n'étudie pas la nature comme on étudie l'esprit.

Nous venons de multiplier les propositions négatives, signe de la difficulté que nous éprouvons à caractériser positivement, par des propositions affirmatives, les traits principaux du programme philosophique de Blondel. De fait, dans les soixante ans qui vont des années 1880 à 1940, ou bien les philosophes refusent la perspective d'une « philosophie de la nature » (c'est le cas des penseurs qui se réclament de Kant) ; ou bien ils se déclarent « naturalistes », voire « matérialistes », faisant émerger (ou dériver) l'esprit de la nature en vertu des lois positives de l'univers.

Blondel mesure parfaitement ces difficultés et ne songe pas à les éluder : il se fixe pour règle d'effectuer un parcours complet de recherche qui le fasse rencontrer, sur le terrain où elles sont nées, les attitudes que l'humanité adopte dans sa découverte des êtres et de l'Être. À ses yeux, méthode et doctrine sont inséparables : si l'on se trompe de méthode (c'est-à-dire de chemin), on est comme le montagnard qui, ayant manqué la bonne passe, se perd ou se tue.

Or le philosophe, plus encore que le montagnard, doit franchir une série d'obstacles et a besoin d'une série de clés. Sans pouvoir déléguer à autrui la responsabilité de son parcours, il doit en rendre compte à lui-même et expliquer à autrui les raisons de ses choix : philosopher est une action, et c'est l'action qui fournit le bon éclairage. Il serait absurde et antiphilosophique de se dire « matérialiste », « positiviste », « idéaliste » ou « spiritualiste », sans avoir en tête que méthode et doctrine sont solidaires, et que croire sans faire est anti-spéculatif. Lire Blondel n'est donc pas simple, dans la mesure où, pour lui, il n'y a pas de raccourcis en philosophie : on ne peut pas sauter d'étape sans errer, sans se tromper.

Dans le parcours du philosophe, la lumière qu'apportent les sciences, quoique limitée et insuffisante, est indispensable : en effet, l'approche scientifique des choses exige que l'on circonscrive l'objet et, par conséquent, que l'on morcelle le réel. On ne peut le réunifier qu'en faisant converger des éclairages théoriques divers sur un « objet », dont on pressent qu'il est *un*, sans être en mesure d'expliquer en quoi consiste cette unité. C'est la position épistémologique de Duhem, et Blondel l'adopte : la convergence phénoménologique des théories physiques est un indice valable de l'unité de la nature, mais cette unité visée n'est ni atteinte ni encore moins explicitée par la science. Toutefois, l'explicitation des axiomes et des expériences qui sont opérants dans un champ déterminé conduit le scientifique, dès qu'il y réfléchit, à discerner les limites en extension et en compréhension de ses théories (c'est-à-dire des descriptions logiquement consistantes des phénomènes).

Le philosophe, dont l'une des tâches est d'analyser les limites de chaque essai de phénoménologie, s'appuie sur la science – et sur l'histoire des sciences – pour effectuer le dépassement des perspectives scientifiques successives. Il opère ainsi une conversion intellectuelle et effectue une « réforme de l'entendement » (pour reprendre une formule spinoziste) qui substitue une « ontologie concrète » à une phénoménologie exacte. Il y a là comme un passage de la connaissance du 2e genre (la perspective scientifique) à une connaissance du 3e genre (la vision universelle des réalités singulières).

Dans les *Études sur Pascal*[1] Blondel expose en une phrase en quoi l'auteur des *Pensées* est à ses yeux le philosophe idéal : « En autodidacte de génie, il lui a fallu, sur tous les champs de bataille de la pensée, se dégager des doctrines incomplètes ou déficientes, se frayer des voies neuves, inventer des méthodes, un langage, se passer au besoin de terminologie technique pour des idées d'une rigueur toute technique, ordonner et hiérarchiser tant d'éléments épars, déformés, inconnus, dans une synthèse équilibrée et vraiment harmonieuse ». Prendre le monde tel qu'il est, avec ses obscurités, ses contradictions, ses impasses, sa violence et, en partant de là, par une action méthodique relevant de la pensée inspirée, opérer une *intellectus emendatio*, une réforme, et comme une conversion, de l'esprit. La conversion est à la fois un combat et une ascension : processus parfois brusque dans son déroulement visible, il est progressif et intégrateur dans sa face secrète. Il ne s'agit pas de changer de direction mais d'être pour ainsi dire recomposé de l'intérieur. Pour Blondel, cet événement n'a de sens que s'il se déroule dans l'univers autant et plus que dans l'homme intérieur.

L'INTERCONNEXITÉ ENTRE LES ÊTRES

La science a besoin d'isoler des classes de phénomènes pour en formuler les lois. En réalité, les éléments du réel sont tous interconnectés. Toutefois, leur intelligence étant finie, les hommes ne découvrent les relations entre les êtres que progressivement. Il y a donc une historicité effective des sciences et Duhem a raison de présenter son *Sôzein ta phainomèna* comme un *Essai sur la notion de théorie physique de Platon à Galilée* et de composer un *Système du monde*, qui soit une *Histoire des doctrines cosmologiques de Platon à Copernic.* Léon Brunschvicg (1869-1944), quoique dans une perspective différente, partage cette exigence d'un recours à l'histoire de la pensée, qui se retrouve dans plusieurs de ses écrits, en particulier *Les Étapes de la philosophie mathématique* (1912), *L'Expérience humaine et la causalité physique* (1922), *Le Progrès de la conscience dans la philosophie occidentale* (1927).

Alors que, pour Brunschvicg, l'esprit accomplit en législateur souverain sa navigation philosophique à travers les productions scientifi-

1. Maurice Blondel, « Le jansénisme et l'anti-jansénisme de Pascal » dans *Études sur Pascal* (troisième centenaire de la naissance de Pascal), Paris, Armand Colin, 1923, p. 20.

ques de l'humanité, Blondel se demande : les sciences nous mènent-elles au fond des choses? Ou nous laissent-elles à leur surface? Si la seconde éventualité est vraie, comment notre esprit comblera-t-il son aspiration à trouver l'être et l'essence des choses ? Autrement dit, être un « législateur » n'est pas une fin en soi, si le royaume de l'esprit humain n'est fait que de l'écorce des choses. Blondel pense que, de la phénoménologie à l'ontologie, de la surface des choses au fond des choses, un chemin praticable existe. Brunschvicg voit là sans doute une illusion et, en tout cas, une régression pour l'esprit de l'autonomie à l'hétéronomie.

Tout au long de sa carrière philosophique, Blondel tente de convaincre ses contemporains que, pour aller au fond des choses, il faut constituer à la fois – comme les deux faces d'une même entreprise – une philosophie de la nature et une philosophie de l'esprit. Il s'efforcera toute sa vie de montrer que, pour réussir cette tâche à la mesure d'un autre Hegel, il faut que l'humanité accomplisse un voyage spéculatif et pratique, sans qu'aucune étape soit brûlée. L'accomplissement de cette navigation peut seul en exhiber la légitimité. Présenter la pensée de Blondel, c'est donc essayer de mettre ses pas dans les siens.

Surgit alors une question que Kant expose dans sa *Critique de la faculté de juger*, en opposant Newton et Homère : le premier, nous dit-il, a laissé suffisamment de traces pour qu'on puisse reproduire ses démarches et les poursuivre; le second, en revanche, n'a pu faire de même, parce qu'il ignorait comment son génie poétique lui avait dicté ses œuvres. Comprendre les philosophes est difficile, parce qu'ils doivent rester solidaires de ces deux règnes, de la science et de la poésie, quoique leurs œuvres s'en différencient. De plus, ils peuvent (c'est le cas de Blondel) être amenés à décrire un univers en devenir avec des concepts et des hypothèses qui, eux aussi, entrent en mouvement, sans que l'impossibilité de la science (*Cratyle*[1]) leur apparaisse.

La pensée humaine, tout en ayant pour condition nécessaire la longue préparation par la nature de ses instruments et de ses processus, apparaît comme incommensurable avec le psychisme animal : elle ne serait pas apparue sans la création des soubassements physico-chimiques, organiques et psychiques qui la rendent possible; mais elle n'est pas le simple prolongement de la « pensée cosmique », « organique » et « psychique »[2] :

1. Socrate : « Mais il n'y a même pas de bon sens, Cratyle, à déclarer qu'il existe une connaissance, si toutes choses se transforment et qu'aucune ne demeure » (440 a).

2. Dans *La Pensée*, Blondel utilise l'expression « pensée cosmique » pour désigner l'intelligence qui est comme endormie dans le monde physico-chimique. C'est ce qu'il

à chaque étape, se produisent des inventions et des sauts. Ainsi, la philosophie de la nature de Blondel se présente comme un essai pour restituer, par une démarche spéculative, le devenir de l'univers. Il en ressort que l'évolution de la Nature et l'itinéraire du métaphysicien doivent entrer en consonance, puisque la tâche du second consiste – du point de vue spéculatif – à reconstituer fidèlement la marche effective de la première.

Ainsi la philosophie de la nature est aussi une philosophie de l'esprit. Subjectivement, le philosophe, quand il s'applique à découvrir l'histoire de la nature, à en saisir le devenir, à montrer comment « la pensée pensante » a besoin, pour émerger, de « la pensée pensée » cosmique, organique, psychique et sociale, est comme l'alpiniste ouvrant une voie inconnue : le ressort de cette aventure, pour Blondel, c'est que, à chaque stade, il y a des tensions à surmonter, des passes à franchir, des impasses à déjouer.

Il faut trouver une voie accessible à d'autres dans un univers mouvant : la lenteur de la progression, la longueur des descriptions, la complexité de l'exposition dérivent de la méthode choisie par le philosophe : la vérité ne se rencontre pas « par sauts et gambades », comme disait Montaigne : sa recherche, dans un univers en devenir, consiste à retrouver les processus du développement de celui-ci, sans omettre la moindre étape. C'est ce que Blondel appelle la méthode d'implication : à quelque point qu'il soit, le philosophe doit expliciter les conditions qui ont engendré sa situation (regard rétrospectif) et discerner ce que sa position aurait de figé s'il essayait de s'y incruster (regard prospectif). Ce qui justifie cette façon de faire, c'est que penser signifie être à la croisée des chemins, peser et décider. Mais une décision ne vaut que portée par l'univers : sans son concours, elle reste stérile. La philosophie de l'esprit – qui a en charge de faire surgir en nous la pensée en acte – ne peut donc pas se disjoindre de la philosophie de la nature, puisque la pensée requiert, pour exister, des conditions que la nature lui prépare.

L'esprit possède son dynamisme propre ; mais sa mobilité, sa curiosité, ses élans sont affectés d'une inquiétude qui, pour Blondel, signifie que la pensée n'est pas mue simplement par un moteur interne, mais qu'elle sent l'attraction d'une réalité *autre* : l'effort de la métaphysique est alors de donner sinon un visage, du moins un nom à cet Autre.

appelle de la « pensée pensée », par opposition à la « pensée pensante », consciente d'elle-même. Il parle de même de « pensée organique » pour marquer le fait que les instruments dont les hommes ont besoin pour penser sont préparés dans le monde animal.

TRANSCENDANCE

Pour Blondel, l'autre de l'esprit n'est pas seulement la nature, c'est Dieu (il n'accepte pas l'équation spinoziste : *Deus sive Natura*). La difficulté métaphysique à laquelle il se trouve confronté est la suivante : Qui a raison ? Ceux qui pensent que la philosophie trouve sont accomplissement dans un « *Mind/Body problem* » renouvelé, dans la dialectique de la nature et de l'esprit ? Ou ceux qui voient émerger de la confrontation minutieuse des processus de la nature et des actions de la pensée un troisième terme transcendant, à qui, comme en suivant l'usage, on donne le nom de Dieu ?

L'hypothèse de Blondel ou, plutôt, l'évidence qui s'impose à lui, c'est que l'enquête fait apparaître un Tiers, une troisième instance, qu'il nomme « l'Être » et, en fin de compte, Dieu. La trilogie répond à la configuration trinitaire de l'enquête, à savoir *La Pensée*, *L'Être et les êtres*, *L'Action*. Il y a de la philosophie parce que notre pensée, quel que soit le sujet auquel elle s'applique, éprouve une espèce de diplopie : elle voit double, et tente de surmonter cette affection. Ainsi, quand elle se demande : Qu'est-ce que penser ?, elle rencontre deux modes opposés de la pensée : la pensée « pensée » et la pensée « pensante » ; la première est latente dans les choses et la seconde découvre l'essence et les rapports des choses. Quand la pensée pensante se demande : Qu'est-ce qu'être ?, elle se trouve confrontée à la matière brute, aux organismes vivants, aux personnes, etc., à propos desquels elle s'interroge : Sont-ce des êtres ? et, au-delà : Mènent-ils à l'Être ?

CHAPITRE V

L'ACTION (1893)

LA VOIE DES SCIENCES : LE TRANSFORMISME

Quand on lit l'introduction et les quatre premières parties de la thèse de Blondel, on découvre un grand peintre de l'action, nourri de saint Augustin, de Malebranche, des moralistes français, de Pascal : l'œuvre est singulière, parce que l'action n'est pas prise comme une notion qu'il faudrait analyser, mais comme une strate du réel à l'intérieur de laquelle il faut pénétrer. De la sorte, nous dit l'auteur, nous ne discernerons pas seulement une dimension du réel peu explorée par les philosophes, mais nous irons, malgré les moyens limités dont nous disposons, jusqu'au cœur de la vie : de proche en proche, c'est l'univers qui se révèlera à nous.

Pourquoi, demandera-t-on, choisir cette étrange voie pour aller vers le réel ? Pourquoi ne pas se confier plutôt aux sciences ? La réponse de Blondel est la suivante : la voie des sciences de la nature est nécessaire ; mais elle ne nous mène pas jusqu'au bout du chemin. La leçon des sciences, c'est d'abord de faire apparaître l'originalité de la vie par rapport au monde minéral : « Aussi l'ambition des sciences de la nature doit-elle être, sans attribuer à leurs résultats la valeur d'une histoire réelle de la nature, de trouver au sein même de la continuité et du déterminisme, une méthode nouvelle pour individualiser les corps, en les considérant comme des espèces polyzoaires. Formés des mêmes éléments, combinés selon des lois uniformes, les composés constituent une forme nouvelle, toute différente de la somme de leurs parties, et dont aucune formule ne peut prévoir la physionomie. L'eau est de l'eau et rien d'autre chose, ce n'est pas de l'oxygène ni de l'hydrogène » (70; I, 104)[1].

Et, surtout, c'est par les sciences de la vie que nous découvrons que les espèces ne sont pas des collectivités séparées : le monde vivant forme une unité et il est en évolution : nous en avons des preuves indirectes, mais ne sommes pas à même de discerner les lois de son devenir : « La prétention du transformisme, c'est de substituer à la distinction apparente des formes vivantes la continuité d'une évolution progressive; c'est de découvrir la formule du concert total et d'ériger l'ensemble des relations définies dans le temps et dans l'espace en explication réelle de la nature. Qu'y a-t-il de scientifique en cette tentative, et que laissera-t-elle dans le développement général de la science expérimentale ? » (71 ; I, 105).

Blondel aborde alors les traits qui lui paraissent positifs dans la conjecture du transformisme : « L'utilité qu'il a, la voici d'abord. C'est de supposer sous la diversité brute et l'apparente indépendance des êtres qui coexistent ou se succèdent un lien continu [...] Passant de l'homogène à l'hétérogène, les actions cosmiques, physiques, biologiques, sociales résultent d'une adaptation au milieu universel : ainsi tout fait, comme tout être, est une expression de la continuité, de la solidarité, de l'unité totales, un produit de l'histoire commune, une solution particulière et passagère du problème général du monde » (71 ; I, 105). Les naturalistes de la fin du XIXe siècle, en France, sont en majorité néo-lamarckiens. Il n'est donc pas étonnant que Blondel parle d'adaptation au milieu universel (même si Lamarck, quant à lui, parle de « milieux » au pluriel). Il a lu Darwin lors de la rédaction de sa thèse et on le devine plus proche de lui que de Lamarck.

L'appréciation philosophique qu'il porte sur l'évolution est celle-ci : « Grande et féconde idée que celle de cette solidarité sympathique entre tous les êtres qui s'édifient en quelque sorte les uns des autres, comme se correspondent les membres d'un organisme en perpétuelle croissance; hypothèse divinatoire qui symbolise, mais sans rigueur scientifique, la formule précise du concert que compose l'univers; pressentiment de vérités qu'une science plus avancée devra définir et limiter en la complétant » (71; I, 105). Il pense que le transformisme n'est pas arrivé à l'état de science : il reste encore une conjecture riche de promesses.

À cet égard, il n'est pas éloigné de Cournot : la conjecture de l'évolution est philosophiquement préférable à celle des actes de création organiques discontinus (interprétation littérale de la Genèse ou conception de Cuvier),

1. Nous indiquons d'abord la page de l'édition originale de *L'Action (1893)*, ensuite le tome et la page de l'édition des *Œuvres complètes*.

car cette vision des choses fait de Dieu un despote qui crée par une suite d'actes arbitraires. Cournot écrit: «Mais, si Laplace en avait cru son illustre confrère Georges Cuvier sur la fixité absolue, sur la complète indépendance, sur la rénovation soudaine des types de la Création organique, il aurait été forcé de reconnaître à chaque type tous les caractères d'une loi que le législateur abroge et remplace selon ses vues. À ce compte, pour les insectes seulement, il y aurait à inscrire dans le Code de la Nature plusieurs centaines de milliers de lois, et de lois qui ont plusieurs fois changé surnaturellement, c'est-à-dire extralégalement, par une sorte de mesure révolutionnaire ou de coup d'État»[1].

Dans la célèbre controverse qui opposa Cuvier à Étienne Geoffroi Saint-Hilaire à l'Académie des Sciences, en 1830, Blondel, comme Cournot, prend le parti du second. Il adhère à la grande idée de Geoffroi Saint-Hilaire sur l'unité de composition des êtres vivants. Se demandant ce qui restera de l'idée transformiste, quand la biologie se sera développée, il écrit: « S'il est permis de le prévoir, il en restera sans doute ceci: c'est que du dernier élément toujours provisoire que l'analyse atteindra, jusqu'aux plus complexes synthèses de la vie, l'on saura de science que circulent pour ainsi dire une même sève et une même formule de composition» (74; I, 108). Si la science pénétrait les secrets de la constitution des êtres vivants comme elle pénètre les lois de composition des éléments chimiques, qu'adviendrait-il? «Ainsi l'unité de composition dans la nature et l'enchaînement universel des faits, des formes et des êtres ne serait plus une hypothèse indéterminée ni une vague approximation fondée sur des vraisemblances ou des généralités; ce serait une formule que la déduction pourrait exploiter, et qui vérifierait dans un détail rigoureux la vieille parole: *Homo de limo terrae*» (74-75; I, 108-109).

On peut rapprocher cette remarque de la réflexion de Cournot dans *Matérialisme, Vitalisme, Rationalisme*: «Et en quoi notre dignité souffrira-t-elle, si l'on reconnaît que le souffle divin n'a pas été moins nécessaire pour tirer l'homme d'une étoffe ancienne et déjà vivante, déjà bien des fois remaniée dans le long cours des âges, que pour le faire apparaître miraculeusement, contrairement aux lois qui gouvernent le monde physique et l'ensemble de la Création organique?» (*op.cit.*, 104). Cournot ajoute, avec une prudence analogue à celle dont fait preuve Blondel: « Il va sans dire que la théorie de la lente transmutation des types, due à l'action des milieux, à l'épuisement des combinaisons fortuites et au triage

1. Antoine Augustin Cournot, *Matérialisme, Vitalisme, Rationalisme* [1875], Paris, Vrin, 1979, p. 75.

machinal de ces combinaisons, ne reçoit aucune confirmation de l'observation scientifique, pas plus pour ce qui regarde l'origine de l'homme que pour ce qui concerne l'origine des autres types organiques » (104-105). Toutefois, l'absence de preuves positives ne réduit pas la force de l'hypothèse, tant l'idée de l'unité de la nature et de l'inhérence à l'univers de l'énergie qui le fait évoluer a de poids.

Blondel, qui est de soixante ans le cadet de Cournot, manifeste plus de confiance dans les découvertes de la biologie. En revanche, à la différence de Cournot, pour qui le hasard – c'est-à-dire la rencontre de séries causales indépendantes – fait partie de la structure de l'univers, Blondel, dans sa thèse, se montre attaché au déterminisme qui imprègne l'épistémologie de la fin du XIXe siècle, en physique, en chimie et en biologie. Mais il interprète le déterminisme biologique d'une façon holiste : « Si les parties élémentaires sont déterminées rigoureusement dans le corps vivant comme dans le cristal, l'ensemble n'est pas d'une malléabilité indéfinie ; c'est au contraire de sa qualité totale, de son originalité spécifique que résulte tout le détail de la chimie biologique propre à chaque organisme. La science expérimentale n'est une science que dans la mesure où, déterminant avec une continuité mathématique les lois précises des combinaisons et de la solidarité universelle, elle fixe par cela même la distinction et la qualité propre des synthèses dont la première expérience donne la perception indéterminée » (75-76 ; I, 109-110).

La thèse que Blondel consacre à l'action comporte en arrière-fond la vision de l'unité de la nature, de la solidarité universelle des choses, de la continuité de la vie et de la transformation des vivants. Le philosophe a le sentiment aigu que le transformisme – tout en n'étant encore qu'une conjecture qui n'a pas atteint le statut d'hypothèse scientifique – est une idée essentielle et vraie, dans la mesure où – du point de vue non plus des sciences mais de la métaphysique – elle institue une conception plus cohérente et plus exacte de la nature en travail. La conviction évolutionniste de Blondel – évidente dans *L'Action* de 1893 – explique l'intérêt dont fait preuve le philosophe tout au long de son œuvre, pour les indices qui confirment ce choix initial, qu'ils viennent de l'astrophysique ou de l'histoire naturelle.

L'ACTION DANS UN MONDE EN ÉVOLUTION

Dire que sur Terre la vie est en évolution et accueillir avec faveur les découvertes scientifiques qui montrent que l'univers lui-même est en devenir, c'est supposer que la matière n'est ni inerte ni passive. Là se manifeste, dans la pensée de Blondel, une harmonie avec la doctrine de Leibniz sur le dynamisme interne des substances. On lit dans *L'Action*: «C'est ainsi que l'inertie du corps brut manifeste déjà un dynamisme interne sans lequel le choc qui a tiré le mobile de son état de repos ne produirait pas son effet. De même le germe vivant opère, avec les matériaux qu'il recueille, une véritable création... [...]. Dans le système nerveux, chaque cellule est pour ainsi dire un cœur qui, recevant un courant, le décharge avec une augmentation de force. [...] La conscience émerge des fonctions organiques, sans en avoir conscience et sans s'y laisser réduire» (77-78; I, 111-112).

Le terme de «dynamisme» recouvre ici un type de processus naturels que Blondel essaie de décrire et d'expliquer tout au long de *L'Action*: comment se fait-il que nous observions plus dans l'opération physico-chimique, biologique ou psychique achevée que dans les données antérieures à son déclenchement? En quoi consiste l'apparition des caractères nouveaux comme «l'augmentation de force» dans les cellules nerveuses ou l'émergence de la conscience à partir des «fonctions organiques»? Pourquoi la thèse qui entend «réduire» le psychique au biologique et le biologique à l'inorganique n'est-elle pas tenable rationnellement?

«L'étude de la dynamogénie mentale établit donc, au nom même du déterminisme, ces conclusions liées: – la conscience résulte d'une série d'actes élémentaires et inconscients, non du dernier seulement; elle constitue une synthèse et un acte distinct; – elle prépare et ébauche une série d'actes nouveaux dont elle ne prévoit pas le terme, mais qu'elle se propose comme fin au moins provisoire» (109; I, 143).

À partir de là, on comprend que, quand Blondel analyse une action, il cherche à en établir la généalogie, à restituer la succession enchaînée des événements qui l'ont préparée: car expliquer une action par les seules circonstances présentes ou par les événements qui la précèdent immédiatement, ce serait, dans l'ordre psychique, procéder par «coups d'État», selon l'image de Cournot à propos de l'hypothèse des créations organiques discontinues. Cette patiente étude, proche de celle que Freud a systématiquement menée, n'est pas, le plus souvent à la portée de l'agent: «Quand une idée s'empare soudain d'une tête folle ou d'un cœur ardent, y a-t-il des obstacles, y a-t-il des délais, y a-t-il même conscience, tant l'exécution suit de près la conception?» (109; I, 143). La difficulté que l'on rencontre, quand on veut saisir ce qu'est l'action, c'est que, quand on en a retracé l'histoire, on n'a encore rien saisi de ce qui en fait la singularité, à savoir qu'«elle constitue une synthèse et un acte distinct»: si chargée qu'elle soit du passé, elle initie quelque chose de radicalement neuf. Même si une action paraît n'être que la reproduction d'un modèle, elle est intrinsèquement unique et, à chaque fois, singulière.

Pourquoi en est-il ainsi? C'est, dit Blondel, parce que l'action ne se réduit pas à l'idée de l'action. Dès que, par un acte de liberté, nous quittons le plan des intentions et des projets, nous entrons dans un autre monde ou, plutôt, nous faisons corps avec le monde : « Il faut donc couper résolument ici le réseau des racines invisibles qui nous rattachent aux origines souterraines de notre conduite. L'action a sa sève propre. Elle est toujours un *au-delà* » (122; I, 156). En d'autres termes, même si l'histoire est nécessaire à l'intelligence de l'action et des circonstances dans lesquelles elle surgit, elle risque de constituer une entrave, si l'on enferme les actes dans leur origine : « S'il était indispensable [...] de déterminer les antécédents de la décision raisonnable et libre, désormais c'est d'elle qu'il faut partir comme de la véritable et solide origine du mouvement qui porte l'homme vers des fins connues et voulues » (122; I, 156). En effet, contrairement aux apparences, l'ensemble des causes efficientes ne détermine pas l'action humaine : « C'est par une illusion, aussi contraire que possible à l'esprit de la science, qu'en affirmant la vérité du déterminisme, on se persuade nier la liberté, comme si diverses formes de phénomènes n'étaient pas compatibles; ou comme si, par exemple, les lois de la pesanteur pouvaient exclure la spontanéité des fonctions vitales ! » (*ibid.*).

Blondel se heurte là à une difficulté que rencontrent tous les philosophes depuis que la mécanique newtonienne a été érigée en paradigme de la science : si tous les phénomènes de la nature s'enchaînent selon des relations causales, comment peut-il y avoir des événements qui, sans contredire le déterminisme, introduisent de la nouveauté et de la liberté dans le réel? Il répond en déplaçant le problème : au lieu de se laisser enfermer dans les apories spéculatives du déterminisme, il opte pour « la voie pratique » (XI; I, 19), celle de l'action : « l'objet de ce travail, ce doit être cette science même de la pratique » (*ibid.*). Il ne s'agit pas de renoncer à la science, mais de faire comme le savant : « risquer la matière peut-être précieuse qu'il a en mains » (*ibid.*). « Cette matière précieuse qu'il me faut exposer, ajoute Blondel, c'est moi, puisque je ne puis faire la science de l'homme sans l'homme » (*ibid.*). L'action est donc le laboratoire où va se constituer « la science de la pratique ».

On comprend du même coup pourquoi un arrière-fond cosmologique est nécessaire à la compréhension de l'action : « Concevoir l'unité de l'univers, affirmer que cet univers n'est pas un système clos, n'est-ce pas admettre en effet que l'esprit est, par rapport au monde, comme un infini capable de dominer toutes les forces naturelles? » (123; I, 157). Encore faut-il « éclairer cet obscur des choses » (149; I, 183), c'est-à-dire pénétrer plus avant dans le laboratoire physique, chimique, biologique, psychique, social, où se fabrique l'action.

BLONDEL ET SAINT AUGUSTIN

Considérons « l'action du corps et la psychologie de l'organisme ». Comment puis-je, si je le veux, faire mouvoir ma main, mon bras, ma tête « sans que je connaisse aucun des ressorts de cette admirable machine » ? La réponse de Blondel est la suivante : les mouvements commandés « se font, parce que, justement, il se trouve dans les membres des énergies complices et des consciences coopérantes » (165-166; I, 199-200). Son analyse reste proche de celle d'Augustin dans les *Confessions* (livre VIII) : « [...] je remue le doigt; et je ne réussis pas à changer un désir; je conduis mes membres comme un animal vivant et actif dont je domine les forces disciplinées; et dès qu'il faut vaincre un sentiment, fuir une occasion, m'imposer un sacrifice, je demeure oublieux, négligent, désarmé. Je veux agir, et j'agis tant bien que mal; je veux vouloir, mais à l'instant de *m'exécuter* et de passer à l'effet, je ne veux pas. L'esprit commande au corps, et il est obéi; l'esprit se commande, et il résiste » (166; I, 200). On reconnaît, presque à la lettre, les analyses d'Augustin : « L'esprit commande à lui-même, et on lui résiste. L'esprit commande à la main de se mouvoir, et il y a une telle facilité dans l'obéissance qu'on distingue à peine l'ordre de l'exécution : pourtant l'esprit est esprit tandis que la main est corps. L'esprit commande à l'esprit de vouloir : c'est bien le même esprit, et cependant il ne le fait pas. D'où vient ce prodige monstrueux ? »[1].

D'où la nécessité de pénétrer dans les soubassements de notre vie psychique et corporelle. L'action seule nous y mène : « [elle] ouvre au regard un passage jusque dans les profondeurs ténébreuses où se préparent les grands courants de la vie intérieure » (167; I, 201). En effet, l'action, « comme un glaive tranchant » (*idem*), opère une synthèse, alors que l'irrésolution et « parfois même la seule pensée de l'action morcelle, déconcerte et refoule la volonté » (168; I, 202). Il y a donc une originalité foncière de l'action. Avant qu'elle se produise, « [l]'homme est comme un

1. Saint Augustin, *Œuvres*, *Confessions*, Paris, Bibliothèque augustinienne, Desclée de Brouwer, t. 14, 1962, p. 50-51, VIII, IX, 21 : « Imperat animus sibi, et resistitur. Imperat animus ut moveatur manus, et tanta est facilitas, ut vix a servitio discernatur imperium : et animus animus est, manus autem corpus est. Imperat animus ut velit animus, nec alter est nec facit tamen. Unde hoc monstrum ? ».

tableau, toujours l'épée haute sur l'ennemi, et ne déchargeant jamais le coup » (*ibid.*). Que l'action suscite des luttes intestines, des hésitations, des peurs, c'est inévitable : « C'est donc forcément sur le tout organique et mental que porte l'opération au moment où elle s'accomplit ; et s'il est vrai que cette unité totale et exclusive de l'acte contribue à la mutuelle dépendance du "corps et de l'âme", n'est-ce pas au détriment de la riche variété de la pensée ou de l'infinie puissance de la liberté ? » (187 ; I, 221).

La réponse de Blondel tient en un mot : « Non » (*ibid.*). Il développe : l'action est la seule voie pour se connaître soi-même et elle est aussi la seule occasion que nous ayons de nous exposer au monde : « Mettant sous la meule le grain dur de l'action brutalement commandée, l'on obtient la fine et nourrissante pâture de la liberté » (193 ; I, 227). En effet, du seul fait qu'elle plonge l'agent dans le monde réel, l'action le fait sortir de son isolement : « L'opération extérieure de la volonté constitue donc une synthèse de phénomènes qui enveloppent entre eux une énergie interne, une coopération forcée » (225 ; I, 259). Dès qu'une action commence, elle met en branle des processus qui, de proche en proche, par la « *contagio rerum* » qu'évoque Cicéron au début du *De Fato*, la relient au reste de l'univers. « De cette façon, se constitue le terrain commun où ont lieu les échanges inévitables et où se fixe la solidarité universelle » (*ibid.*). *L'Action* de 1893 tente de préciser la nature des « échanges » et des lois par le biais desquels l'univers, tout en étant fait de réseaux complexes et hétérogènes, garde son unité mouvante et essentielle : il ne se démembre ni ne se fige ; il est tenu par « le déterminisme universel », sans que celui-ci réduise la liberté du devenir.

HISTOIRE DE LA NATURE ET HISTOIRE DE L'HOMME

Blondel entend expliciter ce que les sciences de la nature nous apprennent de la nécessité ; et mettre en évidence l'expérience que nous faisons de notre liberté dans l'action et, plus encore, dans la rencontre avec d'autres êtres libres. Car l'action est initiation à l'histoire : « La vraie raison d'être de l'histoire, c'est de définir l'originalité de chacune des synthèses vivantes qu'a engendrées le mouvement de la vie en général ; par-là, elle se rattache solidement à toutes les sciences, déjà mieux constituées, qui déterminent l'enchaînement des faits et l'hétérogénéité des êtres qu'elles étudient » (265 ; I, 299).

En quoi l'histoire humaine se distingue-t-elle de l'histoire naturelle ? Blondel répond : « [...] outre les forces instinctives qui meuvent les grands courants humains, la réflexion et la liberté sont des puissances originales, capables de pénétrer profondément comme des facteurs essentiels, dans la destinée des peuples » (266 ; I, 300). Cette observation est importante pour comprendre l'histoire en train de se faire : les nations sont assujetties à des conditions nécessaires ; mais leur destin n'a rien de fatal. « Autant il est superficiel de croire, sans réserver la part des causes anonymes, que les gestes, les paroles et les décrets des acteurs principaux mènent le monde, autant il est faux de négliger ce qui se passe dans la région des conseils délibérés, des événements distincts et des caprices mêmes » (*ibid.*).

Ainsi, il y a une réalité de la nation : « Le pouvoir, qui en est le lien synthétique et comme "la forme substantielle", reste l'expression de la volonté profonde qui fonde la nation elle-même » (268 ; I, 302). On ne peut pas s'exonérer d'une défaite ou d'une catastrophe collective en imputant à ceux qui exercent le pouvoir la responsabilité exclusive du naufrage : les organismes sociaux sont individués ; mais les individus qui les composent répondent du destin et de l'histoire de ces ensembles collectifs : « La première vérité sociale, celle même dont dépend la sociologie, c'est de poser en principe l'originalité historique et le caractère individuel de tout organisme national » (*ibid.*). Il y a là, probablement, l'écho de la défaite de 1870 et comme l'annonce des analyses que fait Blondel de la situation de l'Europe en 1939, à la veille de la Seconde Guerre mondiale. Bien avant Hannah Arendt, il soutient l'idée que la liberté, les institutions juridiques, la justice sociale, la défense de l'individu impliquent la pluralité des nations : justement parce que chacune d'elles est comme un organisme, aucune ne peut grandir au-delà d'une certaine limite : nous n'accédons à l'universel que par des médiations sociales et historiques. Nous n'accédons pas à l'univers de façon solitaire et sauvage : « Pour oser agir, il [l'homme d'action] lui faut comme un amour du risque et un détachement forcé, même à ne point parler encore de libre désintéressement ou d'abnégation sincère » (*ibid.*). On ne prend pas de risques sans raisons ; parmi ces raisons, la plus sérieuse est, sans conteste, la participation à la vie de l'univers, mais ce but ultime ne nous devient présent qu'à travers des actions particulières et limitées.

MORALE ET MÉTAPHYSIQUE

À première vue, n'y a pas de loi morale surplombant l'action : « Biens et maux mêlés, indifférence et désordre apparent dans le chaos de la vie universelle, voilà l'évidence des faits : c'est l'immoralité même » (281 ; I, 315). Pourtant, dans la mesure même où l'action est le révélateur le plus exact du sens que nous donnons à notre vie, elle fait apparaître « de grands courants dans la conscience de l'humanité; il surgit en nous une conception et un sens de la vie» (*ibid.*). La moralité, en effet, n'est pas plaquée par les hommes dans le déterminisme universel: «Les idées régulatrices de la conduite ne sont donc pas une révélation soudaine, mais une cristallisation lente de l'expérience totale et comme l'expression de notre sens social, du sens de la vie universelle en nous» (283-284; I, 317-318).

La vie de l'univers, parce qu'elle a un sens et comme une destination que nous devons découvrir, comporte par elle-même une dimension morale: toutefois «les ressorts de cet immense mécanisme sont trop nombreux pour que le regard le plus pénétrant, pour que la main la plus puissante les discerne et les manœuvre tous»; «nous n'atteignons que les conséquences prochaines de nos actions et non toutes leurs ramifications dans les profondeurs du corps organisé...» (285; I, 319). En un mot, l'action possède une structure trop complexe pour qu'elle nous instruise suffisamment sur nous-mêmes d'une part, sur le monde de l'autre. Toutefois, elle nous en apprend suffisamment sur nous et sur l'univers pour que nous sentions que le cours des choses n'est ni chaotique ni indifférent à nos fins. Blondel ne préconise aucunement la construction d'une morale fabriquée par l'homme : « [...] il faut se livrer à l'engrenage universel, sans savoir au juste ce qu'il nous rendra» (285-286; I, 319-320). Seul le bain glacé de la nécessité nous instruit sur la spécificité «de ce qu'on a nommé le Règne humain» (*ibid.*).

Non que ce qui est spécifiquement humain en l'homme constitue un ordre séparé. Considérons la métaphysique, c'est-à-dire la création par l'homme «des notions universelles pour y conformer ses sentiments et sa conduite, pour y adapter les faits» (290; I, 324). Il ne s'agit pas d'en faire un ordre à part : « il faut, dit Blondel, la forcer ici à rentrer dans le rang » (*ibid.*). Car la métaphysique constitue « non pas un terme plus ou moins définitif ou fictif, mais un échelon dans la série des fins poursuivies» (*ibid.*). Blondel insiste : « La métaphysique est donc un dynamisme » (291 ; I, 325). Comme elle est action, elle favorise «une naturalisation du possible dans le réel» (*ibid.*). Elle n'est pas une fuite dans un monde chimérique : «Elle part des faits, pour revenir aux faits, mais aux faits d'un ordre supérieur» (*ibid.*). Dans l'histoire de l'univers et de l'homme, la métaphysique a une fonction transformatrice : son originalité, «c'est donc de préparer l'action à puiser son véritable motif en dehors de tout ce qui est réalisé déjà dans la nature ou dans l'agent lui-même» (296; I, 330). Elle est un instrument d'exploration, une incitation à agir pour des motifs qui ne sont pas donnés à la conscience ordinaire, mais qui sont pourtant présents dans l'humanité. Elle n'est pas «la catégorie de l'irréel» : «Elle est un phénomène nouveau, mais gros de tous les autres. Elle met en relief ce qui, en nous, dépasse ce qui est déjà en nous» (*ibid.*). On comprend par-là ce que la philosophie a de singulier et pourquoi elle est irréductible à la science: elle fait apparaître ce que la destinée humaine a de propre. Mais elle n'y parviendrait pas si elle suivait une démarche purement spéculative: c'est par l'action seule que «l'universelle réalité [est] digérée et incorporée à la pensée» (297; I, 351).

Toutefois, l'action, par elle-même, n'est pas un guide capable de nous mener là où notre vocation nous incite à aller: «L'action ne peut se renfermer dans l'ordre naturel; elle n'y est pas tout entière. Et pourtant, elle ne peut, d'elle-même, le dépasser; sa vie est au-delà de sa puissance propre» (374; I, 408). Il y a donc quelque chose de dramatique dans l'action: par essence, elle est limitée; et par essence aussi elle comporte «l'invincible besoin de l'achever» (375; I, 409). La tension entre les réalisations factuelles des agents et leurs aspirations amène l'auteur à examiner si l'humanité est vouée à faire seulement l'expérience de sa finitude et de son impuissance ou si l'achèvement de l'action, dont elle a l'idée, mais qu'elle ne peut pas accomplir par ses propres forces, peut lui être proposée d'ailleurs. Comment savoir ce qu'il en est? Blondel répond: «Il faut donc en revenir à la règle pratique qui, dès l'origine, était apparue comme la sauvegarde de la sincérité agissante et la clef de la destinée humaine: se donner soi et l'univers à ce qu'on croit le bien» (375-376; I, 409-410). En agissant ainsi, on peut expérimenter si, oui ou non, «l'action de l'homme passe l'homme» (388; I, 422).

VISION CHRISTIQUE DE L'ACTION

La cinquième partie de la thèse de 1893 s'intitule «L'achèvement de l'action». Elle met en évidence le catholicisme de Blondel: c'est elle qui lui a causé ses difficultés avec l'Université et, plus encore, avec certains milieux catholiques. La raison de ces difficultés apparaît plus clairement dans la correspondance entre Blondel et Teilhard de Chardin que dans la thèse de 1893. Pour les deux hommes, l'Incarnation ne se limite pas à la «présence réelle» du Christ dans l'eucharistie: si la notion d'Incarnation recouvre une réalité, alors Dieu n'est pas seulement présent dans le pain et le vin consacrés par le prêtre: il est présent dans l'univers qu'il veut élever jusqu'à l'état auquel il a vocation de parvenir, à savoir sa réintégration en Dieu. Or aussi bien Blondel que Teilhard ont lu Darwin, croient à l'évolution des espèces, discernent que les lois naturelles sont cruelles, selon les critères de la morale humaine. D'autre part, ni l'un ni l'autre n'incline à ce qu'on appelle aujourd'hui l'«*intelligent design*»: en d'autres termes, ils ne pensent pas que le devenir et la créativité naturelle soient des illusions. Dieu a mis de la contingence dans les lois de la nature (Boutroux), c'est-à-dire dans l'univers. Examinons comment ces thèmes – d'une grande audace dans l'Université française des années 1890 – sont présentés à la fin de *L'Action*.

Selon Blondel, l'homme ne commence à voir l'univers tel qu'il est que si, se quittant lui-même par une action, il le voit non pas en Dieu, selon la formule consacrée, mais dans le Christ. Cette vision christique de l'univers a effarouché l'Université lors de la soutenance de thèse, en juin 1893, mais, comme l'observe Blondel : « Il serait étrange qu'il fût scientifique d'étudier la lettre et l'esprit de tous les cultes sauf un » (391 ; I, 425).

Blondel, en effet, ne songe aucunement à quitter la philosophie pour la théologie et moins encore la raison pour la croyance. Il se pose le problème suivant : « comment introduire et faire vivre en nous une autre pensée, une autre vie que la nôtre ? » (400; I, 434). En effet, si l'ordre humain n'est pas fermé sur soi, et s'il comporte au contraire une ouverture par laquelle une rencontre avec un Autre peut s'opérer, « qu'y a-t-il d'efficace et de salutaire à confesser l'incompréhensible révélé ? » (*ibid.*) Du point de vue spéculatif, l'esprit est devant une alternative : nier ce qu'il ne comprend pas ou découvrir un moyen nouveau pour l'aborder. L'esprit constate une aspiration confuse de l'homme à autre chose que lui; mais il reste sans réponse théorique devant ce constat. C'est là que l'action intervient : « l'acte est comme le péage et le passage de la foi : il suppose l'abdication totale du sens propre; il signifie l'humble attente d'une vérité qui ne vient pas de la pensée seule; il met en nous un autre esprit que le nôtre. *Fac et videbis* » (403 ; I, 437).

N'est-ce pas créditer l'action d'une puissance magique? Pourquoi ouvrirait-elle les yeux de l'incrédule? Que lui ferait-elle découvrir que la raison ne lui montre pas? Blondel reprend ici un thème pascalien : « qui a senti le besoin de la foi, doit, sans l'avoir, agir comme s'il l'avait déjà, pour qu'elle jaillisse en sa conscience des profondeurs de cette action héroïque qui soumet tout l'homme à la générosité de son élan » (*ibid.*). La vertu révélatrice de l'action ne concerne pas seulement le domaine religieux : c'est une propriété universelle. L'action nous fait changer d'ordre. Nous recevons d'elle une lumière que la pensée abstraite ne nous communique pas.

Blondel s'attache à définir ce que serait l'action parfaite, qui opérerait la jonction de la nature et de la grâce. Comme sa pensée a pour centre l'idée de l'Incarnation et que, pour lui, l'achèvement de l'action, c'est la rencontre avec le Christ qui s'incarne dans l'univers (comme en témoignera en 1919 sa correspondance avec Teilhard de Chardin), il note : « La foi illumine l'intelligence pour connaître l'incompréhensible ; la charité dilate la volonté pour connaître l'infini. [...] héritier du Père, cohéritier du Fils, uni à l'un et à l'autre par l'Esprit, l'homme contemple Dieu, l'aime, le possède : sans confusion de nature ou de personne, il est Dieu » (407 ; I, 441 en note). La formule est d'une audace telle que Blondel ne la reprendra pas.

Quelle est, dans cette expérience, le rôle du philosophe ? Pour Blondel, « c'est d'exprimer les inévitables exigences de la pensée et comme la prière naturelle de la volonté humaine » (407 ; I, 441). Le philosophe n'affirme ni ne nie la « révélation » : il s'assure que l'on n'a pas introduit subrepticement des croyances à la place des idées et que, inversement, on n'a pas dénié à l'individu la possibilité de devenir conscient de ses aspirations et de ce qu'elles visent. Blondel pense que, si l'on analyse honnêtement les aspirations humaines, on discerne qu'elles n'ont pas une visée chimérique, mais recherchent la vérité et l'Être. « Par le mouvement profond de sa liberté, l'homme est amené à vouloir s'allier à Dieu et à ne former qu'une synthèse avec lui : tout acte tend à être une communion. » Il souligne : « Cette synthèse ne saurait se consommer que par l'action... » (411 ; I, 445).

C'est là qu'apparaît la double fonction de la foi : elle est l'effet de l'action ; et, « par une nécessité naturelle, elle est, à son tour, un principe d'action » (*ibid.*). L'action induit donc une traversée des apparences : au lieu de nous faire sentir la fragilité des phénomènes, elle nous fait éprouver leur solidité et leurs relations. Par-là, elle fraye la voie qui mène de la phénoménologie à l'ontologie. Il s'opère là une sorte de « transsubstantiation » des phénomènes : le monde de l'expérience et de la connaissance scientifique ne change pas d'apparence ; il garde les mêmes traits, ses caractères s'enrichissent et se modifient à mesure que la science de la nature progresse ; en même temps, Dieu infuse de son être dans le réseau des phénomènes, leur conférant une solidité dont, sans lui, ils seraient dépourvus. Pour que la transmutation des phénomènes en êtres s'effectue, des conditions subjectives – que seul l'action institue – sont nécessaires : il faut s'immerger entièrement et sans retour dans le réel.

Cette attitude intérieure a des effets objectifs, sociaux et cosmologiques : « Car notre action est grosse de la vie universelle ; elle n'est pas une simple fonction de l'individu, elle est une fonction du grand corps social » (*ibid.*). On ne pense ni n'agit sans « qu'il y ait coopération et édification » (*ibid.*). Ni dans l'ordre intellectuel ni dans l'ordre spirituel l'individu isolé n'a d'efficience ni même de réalité. C'est l'action qui fait le mieux sentir aux individus la communauté de leur destin : « Oui, la pratique opère seule ce prodige de former, avec la diversité des *esprits*, un *corps* unique, parce qu'elle emploie et façonne ce par quoi ils tiennent les uns aux autres » (413; I, 447). Il ne s'agit pas seulement de prendre conscience de l'unité intime du genre humain : cette communion embrasse aussi l'univers physique et biologique. Or, pour ne pas être chimériques, les liens doivent se manifester par des actions singulières : « Puisqu'il faut que nous conspirions avec nous-mêmes, avec l'humanité, avec l'univers, il faut, pour cette communion, une pratique littérale : elle est comme la pensée de cet organisme universel et la contribution de chaque membre de ce grand corps aux fonctions de l'esprit » (413; I, 447). L'idée de Blondel est ici la suivante : affirmer de façon générale que nous communions à l'univers n'a pas de sens. Le propre de l'action, c'est d'être, en chaque situation, singulière. Agir, c'est toujours accomplir un rite efficace : l'imprécision, quand il y a risque, peut être mortelle.

Les rites auxquels songe Blondel ne sont pas ceux d'une religion de l'Humanité. Il ne s'agit pas, on s'en doute, de créer une catholicité exclusivement terrestre, comme chez Auguste Comte : « Tous, nous avons à nous enfanter, en enfantant Dieu en nous, *théotokoi* » (421; I, 455). Blondel ajoute : « comme s'il fallait être Dieu pour être pleinement homme, [...], et comme si l'homme, appelé à satisfaire enfin l'excès infini de son vouloir, devenait, suivant une parole de saint Thomas, “le Dieu de son Dieu” » (*ibid.*). C'est donc à une vision mystique de l'univers que la fin de *L'Action* nous convie.

PHÉNOMÉNOLOGIE ET ONTOLOGIE

Cependant, Blondel n'oublie pas le problème philosophique d'où il est parti : comment l'action peut-elle garantir la validité du passage de la phénoménologie à l'ontologie ? L'action exige de nous trois choses : 1) que nous prenions en compte la singularité de chaque situation; 2) que nous insérions les cas particuliers dans un réseau universel; 3) que nous nous donnions entièrement au parti que nous avons choisi. Quand ces trois conditions sont remplies, l'agent se trouve devant l'option : rester du côté des apparences ou, traversant par une action le miroir des apparences, découvrir « la solidité du lien réel » (443; I, 477).

Évoquant l'achèvement du parcours métaphysique que réalise *L'Action*, il écrit : « au terme, ce seront ces phénomènes mêmes qui se trouveront constituer l'être des choses » (425; I, 459). Comment entendre cette formule? Elle s'éclaire si on la rapproche des travaux que mène Pierre Duhem, dont Blondel se sent proche. Duhem, physicien et philosophe des sciences, ne croit pas que la théorie physique explique le réel : elle tente de le décrire de la façon la plus cohérente et la plus concise possible. Toutefois, plus les approches théoriques convergentes de la réalité se multiplient, plus il devient probable que la science approche par ses descriptions les processus naturels. Chez Duhem, cette proximité croissante du réel réduit mais n'abolit pas l'écart qui sépare les phénomènes des choses elles-mêmes. Dans *La Théorie physique* (1906), il est parfaitement clair sur ce point (et l'on peut supposer que sa conviction vient de loin et, en tout cas, des travaux de Ernst Mach sur *La Mécanique*[1], parus en 1883) : les grandes théories de la Physique, nous dit Duhem, sont des œuvres d'art; mais la convergence des lois expérimentales signifie aussi que la théorie physique « prend, en se perfectionnant, les caractères d'une classification naturelle; les groupements qu'elle établit laissent alors soupçonner les affinités réelles des choses »[2].

Sur le plan épistémologique, Blondel est d'accord avec Duhem. Mais il voit dans l'action un moyen d'effacer la distance entre l'étude scientifique des phénomènes et l'ontologie concrète : « La nécessité pratique de poser le problème ontologique nous amène nécessairement à la solution ontologique du problème pratique » (*ibid.*). Comment cette conversion de la phénoménologie à l'ontologie se produit-elle? Ce n'est pas une opération évidente : au départ, il faut « manifester comment, par cela seul que nous pensons et que nous agissons, il nous est nécessaire de faire comme si cet ordre universel était réel, et ces obligations fondées » (427; I, 461). En d'autres termes, du fait même que nous entrons dans l'action, que nous sautons du plongeoir ou que nous descendons dans le puits (pour reprendre les exemples de Platon dans *Lachès*, 193 c), nous attribuons consistance et solidarité aux phénomènes; nous faisons d'abord « comme si » les lois scientifiques étaient, au sens propre, des lois de la nature. De la sorte, nous ne passons pourtant pas du monde des phénomènes à celui des êtres. Nous nous heurtons à un paradoxe qu'il faut lever : « De la solidarité totale des phénomènes résulte et qu'il est impossible d'arriver légitimement au problème ontologique avant d'avoir parcouru tous ces anneaux enchaînés, et qu'il est impossible de n'y point arriver après avoir développé tout ce déterminisme de l'action » (*ibid.*).

Le passage de la science à l'action nous place dans une situation difficile : la singularité irréductible des événements se découvre dans

1. Ernst Mach, *La Mécanique. Exposé historique et critique de son développement* [1883], trad. fr. de la 4ᵉ éd., Paris, Hermann, 1904, réimpression, Paris, Jacques Gabay, 1987.

2. Pierre Duhem, *La Théorie physique. Son objet – Sa structure* [1906], deuxième édition revue et augmentée, Paris, Reproduction fac-similé, Paris, Vrin, 1981, p. 40.

l'expérience de l'homme d'action comme dans la perception ordinaire. Mais cet « atomisme » de fait n'est pas une vérité ultime. Dans l'expérience, « chaque terme, sans cesser d'être hétérogène à l'égard de tous les autres, est lié à eux par unc solidarité telle que l'on ne peut en connaître et en affirmer un sans les impliquer tous » (435; I, 469). L'union de la causalité et de la finalité dans l'action fait surgir une nouvelle perspective. En effet, la singularité des événements et leur solidarité universelle sont elles-mêmes suspendues à un troisième terme : « Nous avons l'idée d'une réalité objective, nous affirmons la réalité des objets; mais, pour le faire, il est nécessaire que nous posions implicitement le problème de notre destinée, et que nous subordonnions tout ce que nous sommes et tout ce qui est pour nous à une option » (435-436; I, 469-470).

La science nous fait découvrir les relations entre les phénomènes en nous les présentant sous la forme de lois; l'action, elle, accomplit quelque chose d'équivalent au passage de la connaissance du deuxième genre à la connaissance du troisième genre dans l'*Éthique* de Spinoza : « Si l'on ne parvient à Dieu que par l'oblation de tout ce qui n'est pas lui, on retrouve en lui la réalité véritable de tout ce qui n'est pas Dieu ». Blondel précise : « [...] parce qu'après avoir sacrifié à l'Être tous les êtres qui ne seraient pas sans lui, on acquiert en lui tous les êtres qui sont par l'Être » (*ibid.*). Comme dans le 5e livre de l'*Éthique*, pour Blondel, « Le véritable infini n'est pas dans l'universel abstrait, il est dans le singulier concret » (449; I, 483).

UNE « MÉTAPHYSIQUE DE LA CHARITÉ »

Il ne s'agit pas seulement d'une conversion intellectuelle, mais, selon Xavier Tilliette, d'une « métaphysique de la charité », d'une ontologie imprégnée par les notions chrétiennes d'Incarnation, de communion des saints et d'amour. Blondel écrit : « Seule la charité, en se plaçant au cœur de tous, vit au-dessus des apparences, se communique jusqu'à l'intimité des substances et résout entièrement le problème de la connaissance et de l'être » (443-444; I, 477-478). Blondel cite cette « belle parole de Leibniz, “aimer tous les hommes, aimer Dieu, c'est même chose” ... » (446; I, 480). Le *De vinculo substantiali* étend la notion de lien substantiel bien au-delà des relations entre les âmes, jusqu'à l'ensemble des substances composées.

Reste à comprendre comment, « en fondant ainsi les vies les plus séparées », on évite l'éclatement de la conscience personnelle et une « universelle confusion » (446-447; I, 480-481). C'est un problème sur lequel Blondel revient longuement dans la trilogie : à quelles conditions chacun garde-t-il son « nom propre » tout en formant avec tous les autres et avec l'univers un « corps » unique ? C'est que, pour que chaque individu trouve son nom propre, il faut que Dieu lui prête main.

En effet, selon Blondel, le plus petit processus d'individuation implique à la fois Dieu et l'homme : « Pour atteindre l'homme, il faut que Dieu traverse toute la nature et s'offre à lui sous l'espèce matérielle la plus brute ; pour atteindre Dieu, il faut que l'homme traverse toute la nature et le retrouve sous le voile où il ne se cache que pour être accessible : ainsi l'ordre naturel entier est entre Dieu et l'homme comme un lien et comme un obstacle, comme un moyen nécessaire d'union et comme un moyen nécessaire de distinction » (449; I, 483). Le nombre et la complexité des médiations, dans la cosmologie blondélienne, sont tels que le programme ainsi formulé apparaît comme à la fois nécessaire et presque impraticable. « Connaître, dit-il, c'est être ce qu'on connaît, c'est le produire, l'avoir, le devenir en soi. *Sumus quod videmus* » (454; I, 488).

CHAPITRE VI

LE LABORATOIRE DE L'ACTION

EN QUOI L'ACTION EST-ELLE LE MEILLEUR FIL CONDUCTEUR POUR ALLER VERS LE RÉEL ?

Dans ses *Carnets intimes*, le jeune Blondel, qui résiste mal à son amour du latin, se fixe la règle suivante : « *Per ea quae videntur et absunt ad illa quae non videntur et sunt*, à travers les choses que nous voyons et qui ne sont pas, vers ce que nous ne voyons pas et qui est »[1]. C'est, résumée en une phrase, la maxime de sa longue navigation philosophique. Comment passer de la phénoménologie (l'étude des choses que nous voyons et qui ne sont pas) à l'ontologie (l'étude de ce que nous ne voyons pas et qui est) ? Le verbe « *absunt* » ne doit pas nous égarer : la phénoménologie (en particulier la science) est nécessaire, mais elle ne suffit pas pour que s'opère le « retour aux choses mêmes », c'est-à-dire, pour Blondel, la saisie ontologique des êtres et de l'Être. La première voie, pour amenuiser la distance entre la phénoménologie et l'ontologie, c'est l'action.

Pour Blondel, l'action est le meilleur laboratoire d'investigation philosophique. À la fin du XIXe siècle, cette idée n'est pas familière aux philosophes, et l'on répugne en Sorbonne à penser que l'action est un sujet de thèse de philosophie.

Les sceptiques à l'égard du pouvoir révélateur de l'action raisonnent ainsi : a) l'action est toujours particulière, elle émane d'un individu et déborde rarement la sphère privée ; b) même les « grandes actions » dont la mémoire collective garde le souvenir ont un retentissement circonscrit ; c) et, surtout, l'agent, absorbé par ce qu'il fait, n'a pas le loisir de s'étudier :

1. Maurice Blondel, *Carnets intimes*, Paris, Cerf, 1966, t. II, p. 193.

il peut avoir une intelligence pratique de ses actes, il n'en a pas une compréhension universalisable.

Quelles réponses peut-on faire à ces objections? La première, celle des moralistes français, en particulier de Montaigne et de Pascal, est que l'action aide à sonder les « replis » de l'âme. L'idée se trouve déjà dans les *Lois* : il n'existe pas d'autre voie pour se connaître et se dominer que de faire face aux situations que l'on redoute. L'action révèle à l'individu ce qu'il est, et si le métal dont il est fait est sain ou recèle une faille[1], comme le dit l'Étranger dans le *Sophiste*, 267e. Montaigne ne nie pas que le souvenir d'actions héroïques disparaisse, mais il n'en conclut pas que l'action est sans importance : elle est la seule voie d'accès dont nous disposions pour mettre à l'épreuve ce que nous sommes et ce que sont les autres. L'action est donc le laboratoire idéal pour la recherche de la vérité.

Blondel est persuadé que son entreprise résiste aux objections des « sages » universitaires : 1) l'action est un bon révélateur de ce qu'est l'homme ; 2) elle met en évidence le lien humain ; 3) l'univers conspire à la plus petite action. À partir d'un point de départ particulier, on peut, si l'on progresse avec méthode, retrouver la « logique intégrale » qui imprègne l'univers, le *Logos* qui l'anime, le meut et en fait l'unité. Intuition platonicienne, que le christianisme reprend à son compte. Autrement que la science et mieux qu'elle, l'action aide le philosophe à accomplir sa tâche qui est, depuis Platon au moins, de tenir à la fois les deux bouts de la chaîne qui lie l'un et le multiple. C'est ce que dit l'Étranger dans le *Sophiste* (sans dénier que cette entreprise laisse celui qui s'y lance comme étourdi et incapable de dire si elle n'est pas irréalisable). Et c'est ce que saint Augustin (dont Blondel est un grand lecteur) confirme.

A-t-il des prédécesseurs, ou l'absence de citations veut-elle dire qu'il entend ne suivre personne? La réponse est, me semble-t-il, qu'en tant que philosophe il veut tout expérimenter et tout vérifier par lui-même. À ce titre, il agit comme si sa démarche était unique et sans exemple ; mais, en tant que catholique, il a le sentiment (peut-être la certitude) que son entreprise est comme validée par une vaste cohorte de penseurs et d'hommes d'action chrétiens. Là où Bergson, à la fin des *Deux Sources*, se réfère à la télépathie pour attester la réalité de l'ordre psychique et même de l'ordre spirituel, Blondel s'appuie sur la tradition des docteurs, des saints et des

1. C'est aussi le thème de *Lord Jim* de Joseph Conrad. Le héros, jeune officier de la marine marchande, enthousiaste et sûr de sa valeur, découvre, à l'occasion d'une tempête dans la mer Rouge, qu'il a sauté de son navire qu'il croit en perdition, abandonnant des pèlerins qui se rendent à La Mecque. Il aura beau, par la suite, faire preuve d'héroïsme : il ne se pardonnera pas cette « faille ».

penseurs chrétiens. Il ne le dit pas explicitement dans *L'Action (1893)*, mais selon Xavier Tilliette les trente dernières pages du livre exposent une métaphysique de la charité, de sorte que l'on peut dire que « l'action », en réalité, c'est le Christ. De fait, le mot « charité » figure dans la conclusion de *L'Action* : « Pour communiquer à l'homme la grande et salutaire inquiétude de sa destinée, la science n'a qu'à lui découvrir ce qu'il fait ; elle n'a qu'à mesurer impassiblement l'ample écart des termes entre lesquels il oscille. Sans préoccupation ontologique ou déontologique, sans effort de persuasion, avec la tranquille assurance d'une charité plus contenue pour être plus pressante, on n'a qu'à laisser cette vérité nécessaire se déployer malgré toutes les résistances » (468-469 ; I, 502-503).

Toutefois, ces « sources chrétiennes » ne valent pour le philosophe qu'en tant que témoignages qu'il faut scruter. À l'époque de Blondel, c'est la méthode de la sociologie : Durkheim, Lévy-Bruhl, Marcel Mauss, etc., se fondent sur les récits des voyageurs et des historiens. Ils les discutent, les comparent, les critiquent, mais ils prennent appui sur leurs témoignages. Blondel, quant à lui, est persuadé d'avoir trouvé dans l'action le fil d'Ariane qui le conduira au cœur du réel. Sa thèse de 1893 et, pourrait-on dire, tous ses travaux ultérieurs, y compris la trilogie – *La Pensée*, *L'Être et les êtres*, *L'Action* – et *La Philosophie et l'Esprit chrétien*, procèdent de cette conviction première

La question méthodologique que pose l'œuvre de Blondel est celle-ci : pourquoi a-t-il la conviction que l'étude de l'action conduit plus loin que ne le ferait la science ? À son époque les philosophes ne prennent pas l'agir humain comme objet d'exploration. C'est d'autant plus étrange que les moralistes français et quelques écrivains militaires ont été de grands analystes de l'action. Nous avons donc à examiner deux problèmes : a) quel est le pouvoir révélateur de l'action ? b) pourquoi Blondel apparaît-il comme une exception sur la scène philosophique française ?

Il est plus facile de répondre à la première question qu'à la deuxième. Il est d'observation commune, insistons-y, que les épreuves de l'existence sont le seul banc d'essai dont nous disposions pour nous connaître. Joseph Conrad, dans la préface du *Nègre du "Narcisse"*, observe : « L'art lui-même peut être défini comme la tentative, faite par un individu, de rendre justice le plus pleinement possible à l'univers visible, en élevant à la lumière la vérité, diverse et une, qui sous-tend chacun de ses aspects »[1].

1. Joseph Conrad, *The Nigger of The 'Narcissus'* [1902], The Word's Classics, Oxford University Press, 1984, préface, p. x : « And art itself may be defined as a single-minded

Bertrand Russell, rendant visite à Conrad à Capel House près d'Ashford en 1911, alors qu'il composait avec Whitehead les *Principia Mathematica*, décrit ainsi, dans son *Autobiographie*, l'effet que produisit sur lui sa rencontre avec l'écrivain : « Lors de notre première rencontre, nous parlâmes d'une façon qui devint progressivement de plus en plus intime. Nous avions l'impression de traverser, couche après couche, ce qui était superficiel, pour atteindre progressivement l'un et l'autre le feu central. C'était une expérience différente de toutes celles que j'avais faites »[1]. En effet, pour savoir ce qu'est l'action, il faut disposer de témoignages : l'art, chez quelques romanciers et dramaturges, réalise ce prodige. Ces échanges du romancier et du logicien soulèvent une question : comment être sûr que l'artiste, en descendant en lui-même, « in that lonely region of stress and strife » (*ibidem*, p. XI), en tire des descriptions universellement valables ?

Pour le savoir, essayons de reconstituer le laboratoire de Maurice Blondel : nous disposons de documents, car il a tenu un journal et beaucoup publié. En même temps, il fait peu de citations et se fixe pour tâche de philosopher comme s'il était le premier homme à le faire. Il sait que la constitution d'une « ontologie concrète » fait partie d'une tradition ; mais l'existence d'une tradition n'est, à ses yeux, d'aucune aide, car la vérité n'est accessible que si l'on œuvre dans « le secret et profond laboratoire où l'échange perpétuel se fait de la pensée à la vie et de la vie à la pensée »[2]. Il ne se fait pas gloire d'être original, mais seulement d'être véridique. Il n'aspire pas à dire quelque chose de neuf mais quelque chose d'authentique. Pourtant, il s'attribue cette découverte (*ibid.*, p 314).

Comment nous représenter ce laboratoire ? Initialement, il se situe en Bourgogne, à Saint-Seine-sur-Vingeanne, où fut achevée *L'Action*. Autour de la maison s'étend un paysage complet, superbe. Dans les *Carnets intimes*, on en trouve de nombreuses mentions. Que nous soyons en Bourgogne est essentiel : en effet, on y acquiert l'expérience de l'infaillibilité gustative, qui donne à la perception sa valeur de vérité. Il n'est pas question, dans ces conditions, de reléguer le goût et, par extension, les autres sens, au statut diminué de qualités « secondes » rapatriables dans le cerveau : les sens nous livrent les choses elles-mêmes. Ils peuvent être mal dégrossis ; ils ne sont

attempt to render the highest kind of justice to the visible universe, by bringing to light the truth, manifold and one, underlying its every aspect. »

1. *The Autobiography of Bertrand Russell (1872-1914)*, London, George Allen & Unwin, 1967, p. 209 : « At our very first meeting, we talked with continually increasing intimacy. We seemed to sink through layer after layer of what was superficial, till gradually both reached the central fire. It was an experience unlike any other that I have known ».

2. Maurice Blondel, *Carnets intimes*, t. II, p. 314.

pas soupçonnés de tromperie : Blondel opère en naturaliste pour qui la perception instruit de l'essence des choses.

Il est possible d'observer des processus naturels : on est presque dans la situation que décrit Goethe à Eckermann, quand il lui confie qu'il est descendu dans le « laboratoire de Dieu », là où se font les opérations de la nature. N'oublions pas, en effet, que, quand Blondel écrit *L'Action*, entre 1882 et 1893, la chimie de synthèse a déjà fait de grands progrès : en 1860, dans *La synthèse chimique* et en 1864 dans ses *Leçons* au Collège de France sur le même sujet, Marcelin Berthelot montre que la chimie est non seulement capable de reproduire par art ce que la nature produit spontanément mais qu'elle peut aussi ajouter aux corps naturels d'autres substances, artificiellement fabriquées, qui s'insèrent au milieu des productions naturelles. C'est que, comme l'a dit Bacon, « on ne maîtrise la nature qu'en lui obéissant » : les procédés de l'art réussissent parce qu'ils retrouvent les voies de la nature. Le deuxième caractère du laboratoire de Blondel, c'est qu'on y réalise des opérations qui restituent l'ordre des choses.

La pensée, en effet, n'est pas un mode passif d'observation ou de contemplation, elle s'exprime dans l'agir humain. Qu'est-ce que l'action a de si singulier ? Pourquoi les découvertes qu'elle nous fait faire sont-elles universelles ? Tout d'abord, l'agent découvre qu'en agissant « il se confie à l'univers » : de proche en proche, l'ensemble du réel contribue au succès ou à l'échec de la plus petite action. L'individu ne peut donc pas être décrit comme un atome ni même comme une monade. C'est l'univers tout entier que l'action nous fait penser à nouveaux frais.

En second lieu, l'action, comme l'exprime l'idée de l'Incarnation, réfute le dualisme : entre la conception d'un projet et son exécution, il y a un abîme : l'action ouvre un espace neuf, une prise entièrement inédite sur la réalité. Là encore, l'agent ne fait que retrouver l'idée chrétienne de l'individu, qui n'est pas dissociable en deux substances séparées, l'âme et le corps : il y a entre ces deux composants d'un être une connexion si étroite que la vie du monde à venir est inconcevable sans la « résurrection », puisqu'on ne peut pas penser – comme dans la tradition platonicienne – que l'âme ait sa vie propre à l'écart du corps. Blondel se livre à une double analyse : a) d'un côté, il se reporte à l'enseignement chrétien comme à un *thesaurus* dans lequel on peut puiser ; b) de l'autre, il s'astreint, dans son investigation sur l'action, à ne s'appuyer que sur l'expérience.

De l'inséparabilité des composants qui constituent les êtres et des liens qui les attachent, il résulte que, si particulier que soit son point de départ, la réflexion implique un double cheminement : a) elle doit aller du particulier au singulier ; b) et, à partir du singulier, embrasser l'universel. Passer du particulier au singulier est une opération difficile : il s'agit de discerner, dans les expériences qui s'offrent de façon fortuite, l'étoffe originale – eidétique et sensitive – dans laquelle elles sont taillées. Les poètes de la nature le tentent : ils font en sorte que les qualités perçues que l'on nomme à tort « secondes » reprennent leur rang de qualités « premières », c'est-à-dire de déterminations objectives du réel. Restituer à la perception sa vérité repose, comme l'a noté Husserl, sur une double démarche : l'une qui rend leur gloire aux êtres vus et sentis ; l'autre qui agit sur la machinerie de l'esprit, de façon à assurer le succès de l'entreprise. Cette opération simultanément conduite sur les choses et dans l'esprit produit trois effets : elle approfondit l'incarnation de l'agent (c'est-à-dire sa singularité) ; elle intensifie ses interactions avec d'autres êtres (c'est-à-dire son interconnexité) ; elle met en évidence les deux caractères liés et opposés du réel : il est un et il est fait d'êtres multiples en devenir (c'est le thème de *L'Être et les êtres*).

Comme Blondel, à la différence de Cournot, estime que les sciences ne restituent pas les processus naturels, il lui reste deux options : passer du phénoménisme au scepticisme, ce qu'il écarte ; ou concevoir que le réalisme est fondé, mais que l'on rejoint le réel par une voie qui n'est pas celle de la science. C'est cette seconde option qu'il choisit : la philosophie fraye un chemin qui va aux choses mêmes (que Blondel appelle les « êtres ») ; elle fait apparaître les liens qui attachent les êtres à l'Être. À plus d'un siècle de distance, nous avons du mal à comprendre que des penseurs comme Bergson, Boutroux, Lachelier, Lévy-Bruhl, Husserl, William James et d'autres encore aient pu – sans trop se soucier des avertissements de Kant – créditer la philosophie du pouvoir d'aller au fond des choses. Ce n'est, chez Bergson ou chez Blondel, ni une résurgence romantique ni non plus un dédain des sciences. Ils ont dans la raison une foi si entière qu'ils n'en limitent pas le périmètre aux sciences positives : ils ont la conviction que l'esprit n'a pas pour seules armes celles de l'expérience et de la logique formelle. Ou, plutôt, ils pensent, comme Platon dans *Le Sophiste*, que la philosophie a pour tâche de restituer – au moins partiellement – les liens intelligibles qui font tenir ensemble, en leur conférant de l'unité, les parties de l'univers. La science, bien sûr, est l'une des voies qui mène vers ce but ; mais, quand elle s'arrête, elle peut être relayée, nous l'avons vu, par ce qui, dans le livre XII des *Lois* (961 d), est décrit comme « la connaissance parfaite », à savoir le mélange, intime au point qu'ils ne font plus qu'un, de l'intellect et de la perception.

À l'époque moderne, les sciences de la nature ont réussi au prix de l'élagage dans la perception des qualités dites « secondes », dont pourtant la prise en compte est nécessaire pour la conduite de la vie. Une telle façon de faire est admissible si l'oubli de certains caractères du réel facilite la prise technique sur la nature et reste provisoire. En revanche, elle ne peut satisfaire le philosophe qui n'a pas pour vocation de réfléchir sur un réel mutilé, mais, au contraire, d'approcher autant que faire se peut l'essence des choses. Ce n'est donc pas par condescendance à l'égard des sciences que Bergson et Blondel attribuent à la philosophie un statut qui la distingue radicalement du savoir scientifique. Pour Bergson comme pour Blondel, le but est de restituer le devenir de l'univers : le premier mise sur l'intuition, capacité de l'esprit distincte de l'intelligence ; le second, sur ce qu'il appelle la « logique intégrale », seule capable de restituer le réseau des interactions du « *complexus* » que constitue l'univers.

D'où vient cette foi dans une philosophie qui serait dotée d'instruments d'exploration spécifiques, distincts de ceux des sciences ? Je crois, pour ma part, que cette croyance s'explique en premier lieu par l'institution sur laquelle repose depuis le dernier tiers du XVIIIe siècle l'enseignement de la philosophie en France, à savoir l'agrégation. Ce concours, destiné à recruter les professeurs de philosophie après l'éviction des jésuites par Louis XV en 1762, trouve son architecture dans une particularité de la Compagnie de Jésus : le même professeur enseignait la métaphysique et les mathématiques. On a gardé au début les mêmes dispositions, si bien que le coefficient de l'épreuve de mathématique ou de physique mathématique de l'écrit était le même que celui de l'épreuve de philosophie générale. Au cours du temps, les règles se sont assouplies, mais, pendant deux siècles, il est allé de soi qu'on ne pouvait pas faire de la philosophie sans faire des sciences ; les derniers vestiges de ces obligations ont disparu en 1964[1]. Quand, en 1901, la Société française de Philosophie est créée, elle compte parmi ses premiers membres de grands mathématiciens et, jusqu'en 1940, nous l'avons vu, elle consacre aux sciences un tiers de ses séances.

Émile Boutroux, qui fut le professeur de Blondel à l'École normale et son directeur de thèse, a consacré un livre fameux à la *Contingence des lois de la nature* (1874) ; de même, Jules Lachelier (1832-1918), avec qui Blondel se lia d'amitié, a publié *Du fondement de l'induction* (1871) et *Psychologie et métaphysique* (1885). Ces titres indiquent quelques constantes de la pratique philosophique à l'époque où Maurice Blondel fait ses études : la référence aux sciences de la nature est présente chez tous les grands universitaires de l'époque ; aucun ne disjoint les plus hautes activités de l'esprit (métaphysique et science) de leur soubassement

1. Bergson, en 1875, a fait une année de mathématiques élémentaires après son année de philosophie (c'est aussi le cas de Maurice Blondel) et, à la même époque, Albert Thibaudet, par exemple, n'étant pas titulaire du baccalauréat de mathématiques, n'a pas pu se présenter à l'oral de l'agrégation de philosophie.

mental. Ces exigences s'imposent au jeune Blondel comme des contraintes légitimes dans son programme de recherche de la vérité. Il en tire qu'il y a une différence profonde entre penser et agir. Dans ses *Carnets intimes*, il note, le 27 mai 1889 : « Il est vrai que nos représentations ne sont d'abord qu'une mince perspective ouverte sur la variété des choses; mais si nous percevons dans le phénomène et le relatif, nous agissons dans le réel et l'absolu. Et [...] en connaissant ce que nous faisons, en acquérant par notre expérience personnelle des vues nouvelles sur le monde, en multipliant ces perceptions acquises, par l'usage constant de notre activité, nous atteignons bien quelque chose de réel et de substantiel. Le sentiment universel ne s'y trompe pas. La métaphysique est dans l'action » (I, p. 216).

L'ACTION COMME INTERACTION

L'action, pour Blondel, est toujours interaction : dans *L'Action* (1893) et, plus encore, dans la trilogie, il insiste sur la dimension interpersonnelle de la plus petite action. La marche vers l'ontologie implique donc que l'on démêle, si possible en recourant aux sciences, le lien humain et le lien cosmique. C'est ce qu'ont essayé de faire, depuis le milieu du XVIIe siècle, les mathématiciens sensibles aux maximes de l'action que furent Pascal, Fermat, Montmort, Condorcet, Borda, Laplace, Poisson, Cournot, Bertrand, Walras, etc. Blondel ignore cette riche lignée. Pourtant, il veut mettre au jour ce qu'il nomme une « logique intégrale », faisant non seulement le compte des relations entre les êtres mais clarifiant les liens de ceux-ci avec l'Être.

Dans *L'Être et les êtres*, il critique « toute tentation de confondre [...] l'étude des phénomènes de la nature ou des ingéniosités techniques avec l'authentique connaissance et réalité des êtres » (*E*, 511). Reste à comprendre de quelles armes dispose l'ontologie dont la phénoménologie serait dépourvue. Le ressort de l'ontologie, à ses yeux, c'est la reconnaissance de l'insuffisance qu'éprouvent les « êtres en ébauche », c'est-à-dire les hommes. Nous avons conscience de « l'incommensurabilité des êtres et de l'Être en soi » (*E*, 299); et nous sentons, quand nous y prêtons attention, « la présence en nous de ce *desiderium naturale et inefficax ad infinitum* » (*E*, 298-299). Il y a donc une dynamique de l'ontologie : « Sans doute c'est à ce *sursum* perpétuel que sont dus l'inquiétude de l'homme, la naissance de la science et de l'art, l'effort moral... » (*E*, 302). En d'autres termes, la science et l'art ne sont pas disjoints de l'ontologie, ils en sont des étapes : on ne trouve donc pas chez Blondel l'idée absurde que la philosophie, dans son projet d'édifier une ontologie concrète, d'aller vers l'élucidation de la

« logique des êtres », peut se passer des sciences. Mais, à la différence de Cournot, de Bergson, de Brunschvicg et de Whitehead, il n'attend pas un gain direct du commerce de la philosophie avec la science. L'attention aux sciences est selon lui l'occasion d'un rebond vers autre chose.

L'enquête ontologique ne se limite pas à une circumnavigation active dans le monde des êtres visibles. Elle a pour fin de découvrir comment la multiplicité variée des êtres est reliée à l'Être en soi, c'est-à-dire à Dieu. « C'est donc la liaison de ces esprits avec l'Être en soi qu'il importe de reconnaître, si l'on veut assurer toute la solidité intelligible, réelle et bonne de l'univers entier » (*E*, 302). En fin de compte, ce qu'il faut appréhender, c'est la *créativité* dans l'univers, autrement dit, pour Blondel, disciple de saint Augustin, l'agir de Dieu dans la création. « [...] l'œuvre créatrice, étant de gratuite générosité, ne saurait être comprise que comme une manifestation d'amour en même temps que d'omnipotence et de sagesse ; et des êtres créés ne sauraient être intelligibles et constituer un bien que si, à des degrés divers, ils reproduisent quelques traits du créateur » (*E*, 334).

L'ontologie a pour tâche de faire tenir ensemble deux points de vue : celui des êtres créés, sur leurs relations et sur ce qui les lie à Dieu ; celui de Dieu, à travers ce que nous entrevoyons de ses intentions à l'égard de l'univers vivant. « L'ontologie [...] nous fait entrevoir une éternelle génération dans l'Être au sein même de son immuable perfection et une genèse dans l'univers où le mouvement même, sous toutes les formes du devenir, a une signification préparatoire à l'avènement des esprits » (*E*, 340). Ainsi entendue, l'ontologie n'a pas un caractère abstrait et statique : si elle était conduite jusqu'à son état parfait, elle restituerait le devenir de l'univers et de tous les êtres qui l'habitent, y compris celui des êtres libres ; elle remplirait aussi une autre tâche, plus énigmatique, à savoir de se placer du point de vue de Dieu pour entrevoir en lui la genèse et l'avènement des esprits. Bien entendu, tout cela ne peut être qu'esquissé : « [...] sans révéler le mot de l'énigme, et sans procurer encore toutes les ressources de notre périple en ce monde et pour le grand voyage qui nous réclame, elle [s.e. l'ontologie] nous fournit du moins la clef des portes d'entrée et la lueur suffisante qui s'attache à nos pas pour qu'ils ne s'égarent pas dans la nuit : *lucerna pedibus nostris* » (*E*, 346), comme il aime à le répéter.

Ce que Blondel appelle *ontologie*, c'est ce que Whitehead appelle *Essay in Cosmology*, c'est-à-dire une tentative pour élucider les rapports de Dieu et du Monde (ce qui est le titre de la 4e partie de *Process and Reality*). Blondel rappelle à son lecteur la règle qu'il s'est fixée : « [...] peut-être acceptera-t-on, à quelque opinion qu'on appartienne, d'entendre un témoignage philosophique proposant, avec la même liberté que s'il s'agissait de doctrines hindoues ou péruviennes, les titres rationnels qui, indépendamment de tout recours à l'autorité d'une révélation, composent une doctrine organisée » (*E.*, p. 460-461).

LA SECONDE *ACTION*

Pourquoi Blondel a-t-il refusé de republier *L'Action* (1893) et pourquoi écrit-il une seconde *Action*[1], plus de quarante ans après la première ? Il juge, dit-il, que sa thèse est imparfaite et qu'il doit la reprendre à nouveaux frais. Mais on peut se demander si ce n'est pas aussi par prudence : craint-il, en pleine crise moderniste, que certaines propositions du livre soient jugées contraires au dogme ? De fait, une fraction de l'Église catholique ne lui a pas rendu la vie facile. Il a été tenu en suspicion même si, tient-il à le dire, trois Papes successifs, Léon XIII, Pie X et Pie XI ont manifesté leur confiance non seulement dans sa personne mais dans son enseignement.

Et pourquoi, alors que Jules Lachelier, nous l'avons vu, lui avait conseillé de récrire « en cent pages » la thèse de 1893, la seconde *Action* fait-elle plus de mille pages et l'ensemble formé par la trilogie (1934-1937) et *La Philosophie et l'esprit chrétien* (1944-1946), compte-t-il trois mille pages ? À quoi tient cette lenteur dans l'exposition ? Elle tient pour une bonne part à la méthode du philosophe. En effet, comme le sous-titre du tome I de la seconde *Action* l'indique, il s'agit d'exposer « Le problème des causes secondes et le pur agir ». Cela ne peut pas se faire de façon concise. Mais surtout, alors que, en 1893, l'étude de l'action et celle du « *vinculum substantiale* » faisaient l'objet de deux travaux distincts, *L'Action* de 1936-1937 relie explicitement action et « lien substantiel » : « [notre] action contribue à former ce lien substantiel qui compose avec tous les hommes une vivante et féconde histoire métaphysique... » (*A II*, p. 291). Et, juste avant, Blondel parle du « *Vinculum* social » (*A II*, p. 286). Ou encore : « Agir, c'est évoquer d'autres forces, se livrer à des témoins, s'offrir ou s'imposer à la société d'autres esprits » (*A II*, p. 250). Le *vinculum* ne relie pas seulement les hommes entre eux : il assure leur consistance intérieure. Il se révèle par l'action : « L'action est le ciment dont nous sommes façonnés... » (*A II*, p. 212). En effet : « Il n'y a qu'un moyen de contenir, de

1. *L'Action*, t. I. *Le problème des causes secondes et le pur agir*, Paris, Alcan, 1936 (492 pages). En abrégé : *A I*. Et *L'Action*, t. II. *L'action humaine et les conditions de son aboutissement*, Alcan, 1937 (557 pages). En abrégé : *A II*.

régler et d'employer les énergies diffuses en nous et les impulsions même rebelles de la concupiscence, c'est de les capter dans le système d'une activité générale, et de les faire converger, par le travail, à l'intégrité de la vie individuelle » (*A II*, p. 213). Le philosophe martèle l'idée : « ... l'action est le lien substantiel, la forme réalisatrice, tout au moins la tendance effectivement indispensable à la précision progressive, à la sincérité profonde, à la valeur authentique de ce composé humain, en quête de son unité fonctionnelle et de son intégration complète » (*A II*, p. 184). Ainsi, la seconde *Action* fait apparaître, plus clairement que la première, l'unité ontologique de l'agir et du *vinculum*.

Toutefois, les fonctions de l'action dans la vie de l'homme, le devenir de l'univers et la formation de la raison ne sont pas pour autant clarifiées. Prenons un exemple : « Le rôle de l'action dans la constitution de la raison et dans l'idée de liberté est donc essentiel autant que peu remarqué » (*A II*, p. 156). Le problème que se pose Blondel est à la fois classique et opaque : comment affirmer simultanément la toute-puissance de Dieu et la liberté d'êtres finis ? La difficulté se redouble si l'on considère les hommes comme des productions de la nature : comment, dans ce cas, pourrions-nous être libres, alors que notre raison mettrait en évidence toutes les attaches qui nous lient à l'univers et toutes les déterminations internes, physico-chimiques, biologiques, psychiques et sociales qui nous régissent ? L'une des manières de résoudre la question est d'établir (voire d'affirmer sans preuves) que la raison et la nature sont séparées comme par un abîme. C'est la position que l'on attribue – trop légèrement – à Kant. Mais à peine a-t-on distingué l'esprit de la nature que l'on s'aperçoit qu'on l'a du même coup voué à l'impuissance, puisque l'action implique la conjonction de la liberté et de l'esprit, d'une part, des lois naturelles et de l'univers sensible, de l'autre.

Blondel réitère, tout au long de son œuvre, deux refus : a) celui d'identifier l'action à l'idée de l'action ; b) celui de disjoindre l'ordre de la nature et l'activité de la raison. Pourtant, la philosophie de la nature qu'élabore Blondel ne l'incline pas au « naturalisme », entendu comme un essai pour tout expliquer par une entité unique baptisée « nature ». Sa conviction, qu'il s'efforce de transformer en preuve, est que l'ordre de la nature est nécessaire aux activités de l'esprit, mais qu'il ne suffit pas pour en rendre compte. Selon lui, les processus de la nature et l'action humaine révèlent que, loin d'être entièrement immergés dans la nature comme dans la « caverne », nous habitons un « petit cachot » (c'est ainsi que Pascal appelle l'univers) qui présente une ouverture. C'est par cette ouverture que nous pressentons l'existence d'une dimension du réel qui transcende les ordres de la nature (physico-chimique, biologique et humain).

Où puise-t-il la certitude que l'univers visible ne forme pas la totalité de l'être ? En premier lieu dans la phénoménologie, c'est-à-dire, notamment, dans la science de la nature, qui a pour fonction, répète-t-il, de « sauver tous les phénomènes et leurs relations », selon le programme de Duhem. Si Blondel avait pris en compte les « mathématiques sociales » qu'ont élaborées Pascal, Fermat, Montmort, Condorcet, Borda, Laplace, Poisson, Cournot, Bertrand, Walras, Pareto, sans parler de la constitution plus récente de la théorie des jeux par Von Neumann, Morgenstern *et alii*, il aurait abouti au même résultat : car la théorie des jeux – pour ne prendre qu'elle – distingue nettement, depuis Montmort (1714) et Cournot (1838), l'homme agissant et le monde au sein duquel il inscrit son action ou, plus exactement, son interaction avec d'autres êtres intelligents et avec la nature.

Pour mieux faire comprendre pourquoi l'action ne nous instruit pas seulement sur le monde des êtres, mais nous fait saisir que ce dernier est incomplet et a besoin, pour subsister et évoluer, d'une clef de voûte incommensurable avec lui, Blondel fait appel, une fois encore, à la science en insistant sur la différence entre la science antique et la science moderne : la première enseignait « à comprendre et à consentir » ; elle était, nous l'avons vu, « spéculative et résignée » ; la seconde a sur l'humanité un effet « émancipateur et dominateur »[1] car elle s'attache à transformer le monde. Bien des épistémologues souscriraient sans difficulté à ce constat, mais l'essentiel est ailleurs : Duhem et Blondel attribuent au christianisme ce changement de statut et d'objectifs de la science : en effet, l'humanité n'est plus, comme dans la pensée antique, « engrenée » dans la nature ; celle-ci devient un champ d'action confié par Dieu, en principe « au profit de nos aspirations supérieures », mais cette destination première de la science peut être subvertie et déviée par l'homme. Blondel se demande : « Comment cette perspective, intrinsèquement vraie et féconde, a-t-elle été déviée au point de se retourner contre son inspiration première ? »[2] (*ibid.*). Ainsi, d'une façon spontanée et pratique, la science, par elle-même, constitue à ses yeux la preuve que nous ne sommes pas entièrement pris dans les processus naturels : nous pouvons, au contraire, nous servir des relations qu'elle établit entre les choses pour inscrire nos actions dans la nature.

1. Maurice Blondel, *Lutte pour la civilisation et philosophie de la paix*, p. 163-164.
2. Blondel renvoie, sur ce point, à *La Pensée*, t. II, p. 140 *sq.*

Et surtout, la science moderne, ayant pour visée non la contemplation du monde mais sa transformation, nous place au cœur de l'action. Or la leçon de l'action est double : elle exige que nous nous jetions en elle tout entiers ; elle n'est possible que si les déterminations de la nature n'étouffent pas notre capacité de mener à bien nos projets. Ainsi, l'action prouve plus clairement que la science que l'ordre humain transcende celui de la nature. Certes, comme l'exemple du national-socialisme le montre, la capacité humaine de devenir « comme maître et possesseur de la nature » peut être subvertie et nous replonger dans l'ordre de la force : ce n'est pas une fatalité mais un choix contre l'esprit, ajouterait Blondel.

LES SOURCES DE L'AGIR

Que la science et l'action fassent ressortir que notre espèce ne se réduit pas à une production de la nature n'implique pas que la source de l'agir humain soit en partie transcendante à l'homme : une part de nous-mêmes pourrait être irréductible à l'ordre physico-chimique et à l'ordre vivant, tout en constituant un ordre autonome et complet. Cette solution, qui est celle du rationalisme des Lumières, Blondel la refuse. Il pense pouvoir prouver que « L'agir humain ne prend pas exclusivement sa source en l'homme » (*A. I*, p. 82). C'est là le cœur de son rationalisme : il ne se contente pas de dire, en effet : Je crois qu'il existe un ordre de la réalité qui transcende l'ordre humain. Il affirme : La raison humaine peut démontrer l'existence de cet ordre transcendant.

Chaque ouvrage de la trilogie apporte ses arguments propres en faveur de cette thèse. La troisième pièce de cet ensemble prend appui, moins sur la *Pensée* et sur l'*Être* que sur L'*Action* : « Il serait faux de dire que l'action humaine se transcende elle-même, si, par ces mots, on attribuait à l'homme de tirer de soi le moyen de se surpasser pour ne devenir qu'un « surhomme ». Les idées qui nous aimantent en haut ne sont pas toutes de nous : elles mettent en nous une force qui est celle d'une présence réellement transcendante ; et l'immanence vitale de ces principes de valeur ontologique suscite le mouvement qui, parti de haut en bas, rend possible et même obligatoire notre ascension » (*A. I*, p. 82-83). Il s'agit de demander à nos idées de décliner leur identité, de déclarer leur provenance. On voit ce qui est visé : la notion nietzschéenne du « surhomme », peut-être, mais, bien plus encore, la conception des « races supérieures » du national-socialisme ou la construction de l'« homme nouveau » du communisme. Bref, ce que critique ici Blondel, c'est le totalitarisme qui, selon lui, a pour signification fondamentale de réduire le réel à la nature et la nature à la force.

D'où, aux yeux de Blondel, l'importance métaphysique, mais aussi politique, des preuves rationnelles qui montreraient que l'agir humain ne trouve pas entièrement en lui-même son principe et ses fins. Les preuves sont délicates à trouver car la méthode génétique de Blondel autant que sa foi dans l'Incarnation (donc, par analogie avec le Christ, dans la non-séparation ultime de l'âme et du corps) le conduisent à prendre en compte toutes les déterminations naturelles (physiques, organiques, psychiques, sociales) de l'agir humain. Il s'agit d'établir, comme le fait Whitehead, que, « quand tout ce qui est déterminable a été déterminé, un élément de liberté subsiste ». Il n'est donc pas question, comme dans une doctrine dualiste, de poser que le corps et l'esprit sont deux substances distinctes, mais, au terme d'un examen intégral des circonstances et des pressions qui régissent l'action humaine, de discerner en cette dernière un élément irréductible aux processus naturels. Blondel affirme : « Notre agir, même s'il se rapporte à l'ordre immanent des choses, n'est *lui-même*, c'est-à-dire conscient et actif, que si, procédant de stimulations infuses au plus profond de notre nature, traversant des alternatives de succès et de déceptions dans l'ordre empirique ou même intellectuel et moral, il s'élève vers une réalité métaphysique à laquelle seule il semble pouvoir puiser l'idée et la force d'être vraiment agissant » (*A. I*, p. 88-89). La formulation dubitative qu'utilise Blondel pour énoncer sa conclusion (« [notre agir] semble pouvoir… ») indique bien la difficulté que lui-même éprouve à montrer que sa conclusion est fondée.

De fait, la suite du 1er tome de *L'Action*, qui a pour sous-titre, rappelons-le, « Le problème des causes secondes et le pur agir », est consacrée à résoudre des apories et à établir deux propositions : a) le pur Agir, c'est Dieu ; b) la toute-puissance de Dieu ne contredit ni la liberté ni l'individuation des êtres finis que nous sommes.

Blondel ne croit pas que ces deux propositions soient simples à établir. Supposons que la révélation chrétienne soit appelée à la rescousse, la tâche n'en serait pas facilitée : en effet, le christianisme est une religion de l'Incarnation, dans laquelle Dieu se fait homme[1]. Dès lors, toutes les conditions sont réunies pour qu'on méconnaisse sa « présence » (le terme

1. Cela horrifiait les grands intellectuels de l'École de Platon : on a à ce sujet les réflexions de Porphyre, qui se scandalise que Dieu puisse naître d'une femme, que celle-ci ait à le langer, à le nourrir, etc. Ce mystère de l'Incarnation, de toute façon, est une source de difficultés et d'âpres controverses dans les premiers siècles du christianisme. Quant à l'islam, il le rejette.

est souvent employé par Blondel), qu'elle échappe ou soit niée[1]. Jusqu'à la fin de son œuvre, dans *La philosophie et l'esprit chrétien* (1944 et 1946), il revient sur la difficile jonction entre la philosophie et le christianisme.

Autant, pour Blondel, cette aventure métaphysique est malaisée à vivre et à clarifier, autant il ne fait pas de doute pour lui que la clôture de l'humanité sur elle-même et sa réduction à l'ordre de la nature et de la force entraînent nécessairement des effets néfastes. C'est, nous l'avons vu, le thème de *Lutte pour la civilisation et philosophie de la paix*. Dans son effort de toute une vie pour établir la réalité de ce qu'il nomme la « transcendance », Blondel n'a pas seulement en vue la cause de Dieu mais la cause des hommes : il pense que le national-socialisme et le communisme sont des doctrines; et que leurs effets pratiques, dans l'histoire, découlent de leurs postulats métaphysiques : d'où l'urgence pratique de savoir si l'humanité a) est entièrement insérée dans l'ordre de la nature et de la force; b) supérieure à la nature mais close sur elle-même; c) ouverte à autre chose qu'elle et qui la dépasse.

La singularité de Blondel, c'est qu'il n'y a pas pour lui trois options mais deux : la négation d'une réalité supérieure à la raison (symbolisant ce que l'humanité produit de plus haut) équivaut à un « suicide idéal ». Il ne croit pas que la solution des *Lumières*, celle d'une humanité qui n'a rien au-dessus d'elle, soit viable et mène à un équilibre. Certes, les hommes sont tentés par « toutes les thèses monistes, panthéistiques, immanentistes » (*A. I*, p. 111). Elles comportent pourtant un vice, qui est de proposer un substitut de l'infini : « L'indéfini n'était encore qu'une image composite et réelle du fini et de l'infini fallacieusement rapprochés » (*ibid.*). Or ce que la réflexion sur l'action met au jour, c'est la présence d'un véritable infini. Mais la méthode génétique impose des obligations et des contraintes. Il faut répondre à la question : « La notion et la réalité d'un agir absolu peuvent-elles provenir d'une influence occulte de l'univers dont l'empire serait dit absolument inconditionné sous prétexte qu'il synthétise toutes les conditions intégrées dans la réalité totale ? » (*A. I*, p. 151). Ce qui est visé ici, c'est la conception selon laquelle l'univers enveloppant tout le réel, fournissant tous les processus que met en jeu l'action et produisant les agents eux-mêmes, la vraie explication de l'agir est à trouver dans une philosophie immanentiste de la nature. Ce qu'on attend du « laboratoire de l'action », c'est de fournir des expériences qui, tout en confirmant l'insertion entière

1. C'est le thème de la « Légende du Grand Inquisiteur » dans *Les Frères Karamazov* de Dostoïevski. Le Grand Inquisiteur, lui, reconnaît le Christ, mais il essaie de le convaincre de disparaître, de ne pas empêcher le catholicisme établi de régir les hommes.

des êtres dans la nature, atteste que, dans leurs actions, ils surpassent de quelque façon l'ordre de la nature. D'un autre côté, il faut aussi établir que la toute-puissance de Dieu ne dissout pas l'agir humain.

LE DÉFI PHILOSOPHIQUE

La philosophie se bat sur deux fronts : a) elle doit prouver que l'esprit n'est pas uniquement une production de la nature ; b) elle doit d'autre part prouver que l'action divine (le pur Agir) n'annihile pas l'agent humain. « C'est dire par-là même qu'en effet notre agir ni ne peut s'annihiler, ni ne peut se suffire dans la dépendance où il est d'un pur Agir, avec lequel il ne peut se confondre quoiqu'il trouve en lui son principe et sa fin » (*A. I*, p. 154). Blondel se demande : « Comment un agir véritable est-il compatible avec l'affirmation et la réalité certaine de l'Agir absolu et omnipotent ? » (*A. I*, p. 155). Le philosophe est en face de deux réalités : a) un Dieu qui est tout entier Agir ; b) des êtres qui sont précaires et en devenir. Comment ces deux réalités sont-elles compossibles ? Chacune ne vit-elle pas de la négation de l'autre ? Ce n'est pas le cas pour une raison anthropologique : « Les êtres sont en devenir, les esprits ne sont esprits que par leur aspiration virtuellement infinie. Ce dynamisme universel se traduit en notre conscience par la notion partout sous-jacente de l'action. C'est pourquoi la philosophie n'est pas complète si l'analyse rationnelle ne porte pas sur cette fondamentale idée de l'agir… » (*A. I*, p. 156-157). C'est du sein de l'action, en effet, « c'est de la vivante réalité » que jaillit selon Blondel la certitude d'un ordre qui n'est pas celui de la nature ni non plus celui de l'homme, mais l'ordre de la religion et de la grâce. C'est aussi l'action qui montre que ces ordres coexistent sans se détruire ou se réduire : « L'incommensurabilité absolument nécessaire du Créateur et de toutes créatures prévient toute confusion entre l'une et l'autre ; et c'est cela même qui assure aux êtres contingents l'imprescriptible propriété de la nature qu'ils ont reçue » (*A. I*, p. 199). Blondel parle de la « libération de l'agir contingent » (*ibid.*), car la liberté n'est pas un état dans lequel nous entrons de plain-pied. D'où le titre qu'il donne à la 3e partie de *L'Action I* : « Accession des causes secondes à la Cause première ». Il s'agit, en effet, de conforter la réalité de l'action causale des êtres finis en devenir et de montrer quelle forme d'association peut se créer entre l'humanité et le divin.

Ce qui complique notre lecture de Blondel, c'est que nous avons tendance à nous dire : il est croyant, et, même s'il est de bonne foi, il importe dans sa métaphysique des notions ou des attitudes qui lui viennent de son christianisme. Or, sur ce point, sa position est la suivante : il lui paraît évident que la philosophie occidentale a importé au cours de son histoire de nombreux éléments de la pensée antique et de la tradition chrétienne. Ces emprunts à Platon, aux Stoïciens, aux Écritures, à saint Paul, aux Pères de l'Église, à saint Augustin, à saint Thomas, etc., lui paraissent légitimes, pour autant qu'ils ne sont pas reçus comme des « croyances », mais comme des sujets à méditer et à soumettre au jugement de la raison. Au lieu de sortir athée ou agnostique de cet examen, il déclare qu'il en sort avec une foi affermie.

Cette conclusion lui a attiré des difficultés de la part des philosophes et des théologiens de son temps. Les uns et les autres trouvant qu'il accordait trop à la raison puisque, au lieu de s'en tenir à la distinction classique entre foi et savoir, il pensait pouvoir établir que, même si le domaine de la révélation dépasse la compétence du philosophe, l'idée du Dieu d'amour – le Dieu de l'Évangile de Jean – s'impose à la méditation du philosophe. Dans le cas où Dieu est amour, le monothéisme brut ne convient plus et, par une voie que Blondel estime rationnelle, il est conduit au seuil du mystère de la Trinité.

Comme les *Carnets intimes* le révèlent très tôt et comme *La philosophie et l'esprit chrétien* l'attestera plus tard, l'action, pour Blondel, n'instruit pas seulement sur le monde et sur l'agent. Elle est chargée d'un sens qui ne se révèle complètement qu'à travers la foi. Or, en tant que philosophe, Blondel se pose le problème suivant : comment être à la fois un universitaire laïc, ne faisant usage que des instruments de la raison, et un croyant, un catholique sincère ? Alors que personne ne reproche à Husserl de s'être converti au protestantisme et d'avoir écrit que cela avait eu de l'influence sur son travail philosophique[1], dans la France d'alors il valait mieux n'être

1. En 1919, dans une lettre à Arnold Metzger, Husserl, évoquant son séjour à Vienne en 1882, écrit à propos de sa « volonté de travail presque exclusivement théorique » : « Mochten auch die entscheidenden Antriebe (die mich von der Mathematik in die Philosophie als Berufsstätte gedrängt hatten) in übermächtigen religiösen Erlebnissen und völligen Umwandelungen liegen. Denn die gewaltige Wirkung des NT auf den 23 jährigen lief doch in dem Triebe aus, mittels einer strengen philos. Wissenschaft den Weg zu Gott und zu einem wahrhaften Leben zu finden », c'est-à-dire, en substance : « Les élans décisifs (qui m'avaient forcé à substituer la philosophie aux mathématiques comme activité professionnelle) ont dû avoir leur source dans des expériences religieuses très intenses et dans une complète conversion. En effet, la puissante action du Nouveau Testament sur le jeune homme de vingt-trois ans débordait en un élan pour trouver le chemin vers Dieu et celui d'une vie véridique au moyen d'une connaissance philosophique rigoureuse », Lettre citée par Helmut Vetter, dans un article intitulé « Brentano und Husserl », *Austriaca. Cahiers universitaires d'information sur l'Autriche*, Université de Rouen, n° 28, juin 1989, p. 49. Cf. B. Saint-Sernin, *La raison*

pas catalogué comme catholique déclaré. Pourtant, Blondel est d'une rigueur scrupuleuse : il ne veut à aucun prix insérer dans son argumentation philosophique des éléments qui seraient venus de sa foi.

Y est-il parvenu? C'est ce qu'il faut examiner. Blondel, comme les autres penseurs européens, croyants et incrédules, a baigné dans une culture façonnée par des siècles de christianisme : son anthropologie, son rationalisme, sa conception de l'inséparabilité ultime du corps et de l'âme, sa vision de l'interaction des êtres sont d'une facture chrétienne et même, plus précisément, augustinienne. Les idées de la « communion des saints » et du « corps mystique » l'habitent. Toutefois, au lieu d'accepter tacitement cet héritage, il se demande : ai-je fait passer en contrebande dans ma philosophie des idées venues d'ailleurs (en particulier, de la révélation chrétienne) ? Ses scrupules le desservent, car ils soulignent la proximité entre son programme de philosophe et sa foi de chrétien. En tant que philosophe, il soutient que, plus les liens qui attachent les êtres entre eux sont denses, plus leur singularité s'affirme. Or c'est là le cœur de la conception chrétienne de la liberté. Au lieu de penser seulement l'interconnexité des êtres libres, il se demande : pour quelle raison l'investigation philosophique et la révélation de la foi convergent-elles ? Il lui semble que cette question n'est pas réservée aux théologiens mais concerne la philosophie. Cette attitude a été mal comprise dans l'Université, alors que la religion apparaissait aux philosophes positivistes et aux sociologues les plus connus comme une construction sociale ou même comme une illusion collective (Marx). Et elle a été mal comprise dans l'Église catholique, parce qu'elle semblait confondre les domaines respectifs du théologien et du philosophe.

Ces difficultés ont disparu, mais d'autres les ont remplacées. Ainsi, les préoccupations de Blondel échappent à peu près complètement à ceux qui n'ont plus, comme à l'époque de Sartre, une culture chrétienne.

au XX*e siècle*, Paris, Seuil, 1995, p. 210 en note. *Die Philosophie als strenge Wissenschaft*, *La philosophie comme science rigoureuse*, est le titre d'un ouvrage de Husserl paru en 1913. Dans la *Krisis*, Husserl ne se réfère qu'aux origines grecques de la rationalité scientifique et philosophique.

CHAPITRE VII

LE LIEN SUBSTANTIEL ET LA SUBSTANCE COMPOSÉE D'APRÈS LEIBNIZ (1893)

PORTRAIT PHILOSOPHIQUE DE LEIBNIZ

La thèse latine de Blondel s'intitule *De Vinculo Substantiali et De Substantia Composita apud Leibnitium*. C'est, selon l'usage, un texte bref (72 pages), portant sur un problème précis. Celui que le jeune philosophe (trente-deux ans) choisit de traiter est considéré par la plupart des historiens de la philosophie comme marginal : Blondel va au contraire montrer que la question du « lien substantiel » est centrale chez Leibniz : « Il n'y a qu'une seule théorie qu'en fait il n'a livrée à aucun soupçon, l'appelant *sienne* (II, 507, 511) ; répétant même qu'elle est digne d'une plus profonde investigation (II, 335, 458) » (2 ; I, 541)[1]. La thèse comporte six chapitres, une introduction et une conclusion. L'auteur s'attache d'abord (chap. I) à démontrer que, dans la correspondance qu'il entretient avec le Père Des Bosses pendant dix ans (75 lettres de Leibniz et 97 du Père jésuite), entre le 25 janvier 1706 et le 29 mai 1716, Leibniz est sérieux. Pourquoi ce souci initial ? C'est que, note Blondel (8 ; I, 551), Leibniz lui-même reconnaît : « J'aime toujours mieux me tromper à l'avantage qu'au désavantage des personnes… » (III, 649 ; IV, 444 ; VI, 552). Blondel insiste sur ce point car son ami Victor Delbos est si frappé par l'ironie et la diplomatie coutumières

1. Dans le *De Vinculo Substantiali*, Blondel cite Leibniz dans l'édition de C. J. Gerhardt, *Die Philosophischen Schriften von G. W. Leibniz*, Berlin, I, 1875 – VII, 1890. Les références sont entre parenthèses. Nous citons la thèse de Blondel dans les *Œuvres complètes*, Paris, P.U.F., t. I, 1995 et indiquons d'abord la pagination de l'édition originale, puis celle des *Œuvres complètes*. Quand Blondel cite Leibniz, nous indiquons la référence à l'édition Gerhardt, puis la référence aux *Œuvres complètes*.

de Leibniz qu'il ne le fait pas figurer dans sa galerie des grands philosophes. De son côté, Blondel cite (10; I, 555 en note) les *Souvenirs* de Renan et le *Manuel de philosophie moderne* de Renouvier; il conclut que dans ses échanges épistolaircs avec Des Bosses Leibniz se montre sincère et révèle le fond de sa pensée.

Il existe, dit Leibniz, deux façons d'exposer une doctrine: «Le mode acroamatique de philosopher est celui dans lequel tout est démontré; le mode exotérique, celui dans lequel on fait certaines affirmations sans démonstrations; ces affirmations sont cependant étayées par certains rapprochements et par des arguments topiques [1] qui peuvent être démonstratifs mais sont toujours présentés de manière topique ; ces affirmations sont illustrées par des exemples et des analogies» (IV, 446). Blondel établit que Leibniz joue sur ces deux modes d'explication. Il conclut: «C'est pourquoi deux démarches sont nécessaires pour établir avec quelque certitude la valeur de chaque affirmation leibnizienne» (13; I, 561). Il conduit une «réfutation des causes du discrédit du *Vinculum*» (15; I, 565), et cite la définition qu'en donne Leibniz: «Le *Vinculum*, ou Substance composée, c'est-à-dire cette réalité qui fait le lien des monades (II, 458); la réalité qui réalise ou plutôt qui substantialise les phénomènes» (II, 495). Blondel veut montrer que la notion de *vinculum* n'a pas été introduite par Leibniz pour faire plaisir à Des Bosses ou pour éclairer philosophiquement le dogme catholique de la présence réelle du Christ dans l'Eucharistie: «car, avant qu'il ne soit question des *Vincula* et des substances composées, les deux correspondants avaient déjà émis leur avis et leur thèse concernant l'Eucharistie et ils s'étaient mis d'accord sur une explication satisfaisante sans recourir à un *Vinculum*» (17; I, 569). Blondel en déduit que la notion de *vinculum* concerne la question scientifique et métaphysique du statut des substances composées: «Dès lors nous avons le droit de chercher si la question des substances organiques et de la réalité des composés est amenée par le progrès naturel de la philosophie leibnizienne, et si elle apporte quelque chose à "la véritable et inévitable notion de substance" (*Erdm.*, p. 111)». Il précise son attitude: «Et cette recherche doit être entreprise en toute liberté, comme s'il n'était nullement question d'une discussion avec un Jésuite sur des mystères religieux...» (18; I, 571).

Dans le chapitre II, l'auteur s'interroge: «Par quelle voie les *vincula* ont-ils été introduits et quelle place la question des substances composées occupe-t-elle dans la philosophie leibnizienne?» (22; I, 579). Il trouve

1. «Topique», ici, me paraît signifier «particulier», de «*topikos*», local. D'où, par extension, particulier, fondé sur des exemples.

trois sources à la doctrine du *vinculum*: 1) la discussion sur la notion de substance et la nature des corps; 2) une discussion théologique à propos de la transsubstantiation; 3) à travers ce problème religieux, une recherche sur la substance des agrégats qui mène Leibniz « par un chemin caché à une conception plus profonde de la substance composée » (25; I, 585). La question de l'Eucharistie sert de laboratoire métaphysique: « Par des voies différentes, la notion de Multiprésence et l'hypothèse de la transsubstantiation aboutissent donc, suivant l'interprétation et le témoignage de Leibniz lui-même, à une seule et même conclusion: un troisième terme est surajouté et aux phénomènes et aux monades; en effet "la *Présence* est quelque chose de métaphysique comme l'*Union*" » (26; I, 587). Blondel poursuit: « Toute la question revient à savoir s'il faut poser un genre de substance indépendant des phénomènes physiques et des monades elles-mêmes: c'est ce que demande la foi de Leibniz plus encore que celle de Des Bosses » (*ibid.*).

LES DEGRÉS DE LA NOTION DE SUBSTANCE

Une interrogation accompagne toute la vie philosophique de Blondel: bien que la thèse latine n'en fasse pas mention, à la différence de la thèse sur l'action, il lui paraît évident que la question du « lien substantiel » concerne l'ordre physico-chimique et l'ordre biologique autant que l'ordre humain et l'ordre divin. En effet, l'existence des êtres naturels composés pose le double problème du lien qui agrège leurs éléments constitutifs et du processus qui individualise l'agrégat: la théorie de l'évolution, l'édification d'êtres complexes à partir d'êtres plus simples, soulève la même question; et, du point de vue métaphysique et théologique, une interrogation analogue surgit: comment des êtres innombrables et hétérogènes peuvent-ils interagir et s'unifier pour constituer l'univers qui est *un*? « Il ne s'agit pas seulement de la transsubstantiation mais également de l'Incarnation et d'autres mystères. La question théologique fut donc à la fois plus large que ne le pensent la plupart des interprètes, et plus utile, puisqu'elle fit percevoir finalement une difficulté à Leibniz là où il n'en avait vu aucune auparavant ». Il le cite: « "En philosophie, par opposition au domaine surnaturel, nous n'avons besoin d'autre réalité que des monades et de leurs modifications internes (cf. en sens contraire, II, 517). Mais je crains que nous ne puissions expliquer le mystère de l'Incarnation et d'autres mystères, sans ajouter des *Vincula* réels ou unions" (II, 46) » (27; I, 589, en note). Ces remarques sont en consonance avec la cinquième partie de *L'Action*: au-delà de la question de la présence réelle du Christ dans l'Eucharistie, Blondel, adhérant profondément à l'idée d'Incarnation, pense que, si Dieu est présent dans l'univers ou si, comme dit saint Paul « *in Deo vivimus, movemur et sumus* », alors l'idée de « transsubstantiation » ne concerne pas seulement le pain et le vin consacrés, mais l'univers dans son entier. Dans la thèse latine, il est plus retenu : « Dès lors, l'ordre constitué par les réalités apparaît clairement : au-delà des phénomènes, il y a les monades ; au-delà des monades, un troisième élément ; et ce troisième terme (qui intervient s'il faut admettre des corps réels, et si la foi les exige) peut s'appeler l'Union réelle du suppôt, ou la substance composée. Il faut aller ainsi de l'apparente composition des corps ("phénomènes") aux éléments simples, et des éléments simples à une composition dépassant les sens et vraiment substantielle ("noumènes") » (*ibid.*, 27). On trouve ici, exposé en peu de mots, l'un des thèmes majeurs de la philosophie de Blondel : comment passer de la phénoménologie à l'ontologie concrète ?

Pour traiter ce problème, Blondel met ses pas dans ceux de Leibniz et présente « Les cinq degrés de la notion de substance » en se référant à des textes qui constituent « un remarquable sommet de ses méditations, situé aux environs de l'année 1685 » (29 ; I, 593). Leibniz prend ses distances avec le mécanisme cartésien : après avoir montré l'importance des Principes Mécaniques, il poursuit : « "[...] je pense toutefois qu'il faut de plus en plus considérer ce point : les Principes Mécaniques eux-mêmes, tout comme les lois très générales de la nature, naissent de principes plus élevés et ne peuvent s'expliquer par la seule considération quantitative et géométrique, bien plus, un élément métaphysique y réside, élément qui est indépendant des notions empruntées à l'imagination et qu'il faut rapporter à une substance dégagée de l'étendue" (IV, 390) » (29 ; I, 593). La description des cinq degrés de la substance occupe la fin du chapitre II. On la retrouve, sans changements, dans l'ouvrage de 1930. Ce qui indique l'importance que revêtent pour Blondel les analyses des substances composées.

Leibniz distingue :

1. « La matière première ou nue, ou Puissance primitive et passive, [...] le principe de résistance, l'exigence d'étendue » (II, 309 ; I, 595).

2. « L'Entéléchie, la force primitive et infuse... [...] Mais la force active contient un certain acte ou entéléchie [...] ; c'est ainsi qu'elle se dirige par elle-même à l'opération... » (IV, 469 ; I, 595).

3. « La Monade, constituée par ces deux premiers éléments, est l'atome de substance et le point métaphysique » ; et « cette substance même des choses consiste dans la puissance d'agir et de pâtir (IV, 508) dans laquelle il y a comme une perception et un appétit » (IV, 512 ; I, 595).

4. « La Masse (cf. IV, 512; I, 595-597) ou matière seconde et vêtue, ou Machine organique à laquelle concourent d'innombrables monades subordonnées » (II, 118-119).

5. « L'Animal ou substance corporelle, qui est une en vertu de la Monade dominante de la Machine » (II, 252; I, 597), « dépend de l'harmonie et de la subordination idéale des monades » (30-31; I, 595-597). Blondel cite à nouveau Leibniz : « toute chose, à des degrés divers cependant, est animée » (II, 118; V, 544). Ou encore : « Car la matière s'écoule à l'instar d'un fleuve, tandis que l'Entéléchie demeure, tant que la Machine subsiste » (II, 305, 306, 482; I, 597). Il s'agit de comprendre en quoi consiste l'identité de l'individu, alors que les éléments qui le constituent sont renouvelés en permanence.

Blondel présente la doctrine des substances composées comme un point à partir duquel on peut saisir les deux faces, idéaliste et réaliste, de la pensée de Leibniz : « Leibniz professe bien un idéalisme, mais il se comporte également en réaliste, lorsqu'il traite de la nature physique des choses; pareillement, rien ne l'empêchera, après s'être comporté en idéaliste, d'aborder un certain réalisme supérieur » (33; I, 601). C'est ce « réalisme supérieur » que l'ouvrage de 1930 analyse. Ce qui est essentiel, dans la doctrine du *vinculum*, c'est qu'elle initie une forme nouvelle de jonction et même de fusion entre substance et relation : « Si seules les monades étaient substantielles, dit Leibniz, une des deux conclusions s'imposerait : ou bien les corps ne sont que des phénomènes, ou bien le continu naît de points, ce qui est absurde. La continuité réelle ne peut venir que du *Vinculum substantiale* » (II, 517; I, 603). De plus, « par quel principe peut-on comprendre la réalité des relations, s'il n'y a aucun sujet des éléments communs, à savoir des prédicats de liaison et ses modifications » (II, 517; I, 603). En d'autres termes, si les relations n'étaient que formelles, et dépourvues de réalité ontologique, elles ne seraient pas inhérentes aux réalités naturelles. Ainsi se clôt le deuxième chapitre de la thèse (34; I, 603).

Dans le chapitre III, Blondel se demande : « Pourquoi semble-t-il nécessaire d'introduire des substances composées? » (35; I, 605). Il répond : pour garantir la solidité de l'univers. De cette solidité, nous pouvons nous former l'idée en concevant comment Dieu, selon Leibniz, voit le monde : « Il ne contemple pas seulement les monades une à une et les modifications de chacune d'elles, mais aussi leurs relations; et c'est en cela que consiste la réalité des relations et des vérités » (36; I, 607). La nature ne tient pas son unité de ses propriétés intrinsèques : « le *Vinculum* peut naître et s'éteindre, à moins que Dieu ne le conserve miraculeusement » (42; I, 619).

D'où une recherche nouvelle, dans le chapitre IV, pour discerner « quel est le principe constitutif des substances composées et en quoi consiste le *Vinculum* » (44; I, 623). En effet, il faut, pour Blondel, que la garantie divine dont dépend la solidité du *Vinculum* satisfasse au principe d'Incarnation, c'est-à-dire que la garantie surnaturelle s'exprime aussi par une solidité naturelle. Comme dit Leibniz : « Ce principe réalisateur des phénomènes doit faire en sorte que la substance composée contienne quelque chose de substantiel en plus des monades » (II, 511). Blondel souligne : « Il faut que les monades soient des substances [...], et il faut que ce *Vinculum* (s'il est donné) soit une substance » (46-47; I, 627-629).

LES SUBSTANCES COMPOSÉES AUJOURD'HUI

Au début du XVIIIe siècle, la question que se pose Leibniz paraît abstraite. Aux XIXe et XXe siècles, elle acquiert un contenu scientifique majeur. En 1828, Wöhler réalise la synthèse de l'urée; en 1864, dans ses *Leçons* au Collège de France sur la synthèse chimique, Marcelin Berthelot montre que la nature ne réalise pas spontanément toutes les substances composées qu'elle pourrait produire selon ses propres lois : d'où la possibilité, pour l'homme, de créer par synthèse chimique des milliers de corps nouveaux qui s'insèrent sans difficulté dans la nature. Cournot tire de ce constat l'idée que la nature physico-chimique n'est pas saturée. Dans l'ordre biologique, au cours de ce même XIXe siècle, l'hypothèse de l'évolution des espèces met aussi en évidence que de nouveaux types de vivants apparaissent; que des organismes de plus en plus complexes émergent; et qu'un lien de filiation continue rattache les vivants actuels aux êtres vivants apparus les premiers sur Terre. On voit aussi que les problèmes que se posait Leibniz ne sont pas tous résolus : nous ne savons toujours pas comment s'effectue le passage du monde physico-chimique au monde vivant et, donc, nous n'avons pas entièrement percé la nature du « *vinculum substantiale* » qui assure la genèse et l'unité d'un être vivant ni non plus celle du réseau des liens hétérogènes qui font de l'univers une totalité en devenir. « Que les mots ne nous induisent donc pas en erreur, dit Blondel : la substance composée n'est pas la somme des composants, ni une unité résultant des ingrédients; elle ne consiste pas dans les éléments liés ou liants : elle est le lien » (47; I, 629).

Étant donné que la question du *Vinculum* ne prend son contenu scientifique moderne que longtemps après la correspondance entre Des Bosses et Leibniz, il est naturel que le cinquième chapitre de la thèse consiste en une interrogation sur le crédit que les deux penseurs ont accordé

« et à la solution trouvée et à la question hypothétique des substances composées » (50; I, 635). Blondel ici procède en historien, avec un soin et une clarté où l'on sent le grand professeur.

LE *VINCULUM* : UNE « CELLULE-MÈRE » DE *L'ACTION*

Enfin, dans le chapitre VI, l'auteur s'interroge: « Dans quelle mesure cette doctrine du *Vinculum* peut-elle constituer l'image approchée d'une philosophie plus moderne ? » L'œuvre ultérieure de Blondel est une réponse éclatante à cette question : il dira lui-même, rappelle Claude Troisfontaines dans la *Notice* qui précède sa traduction du *De Vinculo Substantiali*, que « l'hypothèse du "lien substantiel" était l'une des "cellules-mères" de *L'Action* » (I, 533). Blondel s'attache à l'analyse des « labyrinthes leibniziens », en précisant que « Leibniz indique expressément deux labyrinthes (VI, 29, 65, 612): la division à l'infini du continu et la prédestination éternelle de la liberté humaine » (57; I, 649). Cette étude permet de montrer à quel point la philosophie de Leibniz est grosse de la philosophie moderne: « Il rencontre en effet à peu près les difficultés qui seront plus clairement identifiées par Kant et les philosophes ultérieurs... » (*ibid.*). Laissons de côté le labyrinthe du continu pour considérer un instant l'autre difficulté majeure : « comment la liberté humaine peut-elle s'accorder avec la prescience et bien plus avec la prédestination de Dieu qui décide toujours le meilleur; c'est-à-dire dans quelle mesure les êtres nécessaires diffèrent-ils des êtres contingents ? » (60; I, 654-655).

Le problème que soulève Leibniz préoccupe aussi Blondel : *L'Action* est un essai pour le résoudre. On y trouve à la fois l'évocation des connexions nécessaires qui enserrent la moindre de nos actions et une affirmation ferme de la nouveauté que l'action libre introduit dans le monde. Il cite (60; I, 655 en note) Leibniz : « La suite des choses est toujours contingente, et un état ne suit point nécessairement d'un état précédent, soit qu'il y ait commencement ou non. La connexion de deux états est une consécution naturelle, mais non pas nécessaire » (III, 588). Commentant Leibniz, Blondel conçoit ainsi la sortie du second labyrinthe: « Nos actes, en tant que possibles, admettent la prescience et le calcul et sont soumis à la nécessité; en tant que réels, ils sont cependant libres; bien plus, ils ne dépendent pas de la prescience, mais c'est la prescience qui dépend d'eux... » (62; I, 659). Le lien entre la thèse latine et la thèse principale est ici patent, l'une et l'autre cherchant à établir « qu'il y a accord de chaque chose avec le tout et du tout avec chaque chose et que la liberté s'accorde avec le déterminisme » (*ibid.*). Le *Vinculum* a pour fonction d'assurer la compatibilité du déterminisme et de la liberté, en mettant en relief la subordination métaphysique des causes efficientes aux causes finales. Il joue le rôle d'une clef de voûte : « Les corps organiques sont doublement fondés, en dessous, pour ainsi dire, sur les monades; au-dessus, sur le *Vinculum...* » (65; I, 665). À la fin du chapitre, Blondel définit ainsi l'action du lien substantiel : « sans être perçu, [il] est cependant le fondement formel des perceptions; aux phénomènes sensibles et aux représentations mentales il offre et ajoute un élément qui fournit un substrat convenable aux apparences, un objet formel à l'affirmation de notre esprit et une occasion de s'exercer de façon propre et créatrice à la volonté divine » (67; I, 669). *L'Action* (1893) est un essai majeur pour réaliser ce programme que reprennent en le détaillant la trilogie et *La Philosophie et l'esprit chrétien*. Dans la seconde *Action*, en 1936, Blondel écrit : « *homo vinculum et sacerdos totius naturae* » (*A. I*, p. 436). En même temps, fidèle à ses principes, le philosophe corrige : « On voit, par de tels aperçus hors de nos perspectives, combien il importe d'expliquer en quelle mesure et de quelle manière les forces subalternes et le monde biologique pourraient être, en toute hypothèse de création, spiritualisables et même divinisables : ce qui implique que, dans la vie, réside déjà une semence d'immortalité et de spiritualité » (*ibid.*). En d'autres termes, le Dieu de Blondel ne rogne pas la liberté humaine : tout au contraire, il la promeut : « l'univers (on l'a répété) forme un drame immense et unique » (*A. I*, p. 435), dont les hommes sont les acteurs réels. Ils n'agissent pas sur une scène de théâtre où les objets et les personnages seraient fictifs, comme un monde phénoménal; ils opèrent dans l'univers réel.

Dans la conclusion de la thèse latine, Blondel insiste sur cette perspective réaliste : « De même que Platon vieillissant, selon un développement analogue et ultime de sa dialectique, avait, semble-t-il, tenté de revenir de la région des Idées au sensible, ainsi Leibniz, après avoir trouvé dans la force infuse aux monades les principes du mécanisme, semble avoir estimé que les sources mêmes de l'harmonie dynamique devaient être dérivées de plus haut et que la réalité des phénomènes [...] devait être établie plus solidement... » (70; I, 675). On voit là s'exprimer l'un des soucis majeurs de Blondel : comment passer de la phénoménologie à l'ontologie? Comment assurer au monde de l'agir la solidité dont les agents ont besoin? Blondel se réfère sans doute à la fin des *Lois*, où Platon réfléchit au pilotage stratégique des cités. C'est seulement par la fusion de l'intellect et de la connaissance sensible que peut être assuré « le salut de chaque vivant ». Dans une telle perspective, nous dit Blondel en s'éclairant de Leibniz, « Tout ce qui existe et, bien plus, tout ce qui peut exister peut parfaitement être connu ; et pourtant pas une existence n'est soumise à la démonstration, et les choses restent radicalement contingentes… » (71 ; I, 677).

Cette énigme, c'est à travers une méditation longtemps poursuivie sur le *Vinculum* que Blondel a essayé de la résoudre. Il redéfinit ainsi celui-ci : « substance invisible de ce qui est visible, fondement réel des phénomènes, vérité formelle de ce qui est idéal, unité synthétique de la multitude analytique, but commun et de l'intelligence qui requiert un objet et de la volonté qui exige un suppôt. C'est donc radicalement que vérité et réalité s'éloignent et se rejoignent » (*ibid.*). Le « lien substantiel » qui fait tenir ensemble les parties de l'univers en éclairant le principe ontologique de leur union confère aussi son unité à la longue enquête menée par Blondel depuis le jour où, tout jeune étudiant, il entendit parler pour la première fois du *Vinculum* chez Leibniz. Un lien présent jusqu'à la fin de la vie du philosophe allemand et de la sienne.

Ainsi, dans la lettre d'envoi au R. P. Auguste Valensin, qui sert d'introduction au livre[1] qu'il publie en 1930 sur le *Vinculum substantiale* d'après Leibniz, Blondel fait remonter sa découverte de Leibniz à l'hiver 1879 où, élève de philosophie au lycée de Dijon, il suivit une leçon du doyen Henri Joly[2] sur la correspondance de Leibniz et du Père Des Bosses. Élève à l'École normale supérieure, il choisit encore comme thème de travail le « *vinculum* ». Enfin, la thèse latine qu'il soutient le 7 juin 1893 avec sa grande thèse sur l'action s'intitule *De Vinculo Substantiali apud Leibnitium*. Reprenant sa réflexion sur Leibniz trente-cinq ans plus tard, il soulignera que dans ce travail ancien se trouvait « une des “cellules-mères” de la doctrine à laquelle [il] reste fidèle » (*Une énigme historique*, p. V-VI).

1. Maurice Blondel, *Une énigme historique Le* « Vinculum substantiale » *d'après Leibniz et l'ébauche d'un réalisme supérieur*, Paris, Beauchesne, 1930 (en abrégé : *V. S.*).

2. Le cours d'agrégation du doyen Joly pendant lequel Blondel a entendu parler du *vinculum substantiale* a eu lieu durant l'hiver 1880-81. Cf. Claude Troisfontaines, dans Maurice Blondel, *Œuvres complètes I*, p. 534.

CHAPITRE VIII

LE LIEN SUBSTANTIEL REVISITÉ (1930)

« UNE ÉNIGME HISTORIQUE : LE "*VINCULUM SUBSTANTIALE*" D'APRÈS LEIBNIZ »

Ce livre[1], publié en 1930, nous fait découvrir un Blondel analyste, entrant dans la pensée d'un autre philosophe, non par simple curiosité historique, mais par passion métaphysique, dans la mesure où il voit là non un fait passé mais une question vivante en fonction de laquelle il faut se décider.

L'auteur brosse d'abord un portrait psychologique aigu de Leibniz pour s'assurer que celui-ci prend au sérieux l'énigme du *Vinculum* : « Si cette enquête est favorable, c'est alors que, cessant d'être des témoins du dehors, nous pourrions devenir partie au procès et nous mêler comme acteurs au drame métaphysique où peut-être se trouve engagé à fond l'avenir de la philosophie » (*V. S.*, p. 24). Ce n'est donc pas une étude d'histoire de la philosophie : c'est la présentation vivante d'un « drame métaphysique » dans lequel Blondel est engagé. Le portrait qu'il brosse de son héros est plus fouillé que les portraits dont Victor Delbos enrichit ses études sur les philosophes. En effet, il ne s'agit pas de rendre des figures anciennes concrètes, mais « de nous assurer par tous les moyens possibles » que, dans sa discussion avec le Père Des Bosses sur la transsubstantiation, Leibniz ne se livre pas à « une sorte de mystification » (*V. S.*, p. 24), qu'il ne fait pas preuve de cette ironie supérieure qui lui était coutumière. Il possède le don de discerner, mieux que les hommes avec qui il débat, l'état de leur pensée :

1. *Une énigme historique. Le* « Vinculum Substantiale » *d'après Leibniz et l'ébauche d'un réalisme supérieur*, *op. cit.* (en abrégé : *V.S.*).

« À vrai dire, Leibniz, avec sa pénétration supérieure et sa plasticité intellectuelle qui lui permettent d'entrer dans l'esprit des autres plus à fond que les autres n'y entrent eux-mêmes, estime avoir vu que, si l'on croit comme Des Bosses et les catholiques à la transsubstantiation, il faut conséquemment aboutir à la doctrine qu'il inscrit sous ce nom de *Vinculum substantiale*; ... » (*V. S.*, p. 27). La transsubstantiation, en tant que « fait religieux », est prise ici « à titre d'hypothèse » pour élucider un problème proprement philosophique ou, comme dit Leibniz, « purement métaphysique », à savoir la tâche qui consiste à analyser et « réformer la notion de substance » (*V. S.*, p. 35-36).

Blondel suit Leibniz dans sa critique de la notion d'étendue chez Descartes. Il le cite : « Si l'essence de la matière consiste dans l'étendue, il n'y a pas moyen d'expliquer la présence réelle dans l'Eucharistie » (*V. S.*, p. 37 en note). À travers cette question religieuse, ce qui est ici en cause, c'est une révolution dans la notion de substance : « Dès lors, au dualisme de la pensée et de l'étendue artificiellement opposées et faussement hypostasiées comme des choses et des passivités (*res cogitans*, *res extensa*) qui subissent leur propre nature, Leibniz substitue un réalisme dynamiste où les êtres seront des unités de force, des "monades" qui diffèrent entre elles moins par leur nature foncière que par leur degré d'activité, de conscience et de perfection » (*V. S.*, p. 38).

Comme Blondel fait sien ce problème, et qu'il s'inspire de la méthode de Leibniz dans *L'Être et les êtres*, il n'hésite pas à reprendre littéraement, à quarante ans de distance, l'analyse leibnizienne des substances composées : « Cinq degrés marquent la superposition des assises de la substance qui, selon Leibniz, enveloppe toujours un effort vers des progrès ultérieurs, mais qui, dès le plus bas de ces degrés, implique déjà le germe de développements indéfinis » (*V. S.*, p. 40).

Pour Blondel, le but de Leibniz, quand il critique la notion de substance, est le suivant : « Détruire les idoles des sens, de l'entendement, d'une physique ou d'une métaphysique trop pressées d'aboutir, oui, c'est son premier désir : mais ce n'est pas son dernier et suprême vœu » (*V. S.*, p. 58). Il veut atteindre « la solidité finale, le donjon où réside l'ultime force, la substantielle clef de voûte de tout l'édifice » (*ibid.*). Blondel se demande où situer le *Vinculum* dans cet étagement : « S'il y a place pour le *Vinculum*, ce n'est donc pas au-dessous ou au-dedans, mais c'est au-dessus des étagements de la complexe et ascendante doctrine de Leibniz. Et le *Vinculum* intervient, non pour rester en dehors, mais pour servir de *liant* et comme de *clef de voûte* à chaque fragment comme à l'ensemble de l'édifice » (*V. S.*, p. 55).

LE *VINCULUM* ET LE SORT DE LA PHILOSOPHIE MODERNE

La correspondance entre Des Bosses et Leibniz permet de comprendre comment s'est joué le sort de la philosophie moderne : celle-ci est allée vers le criticisme, alors que « le légitime *problème* soulevé par [ce dernier] comporte une *solution* tout autre que celle où, par suite d'un énoncé inadéquat, Hume, Kant et leurs successeurs ont conduit la pensée moderne » (*V. S.*, p. 59). Cet événement que beaucoup de commentateurs jugent mineur a été, aux yeux de Blondel, décisif : les hésitations de Leibniz expriment l'existence d'une alternative : « De quel côté donc faire pencher la balance de la vérité vraie ? » (*V. S.*, p. 63). Du côté d'un rationalisme idéaliste ou d'un « réalisme supérieur » ? Mais cela implique d'abord que le réaliste « avoue l'inadéquation de notre connaissance à la nature et à l'âme elle-même », car être pleinement "réaliste", c'est aussi discerner que l'âme « porte partout la marque de son Auteur en manifestant un infini actuel » (*ibid.*). Que faut-il, en effet, entendre par *Vinculum* ? Blondel répond : « [...] non pas une relation, une série d'anneaux, une chaîne, mais au contraire une unité intrinsèque, originale, infrangible, une créature nouvelle : *oritur nova substantia... superadditum quid* » (*V. S.*, p. 67).

C'est un principe d'unification et d'individuation. Le *Vinculum* suscite « une profonde réfection de l'édifice réaliste » (*V. S.*, p. 68) ; et révèle en même temps que tout dans l'univers est singulier. Comme le dit Leibniz : « Lorsque Dieu produit la chose, il la produit comme un individu, et non pas comme un universel en Logique » (Gerhardt, VI, 346) (*ibid.*, en note). Le réalisme ne se réduit pas à une philosophie de la connaissance ordinaire et de la connaissance scientifique. C'est pourquoi Blondel souligne : « Leibniz avait assurément raison de vouloir coûte que coûte maintenir un lien de solidarité entre les données de la perception ou de la pensée discursive et la réalité inaccessible aux sens ou à l'entendement abstrait » (*V. S.*, p. 75). L'achèvement du réalisme consiste à sentir, comme derrière les choses, une réalité qui, pour n'être donnée ni à la perception ni à la raison, n'en existe pas moins. Il invoque alors « l'expérience vive et la conviction lumineuse de ces "présences réelles" que n'épuise aucune "représentation" », et mentionne le cas de ces contemplatifs qui « parviennent [...] à discerner avec précision, à décrire avec fidélité, fût-ce par des négations, l'esprit nouveau et "unitif" dont ils sont animés » (*V. S.*, p. 75). Il s'agit là d'une confidence voilée : Blondel a eu l'expérience de ces « présences réelles » qui ne nous parlent pas d'un autre monde, mais qui révèlent une dimension ordinairement cachée de l'univers.

Parvenir à cette forme d'intelligence du réel est malaisé : « Car enfin il s'agit ou il devrait s'agir du passage ou de la substitution d'un point de vue à un autre point de vue tout différent ou, comme eût dit Pascal, d'un ordre à un autre ordre qui est un infini par rapport à l'ordre d'abord considéré » (*V. S.*, p. 76). Tout en faisant quelques réserves sur l'entreprise de Leibniz, Blondel reconnaît : « [...] il faut lui savoir gré d'un effort que seul peut-être il a méthodiquement tenté : chercher à raccorder les deux formes de la pensée, les deux sortes d'existence que bien d'autres avant ou après lui ont entrevues, mais sans que jamais on ait tenté, par une analyse critique, de discerner leur suture et leur complémentarité » (*V. S.*, p. 77). C'est pourquoi, de ce compagnonnage d'un demi-siècle avec l'énigme du *Vinculum*, Blondel tire en 1930 la leçon suivante : « [...] la conception de Leibniz, judicieusement redressée et complétée, pourrait servir à opérer tout un renouvellement de la philosophie » (*V. S.*, p. 79). D'où, nous l'avons vu, cette qualification de « cellule-mère » donnée au travail initial sur le *Vinculum*.

Voyons à présent comment cette réflexion jamais abandonnée sur le *Vinculum* irrigue l'œuvre entière. Blondel rencontre dans son travail une difficulté à laquelle se sont heurtés tous les métaphysiciens : comment décompter, décrire et harmoniser tous les liens qui attachent mutuellement les êtres ? Et comment, une fois démêlés ces réseaux, découvrir ce qui fait leur unité ? Il ne doute pas qu'il y ait entre les êtres un lien substantiel et il se propose d'exposer la « logique des êtres ». Mais le monde n'est pas statique : il s'agit de mettre au jour la « logique générale » d'un univers en devenir. Or nous ne sommes plus dans le cadre de la pensée antique, dont l'idéal était contemplatif. Selon l'enseignement judéo-chrétien nous sommes bien enracinés dans la nature, mais nous ne lui appartenons pas entièrement, car nous avons part à la *créativité* de l'univers.

Telle est la perspective selon laquelle la philosophie se présente pour Blondel : « Il s'agit de comprendre comment tout ce devenir d'êtres en ébauche forme un complexus où – pour une part, les assises se soutiennent nécessairement les unes les autres, où – pour une autre part, se constituent des existences susceptibles d'acquérir une autonomie relative et de coopérer décisivement à leur destin propre. Et nous aurons enfin à montrer quelle est cette clef de voûte, ce *vinculum vitale et substantiale*, ce *nexus unionis* qui réalise à des degrés différents l'assimilation, fin suprême dont on nous disait sans restriction, sinon sans échec, qu'elle est, à des degrés inégaux, le but assigné à tous les êtres. Car c'est à ce prix que les êtres – qui n'étaient encore qu'en puissance et qu'en croissance – ou se solidifieront ou se manqueront à eux-mêmes tout en restant indestructibles »[1].

Sur quelles bases s'appuie-t-il pour mener cette entreprise audacieuse? Comme il se réfère rarement à des auteurs, nous sommes souvent réduits à des suppositions. Nous pouvons cependant distinguer deux types de sources : celles qui relèvent de la science et de la philosophie; celles qui relèvent de la révélation juive et chrétienne. L'idée que l'univers tient son unité de Dieu se trouve dans le *Timée*, et les Stoïciens la reprennent. Quant à la science moderne, elle est pour Blondel, nous l'avons vu, le fruit de la « sécularisation » du message chrétien. En effet, c'est parce que, selon le livre de la Genèse, Dieu a fait l'homme « à son image et à sa ressemblance » que nous pensons que l'intelligence humaine peut comprendre la marche de la nature. Mais, objectera-t-on, dans le *Timée*, Dieu remet à des « dieux plus jeunes » la fabrication des êtres vivants. Il y a là une opposition entre la pensée antique et la pensée chrétienne. En effet, dans la *Cité de Dieu*, saint Augustin, bien que très attaché à Platon, transforme les « *dii juniores* » en « *dii minores* », car Dieu ne délègue pas son pouvoir créateur. L'histoire naturelle et, en particulier, l'évolution des espèces (si variées que soient les interprétations qu'on en donne), conduisent Blondel à penser que Dieu confie une partie de son pouvoir créateur à ses créatures et donne à l'univers des lois qui introduisent de la contingence et de l'imprévisibilité dans son devenir.

Le positivisme du XIXe siècle prend la mécanique classique comme modèle de perfection scientifique. Il peine donc à expliquer comment, dans un univers où tout est déterminé et où le « démon de Laplace » pourrait prévoir le cours des choses, il peut y avoir des êtres libres. La solution qu'il retient consiste à conférer une réalité substantielle à l'esprit et à le distinguer du corps.

Blondel, fidèle à saint Augustin et à Malebranche, c'est-à-dire à l'enseignement chrétien, ne disjoint pas le corps et l'âme. Il reste dans le sillage d'Aristote et de saint Thomas. Mais il va plus loin : nous n'existons que reliés aux autres et, quand nous agissons, nous prenons appui sur la nature. L'individu n'a ni frontières nettes ni essence fixe : il reçoit ou refuse ; agit ou se démet ; et, en aucun cas, ne peut conduire sa destinée dès lors qu'il se retranche dans un état figé comme dans un *oppidum*.

Inversement, si tout se mêlait dans le réel de façon inextricable, nous ne pourrions ni conduire notre vie ni rendre l'univers intelligible. Or Blondel,

1. Maurice Blondel, « *L'Être et les êtres. Essai d'ontologie concrète et intégrale* », Félix Alcan, 1935, p. 216.

suivant en cela Leibniz, pense le contraire : il s'attache à expliciter la logique de la nature, des hommes et, en fin de compte, de ce qui en est le moteur, le pur agir divin. Le *Vinculum substantiale* ne se limite pas au domaine scientifique, à la partie sécularisée du message chrétien ; il englobe une logique intégrale, c'est-à-dire l'affirmation que tout est *logique*, qu'il n'y a rien d'*alogique*, y compris dans ce que nous appelons le désordre.

L'IDÉE D'UNE « LOGIQUE INTÉGRALE » : BLONDEL ET WHITEHEAD

La question qui se pose est alors la suivante : Peut-on démêler l'écheveau des liens entre les êtres et éclairer suffisamment le principe de leur unité pour que l'ontologie devienne une science rationnelle ?

Blondel, dès 1893, dans ses deux thèses, sur l'action et le *vinculum substantiale* chez Leibniz, répond par l'affirmative. La trilogie publiée entre 1934 et 1937 est conçue comme la réalisation de ce projet. Il existe peu de tentatives comparables. Parmi ses contemporains, Whitehead me paraît avoir été le seul penseur à s'être donné un programme similaire. Il est donc éclairant de comparer la façon dont ils conçoivent l'interconnexité entre les êtres.

L'un et l'autre, réfléchissant à la théorie de la relativité générale et aux solutions non statiques des équations d'Einstein, ainsi qu'aux découvertes de l'astronomie d'observation dans les années 1920, pensent que l'univers physique est en expansion. Tous deux estiment que sur notre planète la vie se transforme, invente de nouvelles espèces et qu'il y a bien une évolution créatrice. Ils réfléchissent l'un et l'autre à la religion et Whitehead – dans *Religion in the Making* – considère celle-ci comme l'institutrice de la raison. Ils n'écartent donc aucunement l'idée que la philosophie se nourrisse d'idées venues de la religion. Tous deux essaient de se représenter les rapports entre Dieu et le Monde. Enfin, ils écartent l'un comme l'autre l'idée que les individus seraient des substances isolées : ils professent une conception forte de l'intersubjectivité ; ils pensent que nous nous formons à partir d'assimilations et de rejets et que notre individuation est d'autant plus affirmée que nos liens avec les autres êtres et avec la nature sont intenses.

En revanche, sur la notion de « logique générale » ou de « logique des êtres », ils diffèrent grandement. Whitehead est mathématicien et logicien. Il refuse comme Blondel la scission entre perception et science, mais n'imagine pas que la philosophie dispose de moyens propres, distincts de ceux des sciences, pour esquisser ce qu'il nomme un *Essay in Cosmology*.

Son argument principal est le suivant: si tout dans l'univers était indistinctement connecté avec tout, aucune science ne serait possible. Le premier travail de la raison consiste à faire comme le bon boucher du *Philèbe* (265 e), à « découper la réalité selon ses articulations naturelles », en se réjouissant d'ailleurs qu'un tel découpage du réel en régions relativement autonomes soit praticable. La fonction principale de la science est de mener à bien ce découpage, tout en sachant qu'il est provisoire et devra être revisé. Tel est l'objet de *Science and the Modern World.*

Comme Blondel ne se livre pas à un travail analogue, il part de la classification des sciences qui a cours au XIXe siècle. Celle-ci est inspirée d'Auguste Comte, de Cournot et, plus encore, aux yeux de Blondel, des travaux de son maître Émile Boutroux sur *La Contingence des lois de la nature*. Il n'étudie pas, comme le fait Whitehead, dans quelles conditions, et sous l'effet de quelles découvertes, des sciences auparavant disjointes, comme la statique et la dynamique ou l'électricité et le magnétisme, se sont unifiées. Whitehead pense que l'électromagnétisme et la théorie de la gravitation opéreront bientôt leur jonction (ce qui ne s'est toujours pas produit). Quand deux sciences auparavant distinctes fusionnent, Whitehead dit que leurs relations, qui étaient auparavant « externes », deviennent des relations « internes ». De telles considérations techniques ne se trouvent pas chez Blondel. Malgré son goût sincère pour les sciences et la bonne culture qu'il a acquise, il est gêné – redisons-le – par son manque de métier. Son épistémologie reste dans le style de la Renaissance; elle n'est pas nourrie par la pratique scientifique.

Toutefois – il faut le souligner – Whitehead, tout mathématicien et physicien qu'il est, partage avec Blondel la conviction que les concepts de base des sciences ne sont jamais limpides, et que, de ce fait, ils ont une destinée limitée: ils émergent, subsistent un certain temps, et périssent. Mais il y a une différence majeure entre professer une idée de façon générale et imprécise et lui donner une expression rigoureuse.

Il y a une autre position épistémologique essentielle sur laquelle Blondel et Whitehead sont d'accord: ils pensent que la suture entre deux disciplines scientifiques distinctes est difficile à faire. Ainsi, nous constatons, en observant les êtres vivants, que les strates physique, chimique, physiologique, psychique de leur constitution sont harmonieusement interconnectées: pourtant, le plus souvent, nous ne parvenons pas à fournir une explication causale de cette interconnexion constatée. Elle est observée, quelquefois vécue; mais elle n'est pas toujours saisissable par l'investigation scientifique.

Devant des situations de ce genre, Blondel et Whitehead ne réagissent pas de la même manière : ils sont tous deux rationalistes ; mais l'un reste positiviste en matière de science, alors que l'autre croit le pari du réalisme tenable. Il s'ensuit que Blondel et Whitehead n'ont pas la même méthode pour mettre au jour la rationalité du réel. Comme Whitehead – proche en cela de Cournot – estime que la science peut, dans certaines circonstances, exposer fidèlement les processus naturels, il la croit en mesure de décrire et même parfois de reproduire les faits de *concrescence*, c'est-à-dire la synthèse organique de processus hétérogènes, autrement dit les opérations qui font émerger les êtres, puis les dissocient (*becoming and perishing*).

Comme Blondel est « positiviste », au sens où il ne croit pas la science capable d'expliquer les êtres par les causes, il recourt à une tout autre méthode pour mettre en évidence la logique générale du réel. À ses yeux, dans le domaine de l'épistémologie, la philosophie a pour fonction de discerner ce que chaque théorie scientifique a de limité dans son objet et sa structure et, ainsi, d'apprécier l'écart qu'une théorie laisse subsister entre la phénoménologie qu'elle institue et l'ontologie que la pensée veut instaurer. Ce sont les écarts entre les phénomènes et les êtres, entre les êtres et l'Être, que la philosophie a pour vocation de sonder : quand elle y parvient, elle saisit plus complètement la rationalité du réel.

Le programme de Blondel est plus explicite que celui de Whitehead en ce qui concerne les rapports de la religion et de la raison : certes, le penseur anglais intitule la 4e partie de son grand livre de métaphysique, *Process and Reality*, « Dieu et le Monde », mais la dimension religieuse et même mystique de son œuvre n'est pas constamment visible pour une raison simple : il pense que, dans l'ordre de la foi, chacun doit choisir pour lui seul. La perspective de Blondel est autre : il se demande ce que la raison humaine, sans l'apport de la révélation, peut connaître de la transcendance. En effet, si l'on veut embrasser toutes les formes d'interconnexité entre les éléments qui constituent le réel, on ne peut pas laisser en dehors ce dont débat ou ce qu'enseigne la théologie. Whitehead le pense aussi, mais, quand on lit la fin de *Process and Reality*, on voit bien que, pour lui, on touche là une limite de l'investigation philosophique. Blondel, en essayant de distinguer en lui-même le croyant et le philosophe, s'est demandé ce que le message chrétien nous apprend de la logique de l'univers, du Logos créateur, de l'Action créatrice qui, en dernière instance, est pour lui le Christ. Il s'agit donc d'un « itinéraire philosophique » d'une ampleur exceptionnelle, d'un cheminement que guette constamment le risque de la confusion des ordres : comment, se demande Blondel, les « êtres en ébauche » que nous sommes se meuvent-ils dans l'univers en devenir ? Et comment s'orientent-ils vers le port inconnu qu'ils cherchent sans avoir de cartes précises ? Nous sommes comme ces « Argonautes du Pacifique occidental » décrits par Malinowski, qui naviguent d'île en île, ne disposant pour atteindre une nouvelle terre que de signes subtils et non mesurables.

Dans cette perspective, ce que Blondel appelle la « logique générale » a peu de chose à voir avec ce que Frege, Russell et Whitehead entendent par « logique ». Il s'agit de reconstituer l'histoire en mouvement des êtres en devenir que sont les vivants et, au premier chef, les hommes, seuls capables de faire ce récit, et de le transformer en une histoire générique causale. Au milieu de l'évolution créatrice dans laquelle l'univers physique, vivant, psychique, social, politique, spirituel se trouve embarqué, la philosophie a une triple tâche : a) exposer le rôle de la Pensée ; b) discerner quelles sont les relations entre les êtres et quel est le principe de leur unité efficiente et finale, à savoir l'Être ; c) enfin, explorer « l'action humaine et les conditions de son achèvement »[1].

Cette « logique des êtres » qui doit s'achever en « logique générale et intégrale », c'est-à-dire en explicitation des liens dynamiques qui font et défont les êtres, est en elle-même un cheminement, une histoire générique en acte. Il ne s'agit pas de raconter *a posteriori* une aventure achevée, mais de guider l'explorateur humain dans sa quête : « Il faut, en effet, assez de clarté pour qu'une attention vigilante et une volonté sincère découvre et suive la voie droite : *lex, lux et lucerna pedibus nostris*, est-il écrit dans ce psaume 118 que Pascal récitait chaque jour »[2]. L'une des vertus de la vision philosophique, c'est l'attention à la face ténébreuse des choses, l'acceptation de la « nuit obscure », d'où naissent l'inquiétude et la volonté de rebond.

La logique blondélienne n'est pas saturée : elle laisse des vides pour que l'attention pressente, au-delà d'un ordre donné de réalités, une réalité d'un autre ordre, dont le vide est la première manifestation de présence. Il n'y a pas « continuité de l'énergie », comme le pensaient « Laplace d'un point de vue censément scientifique et Taine d'un point de vue censément philosophique » (*A. II*, p. 441). C'est déjà vrai dans le monde physique : Maxwell et surtout Max Planck « ont établi que l'énergie dans les plus intimes et les

1. Sous-titre du 2e tome de *L'Action* (1937).

2. Maurice Blondel, *L'Action*, t. II, Excursus § 28, p. 500. Selon son habitude, Blondel modifie le texte original en fonction de l'usage qu'il veut en faire. Le psaume 118 (119), verset 105, que l'on trouve dans la *Vulgate* se formule ainsi : « Lucerna pedibus meis verbum tuum, Et lumen semitis meis », et, dans la Bible de Jérusalem : « Une lampe sur mes pas, ta parole, une lumière sur ma route ».

plus infimes manifestations du dynamisme universel, est produite par paquets, [...], par “quanta”. D’où un indéterminisme réaliste, d’où aussi une irréversibilité... » (*A. II*, p. 441). Citant plus loin Eddington et ses *Nouveaux Sentiers de la science*, Blondel, prenant appui sur la science la plus moderne, fait sienne une observation du savant anglais : « Je pense que le progrès de la connaissance doit être mesuré non pas par les questions auxquelles il a répondu, mais par les questions qu’il nous a amenés à poser »[1]. Telle est, à ses yeux, la vertu de la philosophie : poser des questions nouvelles, et découvrir, comme y invite Platon dans le *Ménon*, leurs liens intelligibles. En éprouvant l’insatisfaction et le vide que l’examen de notre condition suscite en nous, notre dynamisme « nous porte à chercher notre fin au-dessus de tout l’ordre immanent et transitif » (*A. II*, p. 445). Ainsi la « logique » ne s’achève pas en un système consistant et fermé ; elle dévoile au contraire une dimension nouvelle du réel, sa non-clôture dans l’ordre naturel. D’où un « paradoxe spirituel » (*A. II*, p. 512) : nous ne sommes pas bâtis intégralement comme des productions de la nature ; nous ne sommes pas faits non plus pour un destin de purs esprits. Un nouvel objet d’étude en découle : comment se pose le problème philosophique de la transcendance et quelle conception rationnelle peut-on se faire du surnaturel ? (*A. II*, p. 513). Pour répondre à ces questions, considérons le statut de l’individu et la nature des relations entre les êtres.

LE STATUT DE L’INDIVIDU

Blondel n’attribue pas à l’individu le statut d’une substance séparée ; il ne dissocie pas l’esprit et le corps, et ne croit pas que les êtres aient une essence invariante ; comme la nature entière, ils sont pris dans le devenir. Il est donc essentiel de comprendre en quoi consiste l’interaction des êtres libres.

Pour y parvenir, examinons l’individu en action, tel qu’il est dépeint dans *L’Action II*, en 1937 : « Si l’action [...] n’est cependant pas un phénomène comme un autre, c’est parce qu’elle exprime la singularité de l’agent, son initiative originale, son intention en voie de se réaliser »[2]. D’emblée, nous savons que la « logique » en question ne porte pas sur des relations formelles entre des entités abstraites mais sur les rapports dynamiques entre des êtres singuliers : il s’agit de saisir « comme une signature inimi-

1. Arthur Stanley Eddington, *Nouveaux Sentiers de la science*, trad. fr. Hermann, 1936, p. 424, cité par Blondel dans *L’Action*, II, p. 442.

2. *Op. cit.*, p. 236.

table et un testament de l'agent lui-même» *(ibid.)*. La logique, ainsi entendue, n'a pas pour fonction, comme chez Laplace, de scruter des enchaînements naturels inflexibles perçus par le fameux démon, mais, au contraire, «de comprendre comment les actes humains insèrent dans le monde ce qui n'y serait pas sans eux, des intentions incarnées, des valeurs idéales qui sont devenues sensibles et actives, des influences bienveillantes ou scandaleuses, bref, une conscience collective, une tradition communautaire, un ordre ou un désordre dont tous peuvent avoir à profiter ou à pâtir» (*A. II*, p. 237). Blondel ne veut aucunement dire que l'interaction des esprits constitue une histoire séparée du devenir du monde physico-chimique et animal: l'incarnation, l'indissoluble union des corps et des âmes l'interdit. Mais l'histoire intégrale de l'univers comporte aussi l'étude des êtres libres, la description de l'émergence des réalités sociales collectives. Il ne suffit pas de montrer comment l'action «organise [...] l'agent lui-même et les forces nécessaires à son expression personnelle»: car «l'action est [...] plus qu'une œuvre particulière à ses propres auteurs», «elle est une créature d'ordre nouménal», en ce «qu'elle enrichit ou dégrade le patrimoine de l'humanité et la valeur de l'univers» (*A. II*, p. 237). La «logique» a donc pour fonction d'opérer l'élucidation des actes originaires le plus souvent opaques en les insérant dans la trame de l'histoire cosmique. C'est ce dessein que Victor Delbos comparait, nous l'avons dit, à celui de Hegel dans *La Phénoménologie de l'esprit*. La difficulté de l'entreprise est considérable: faire le dénombrement complet des étapes à parcourir; retrouver la cause de leur engendrement.

Et, surtout, établir que ce devenir ne relève pas de la seule philosophie de la nature mais implique l'agir d'un Agent transcendant et incarné. Là réside la singularité de cette Histoire: les hommes qui la font en sont responsables, mais ils découvrent, dans le jeu des interactions auquel ils participent, la présence d'un Tiers (Dieu), dont ils ont aussi pour tâche de discerner les traits.

CHAPITRE IX

LE MESSAGE CHRÉTIEN

L'ALTERNATIVE

La science de l'action guide un immense parcours; elle met en relief des croisées de chemins et la nécessité des choix; toutefois, elle ne prescrit pas leur contenu. La conclusion de *L'Action* (1893) expose le programme de toute une vie; elle en exprime la ligne directrice, livre le pressentiment de son cours et inscrit au cœur de cette aventure la destinée librement élue et acceptée.

Pour nous, qui vivons dans un monde différent, où le christianisme n'est plus, à côté de son esprit et de sa doctrine, un ensemble d'institutions agissantes, comme c'était encore le cas en France il y a un peu plus d'un siècle, cette aventure intellectuelle et spirituelle constitue quelque chose d'étonnant, et, en particulier, alors que les frontières entre religion et philosophie sont pour beaucoup d'entre nous indécises, il vaut la peine de regarder de près comment un penseur honnête et puissant a vécu et analysé leurs relations complexes. Il note, en effet: « Toute grande philosophie, loin d'être une simple construction de l'esprit, a son principe et sa fin dans une conception de la destinée humaine »[1]. Rien dans le cours de la philosophie n'est fixé d'avance : elle invente ses moyens et ses fins et, quand elle puise dans le *thesaurus* de l'expérience, elle assimile, retravaille ou rejette ce qui s'offre à elle. Car elle n'est pas pure spéculation : « L'originalité de la métaphysique, c'est donc de préparer l'action à puiser son véritable motif en dehors de tout ce qui est réalisé déjà dans la nature ou dans l'agent

1. Maurice Blondel, *L'Action* (1893), P.U.F., 1973, p. 296. *Œuvres complètes*, I, Paris, P.U.F., 1995, p. 330.

lui-même» (*ibid.*) L'action humaine, en effet, quand elle s'exécute dans son registre propre, ne se réduit pas à un assemblage de processus naturels : elle institue une strate nouvelle de la réalité. Elle ne dérive pas non plus uniquement des désirs subjectifs : il y a une normativité de l'action, par où elle échappe à la caverne de l'individualité particulière. Si la plus petite action mobilise de proche en proche l'univers physique et organique, elle active aussi de proche en proche la communauté humaine : toute action est interaction. Et, surtout, la philosophie conduit l'esprit à une alternative nécessaire : la nature constitue-t-elle la totalité de l'être ou y a-t-il, au-delà de l'univers, une réalité autre, surnaturelle ?

Pour mieux comprendre l'interrogation de Blondel, considérons comment l'un des plus grands philosophes, saint Augustin, expose l'alternative qui se présente à chaque homme. Son *De Vera Religione* date de 390 environ. Il est dédié à Romanien de Thagaste (aujourd'hui Souk Ahras en Algérie), qui a payé à Augustin ses études de rhétorique à Carthage, avant de lui confier ses deux fils, quand il ouvre en 375 une école à Thagaste, sa ville natale. Augustin est alors manichéen et sa mère, Monique, refuse de le recevoir avec sa femme et son fils. Les deux hommes se revoient à Milan où Romanien est allé pour affaires. Quand Augustin rentre de Milan en 388, il combat le manichéisme, et dédie à son ami et bienfaiteur ce traité écrit juste à l'époque de son ordination. C'est une œuvre de jeunesse : Augustin a encore quarante ans à vivre.

Dans ce livre, Augustin, après avoir évoqué les plaisirs et les douleurs, adresse à son interlocuteur l'invitation que reprend Husserl dans *Méditations cartésiennes* : « Ne va pas dehors, rentre en toi-même ; c'est dans l'homme intérieur que la vérité habite »[1]. Et il poursuit : « et si tu découvres que ta nature est changeante, dépasse-toi aussi toi-même. Mais souviens-toi, quand tu te dépasses, de dépasser l'âme qui raisonne. Tends donc vers ce foyer, d'où la lumière de la raison elle-même tire sa flamme. Où parvient, en effet, tout homme qui raisonne bien, si ce n'est à la vérité ? Car la vérité ne parvient même pas à elle-même au moyen du raisonnement : elle est au contraire ce que les hommes qui raisonnent cherchent à atteindre. Vois ici une harmonie en comparaison de laquelle aucune de supérieure ne peut être, et toi-même ajuste-toi à elle. Reconnais que toi, tu n'es pas ce qu'est la vérité : en effet, elle ne cherche pas ; mais toi, tu es venu la chercher, non dans l'étendue d'un lieu, mais par une impulsion de ton

1. Saint Augustin, *De Vera Religione*, chap. 39, § 72, *Patrologie Latine de Migne*, t. 34, col. 154 : « Noli foras ire, in teipsum redi ; in interiore homine habitat veritas » et *Œuvres* de saint Augustin, Paris, Desclée de Brouwer, t. 8, 1932, p. 130-131.

esprit, afin que l'homme intérieur proprement dit s'adapte avec celui qui l'habite (*inhabitator*) non par un plaisir infime et charnel, mais par un plaisir suprême et spirituel »[1].

L'homme intérieur n'est pas une entité ultime et substantielle par quoi le sujet humain pourrait se définir. L'expression « *Noli ire foras* » est la reprise de ce que Augustin a exposé juste avant, à savoir les trois tentations du Christ au désert : la tentation du désir (le pain) ; la tentation de la puissance ; et la tentation du savoir. Le conseil : « Ne va pas au dehors » résume l'attitude du Christ en face des trois tentations. Le tentateur (*tentator*) dit successivement à Jésus : (1) « Dis à ces pierres de se transformer en pain, *Dic lapidibus istis, ut panem fiant* » ; et le Christ répond : « L'homme ne vit pas seulement de pain, mais de toute parole de Dieu, *Non in solo pane vivit homo, sed in omni verbo Dei* ». (2) « Je te donnerai l'univers si tu te prosternes devant moi pour m'adorer, *Omnia tibi dabo si prostratus adoraveris me* » ; Jésus répond : « Tu adoreras le Seigneur ton Dieu, et tu ne serviras que lui, *Dominum Deum tuum adorabis, et illi soli servies* ». (3) Enfin, la dernière tentation est celle de l'extrême curiosité : « Tout ce que tu voudras savoir, tu le connaîtras, *Subjecta est autem extrema etiam curiositatis illecebra.* ». Là encore, le Christ répond en disant qu'il n'est pas nécessaire de chercher à mettre Dieu à l'épreuve : « Tu ne tenteras pas le Seigneur ton Dieu, *Non tentabis Dominum Deum tuum* ».

C'est dans ce contexte que la référence à l'homme intérieur apparaît : Augustin laisse entendre que ce retour à l'intériorité peut avoir pour effet de révéler à l'individu son psychisme fragile et changeant. Dans ce cas, Augustin conseille de se servir de la raison pour aller au-delà de sa nature, c'est-à-dire à la source de lumière d'où la raison procède et tire sa force. Ce passage par l'intérieur n'est pas stérile puisqu'il fait découvrir à l'individu qu'il porte un hôte en lui-même.

Le fait que ce ne soit pas par l'imagination des lieux mais par une impulsion de l'esprit que cette recherche de l'hôte intérieur (*inhabitator*) s'effectue signifie que les techniques valables pour explorer « les vastes

1. « et si tuam naturam mutabilem inveneris, transcende et teipsum. Sed memento cum te transcendis, ratiocinantem animam te transcendere. Illuc ergo tende, unde ipsum lumen rationis accenditur. Quo enim pervenit omnis bonus ratiocinator, nisi ad veritatem ? cum ad seipsam veritas non utique ratiocinando perveniat, sed quod ratiocinantes appetunt, ipsa sit. Vide ibi convenientiam qua superior esse non possit, et ipse conveni cum ea. Confitere te non esse quod ipsa est : siquidem se ipsa non quaerit ; tu autem ad ipsam quaerendo venisti, non locorum spatio, sed mentis affectu, ut ipse interior homo cum suo inhabitatore, non infima et carnali, sed summa et spirituali voluptate conveniat ».

entrepôts de la mémoire» (mentionnés dans les *Confessions*[1]) ne s'appliquent pas ici. La «*praedestinatio*», c'est-à-dire la lucidité sur notre constitution psychique et notre vocation (*officium*), d'une part; la découverte de l'hôte divin qui nous habite (*inhabitator*) par le dépassement de notre nature «changeante (*mutabilis*)» et par notre effort pour trouver le foyer «où la lumière de la raison s'allume (*unde lumen rationis accenditur*)», d'autre part, ne sont pas de même nature. La première opération relève de la psychologie; la seconde de l'attention, d'un usage spirituel de la raison (celle du *bonus ratiocinator*).

Le ressort de l'action du *bonus ratiocinator*, qui va vers la vérité, est explicité dans la section 73, qui porte sur la fonction heuristique du doute: «Puis, cette norme même que tu constates, pense-la ainsi: quiconque perçoit intellectuellement qu'il doute, perçoit une vérité sur cet objet de son intellection, il a une certitude. Il a donc une certitude portant sur un objet vrai. Par conséquent, quiconque met en doute l'existence de la vérité possède en lui-même un objet qui ôte tout fondement à son doute. Or rien de vrai n'est vrai que par la vérité. Il n'a donc pas le droit de mettre en doute l'existence de la vérité, celui qui, d'une manière ou d'une autre, est parvenu à douter»[2]. Le doute ne jette pas dans l'incertitude: il révèle l'existence d'une *norme* à laquelle l'homme recourt dans sa recherche de la vérité. C'est une expérience essentielle, car elle atteste que la raison est une puissance de choix.

Ces pages du *De Vera Religione* montrent en effet le choix devant lequel se trouve l'individu: ou bien «rentrer en lui-même» pour découvrir que son jugement intérieur est la norme de la vérité, dont il décide seul; ou bien, étant rentré en lui-même, faire la double expérience de sa fragilité d'une part, de la présence en lui d'un hôte intérieur, de l'autre. L'expérience de la fragilité est motrice, car elle suscite l'inquiétude et la recherche; le sentiment d'abriter en soi un autre être structure d'une façon nouvelle la vie de l'individu. Augustin précise que la réalité effective de

1. «Voici ma mémoire et ses larges espaces, ses antres, ses cavernes innombrables, remplies d'innombrables espèces de choses innombrables...; ecce in memoriae meae campis et antris et cavernis innumerabilibus atque innumerabiliter plenis innumerabilium rerum generibus...», *Œuvres* de saint Augustin, *Confessions*, livres VIII-XIII, livre X, XVII, Desclée de Brouwer, 1962, p. 186-187.

2. «Deinde regulam ipsam quam vides, concipe hoc modo: Omnis qui se dubitantem intelligit, verum intelligit, et de hac re quam intelligit certus est: de vero igitur certus est. Omnis igitur qui utrum sit veritas dubitat, in se ipso habet verum unde non dubitet; nec ullum verum nisi veritate verum est. Non itaque oportet eum de veritate dubitare, qui potuit undecumque dubitare», trad. Fr. J. Pégon, mise à jour par G. Madec, *Œuvres* de saint Augustin, *op. cit.*, p. 130-132.

cette « présence » est testée par l'épreuve du doute, car douter veut dire que l'on a en soi la norme du vrai.

Le *De Vera Religione* expose donc une alternative anthropologique : ou bien, quand on rentre en soi-même, on y découvre un « homme intérieur » qui n'est toujours que soi-même et, à l'extérieur, l'univers des choses et des êtres (le monde sensible) ; ou bien on y découvre deux choses : a) son manque de solidité substantielle ; b) la présence en soi d'un Autre, qui n'est pas seulement l'univers des choses ou des êtres, mais un être vers qui l'on aspire et à qui l'on parle.

Les interprètes de Husserl optent pour la première branche de l'alternative (même s'il n'est pas certain que ce fut le cas du maître lui-même) ; les lecteurs de saint Augustin sont amenés à opter pour la seconde, c'est-à-dire à discerner dans l'homme intérieur une présence vivante, qui se révèle être Dieu. Augustin ne semble pas dire ici que ce soit une croyance : il s'agit de la mise en évidence d'une structure foncière de l'expérience. Quand nous pénétrons en nous-même, nous y trouvons des êtres et un Autre, dont il faut que nous découvrions l'identité.

Pour Blondel, cette alternative décide de tout le cheminement philosophique : ou bien l'intelligence s'emploie à constituer les sciences et la philosophie de la nature, en rapatriant l'esprit lui-même dans la nature ; ou bien le philosophe, dans son effort d'investigation, découvre qu'il est à la recherche d'un Autre, et finit par mettre un nom sur cet Autre inconnu… C'est cet Autre que Blondel nomme la « transcendance ».

La question qu'il se pose est celle-ci : la philosophie peut-elle juger si cette expérience est vraie ou illusoire ? Dans le cas où elle serait vraie, sur quoi repose le jugement qui l'authentifie ? Ce sont des questions qu'il est difficile de formuler correctement, sans dissoudre la foi dans le savoir ou sans importer subrepticement dans la méditation rationnelle des éléments de nature religieuse. Telle est la voie, clairement exposée par Augustin, que Blondel a tenté d'explorer. Le point de départ de l'aventure, comme son point d'aboutissement, c'est une « rencontre », et cette rencontre – ou l'attente de cette rencontre – est ce que les théologiens appellent la grâce. L'exemple de Bergson, dans *Les Deux Sources de la morale et de la religion*, semble montrer que, même avec du génie et une aspiration sincère, on ne peut pas, par les moyens de la raison naturelle, atteindre ce qu'une rencontre réelle opérerait.

PEUT-ON SUIVRE BLONDEL ?

D'où une question : peut-on suivre Blondel, si l'on n'a pas vécu une *rencontre* analogue à celle qu'il décrit ? J'en doute. Mais ce doute s'étend : que comprenons-nous de la « prière parfaite »[1] que faisait Proclus, avant de se mettre à philosopher ? Ou du Dieu du *Timée*, portant dans son esprit l'idée de l'univers et qui, la trouvant incomplète, crée l'univers sensible ? Ou de ce qui inspirait Confucius ?

En un mot, on ne peut que savoir gré à un penseur qui nous explique minutieusement quelles ont été ses démarches, ses études et ses rencontres, même si, devant certains événements de son itinéraire philosophique, nous restons comme devant un mystère. Alors que nos idées de raison, de science, de liberté, de volonté, d'âme, de bien, de devoir, d'action, de coopération, etc., ont, en Europe, des racines millénaires ou séculaires, nous ne les reconnaissons pas, ou même nous en faisons des créations récentes. Blondel, parce qu'il est soucieux de l'origine des conjectures anthropologiques et des idées métaphysiques, insiste sur le fait que chaque existence est singulière; notre vocation est de découvrir et d'accomplir la tâche unique pour laquelle nous sommes faits, non en vertu d'une prédestination que nous subirions, mais par la grâce des occasions que nous saisissons et des choix que nous faisons. Comme il croit dans le mystère de l'Incarnation, il en tire la conclusion anthropologique (que l'expérience de l'action corrobore) que l'esprit et le corps sont unis de façon inséparable. C'est la raison pour laquelle il déclare, au début de sa vie philosophique :

1. Proclus (412-485) est l'un des derniers chefs de l'École de Platon. La « prière parfaite » aide à saisir les opérations divines qui président à l'organisation et au devenir de l'univers. Pour y parvenir, le philosophe doit rendre son âme attentive au réel. D'où la nécessité d'exercices spirituels qui disposent l'âme au travail intellectuel. Proclus en décrit ainsi les étapes (*Commentaire du Timée*, trad. fr. et notes par A. J. Festugière, t. II, livre II, Paris, Vrin, 1967, 211, 10-27) :

« 1) En premier lieu vient la *connaissance* (*gnôsis*) de toutes les classes de dieux, desquelles s'approche celui qui prie…

2) Deuxièmement, après cela, l'*accommodation* (*oikeiôsis*) aux dieux, selon qu'elle nous rend semblables au Divin…

3) Troisièmement le *contact* (*sunaphè*) selon lequel, par la cime de l'âme, nous commençons d'atteindre l'Essence divine et nous inclinons vers elle.

4) Après ces étapes, le *voisinage immédiat* (*empelasis*) – car c'est ainsi que l'*Oracle* nomme cette étape : "*Le mortel qui s'est rendu voisin du Feu tiendra de Dieu la Lumière*"…

5) Enfin l'*union* qui fixe l'un de l'âme dans l'un même des dieux et fait une seule activité de la nôtre et de celle des dieux, selon laquelle nous ne nous appartenons plus à nous-mêmes, mais aux dieux… ».

« C'est dans l'action qu'il va falloir transporter le centre de la philosophie, parce que là se trouve aussi le centre de la vie »[1].

Dans ces conditions, que faire ? Essayer d'abord, me semble-t-il, de discerner quelques-unes des idées grecques, juives et chrétiennes qui ont été, au cours des siècles, assimilées et transposées par les théologiens et les philosophes de l'Europe latine, où la pensée de Blondel s'est formée. Si cette démarche historique est éclairante, il faudra passer à l'étape proprement philosophique qui consiste, après avoir mis ses pas dans les pas d'un auteur, à y gagner son autonomie, c'est-à-dire la conscience de sa propre destinée.

Blondel lui-même, dans la conclusion de *L'Action* (1893), nous fournit une clé, en indiquant nettement jusqu'où la philosophie peut nous conduire et à partir de quel seuil l'être humain a besoin d'une rencontre ou d'une grâce pour « consentir à l'invasion de tout ce qui est vie antérieure et volonté supérieure à la sienne ». Si nous parvenons à une telle perspective, le centre de gravité de notre destinée se déplace : « Vouloir tout ce que nous voulons, dans l'entière sincérité du cœur, c'est placer l'être et l'action de Dieu en nous » (*Œ.c.*, I, p. 525). On retrouve la démarche de saint Augustin, découvrant en lui un « hôte intérieur ».

Mais la « science », c'est-à-dire la pensée rationnelle, ne peut pas justifier ce saut : elle montre seulement la nécessité de l'alternative décisive, sans posséder en elle ce que requiert la capacité de découvrir et de réaliser notre destinée : « L'action humaine doit la préparer et y concourir : elle n'en a pas l'initiative, elle n'en fait point le succès ; ce n'est pas de creuser le lit du fleuve qui l'emplit d'eau » (I, p. 525). La philosophie a pour tâche « de montrer la nécessité de poser l'alternative : "*Est-ce ou n'est-ce pas ?*". À elle de faire voir que, seule, cette unique et universelle question qui embrasse la destinée entière de l'homme se pose à tous avec cette absolue rigueur » (I, p. 526). À la fin de *L'Action*, Blondel confesse sa décision personnelle, qu'il ne présente pas comme un pari pascalien, mais comme une évidence : dans son esprit, cette action ne peut pas être communiquée par les moyens extérieurs de l'argumentation, « parce qu'elle ne surgit que de l'intimité de l'action toute personnelle » (*ibid*).

1. Maurice Blondel, *L'Action* (1893), Paris, P.U.F., 1973, p. XXIII. *Œuvres complètes*, I, p. XXIII.

La « communion des saints »

Pourtant, il est possible de retrouver les idées fondamentales dont il hérite et qu'il retravaille: liberté, pensée, science, être, action, composé humain, univers, corps mystique, communion des saints. Notions qu'à première vue on pourrait classer en religieuses et profanes et qui, si on les examine de près, ont une généalogie complexe. Considérons-en certaines et, puisque c'est la démarcation entre foi et savoir qui nous intéresse, prenons la notion de « communion des saints ».

La communion des saints constitue la forme chrétienne de la conception de l'interconnexion entre les êtres, appelés à l'unité par Dieu : «*Congregavit nos in unum*», dit la liturgie. La formule «*communio sanctorum*» est attestée en Gaule, dans le *Credo*, autour de 475. Ne prenons pas pour l'instant la communion des saints en tant qu'article de foi; considérons-la comme un modèle restituant les relations entre les réalités qui constituent l'univers et énonçant le principe de leur unité. Ainsi entendue, la communion des saints exprime ce que l'anthropologie chrétienne a de plus spécifique.

1) Le premier élément de ce modèle, c'est que les hommes agissent, sentent et pensent librement, même quand ils sont soumis à des contraintes. Il s'agit là – et c'est ce que fit saint Augustin en tant que philosophe – d'étendre à tous les hommes la volonté libre que les Stoïciens n'accordaient qu'au sage. On voit immédiatement – c'est un aspect des choses auquel les anciens ont beaucoup réfléchi – que la liberté de l'individu peut être empêchée par la maladie, la peur, l'esclavage, etc. On retombe, dans ce cas, à la situation que décrivent les Stoïciens et à la distinction qu'ils font entre le « sage » et le « sot », si bien mise en scène par Montaigne (*Essais*, I, 12). Dans ce cas, l'individuation ne se fait plus ou s'opère mal : les actions s'expliquent par des pressions ou des influences extérieures et l'individu perd son identité, son « nom propre » (*Apocalypse*, I, 3). 2) En second lieu, les actes libres portent une signature; même quand les valeurs qu'ils expriment sont universelles, même si tout sujet rationnel était d'accord avec leur contenu, ils sont individués : notre identité ne nous vient pas du dehors, elle n'est pas façonnée par les circonstances; ce qui est loin d'être évident. 3) Le troisième article de la doctrine, sur le plan anthropologique, est que l'identité des êtres n'est pas celle de substances isolées, semblables aux entités de la logique d'Aristote : l'identité n'est pas monadique, mais synthétique ou de «concrescence» (Whitehead). Un être humain peut pénétrer en un autre au point que certains de ses traits s'amalgament à ce dernier. L'idée que des hommes puissent être «possédés» par d'autres hommes devient plus claire, même si, comme les romans de Dostoïevski ou

de Bernanos l'illustrent, cette prise de pouvoir sur les âmes s'effectue selon des cheminements compliqués. De toute façon, les habitudes, les manies, les obsessions nous font sentir qu'une partie plus ou moins importante de notre vie psychique se déroule selon des stéréotypes auxquels nous sommes incapables d'apporter la caution d'une adhésion rationnelle ou affective. Ce point est essentiel, car c'est tout entier, corps et âme, que l'homme est esclave ou se libère.

L'affirmation que l'acte humain provient, au-delà de ce qui peut le déterminer, d'une source libre ne signifie pas que, dans tous les cas, cette instance ultime de liberté est active. De même, l'affirmation que tout acte humain porte une signature individuelle n'implique pas que ce sceau soit apposé de façon détectable sur toutes les actions d'un individu. Enfin, il est concevable que la présence d'un être au sein d'un autre être aille jusqu'à une possession si despotique et si absolue que l'identité de l'un soit annihilée par la prise de possession de l'autre. Blondel insiste, par exemple, sur le rôle que la propagande joue en politique.

Adhérer au modèle de la communion des saints, indépendamment de la foi chrétienne dont il est l'expression, c'est supposer a) que l'espace de la liberté ne peut pas être supprimé, quelque fortes que soient les pressions ou les peurs ; b) que l'identité individuelle ne peut pas être anéantie, si intenses que soient les emprises extérieures ou les esclavages endogènes ; c) que la relation à l'autre (être ou chose) est constitutive de chaque être, si vive que soit la tentation solipsiste ou, au contraire, la tentation réductionniste, qui aboutissent l'une et l'autre, par des chemins opposés, à réifier les êtres et, ainsi, à les isoler ; d) que le modèle de la communion des saints est lié, par sa source chrétienne, à la notion d'Incarnation, selon laquelle les hommes vivent et se lient tout entiers (corps et esprit), de sorte que l'intersubjectivité ne se limite pas à une relation entre les intellects mais enveloppe tous les modes de communication, les relations affectives notamment. De ce fait, la communication des vérités est favorisée ou entravée par le climat régnant entre ceux qui œuvrent ensemble.

Le trait le plus singulier de l'idée de communion des saints, c'est l'affirmation que, plus les relations entre des êtres s'accroissent et s'intensifient, plus l'identité de chaque membre de la communauté qu'ils forment s'enrichit et s'affine (plus il s'individue). Spinoza expose dans l'*Éthique* un argument en faveur de cette thèse en observant que, plus nous devenons capables d'actions variées, plus notre individualité (Spinoza la dénomme *âme*) devient riche (Spinoza dit « *éternelle* »). Or les actions les plus formatrices sont celles dont nous n'avons pas été les instigateurs et qui tombent sur nous du dehors. En effet, de telles actions ne souffrent pas des limites de notre imagination. On peut objecter que, si l'action suscitée du dehors est pour nous une épreuve excessive, elle peut avoir le résultat contraire et nous donner un sentiment de déchéance. C'est le thème de *Lord Jim* de Conrad ou celui de *La chute* de Camus. On pourrait multiplier les exemples de situations qui ont altéré l'image que des individus se faisaient d'eux-mêmes. Ces chocs ont peut-être cassé les ressorts d'un être. Rien n'assure, en effet, sauf la foi dans une Providence bienveillante, que les épreuves de la vie sont proportionnées aux forces de ceux qui les subissent.

L'idée de la communion des saints, justement, implique que les déficiences individuelles ne sont que des péripéties dans la vie des êtres : il peut y avoir défaite, reniement, chute, sans que l'histoire s'achève. Le cas de Simon Pierre, dans les Évangiles, est exemplaire : il renie par trois fois Jésus, avant de devenir la pierre angulaire de l'Église. Reste à savoir si l'observation psychologique et sociologique peut établir que, plus un individu est fortement relié à d'autres êtres ou à d'autres choses, plus son identité s'affirme. Ce qui est clair, c'est que l'identité d'un être se révèle dans l'action : l'action, en effet, dissocie ce qui est imagination sur soi et ce qui est réalisation de soi. Blondel insiste sur l'exécution de l'action : elle ouvre un nouvel espace dans lequel nous pénétrons et dont auparavant nous ne pressentions même pas l'existence.

LA NOTION DE « CORPS MYSTIQUE »

La notion de communion des saints est associée à celle de « corps mystique », notion dont l'origine se trouve dans les Évangiles et dans les Épîtres de saint Paul, sous la forme « corps », l'adjectif « mystique » n'ayant été que tardivement rajouté. Cela veut dire que les individus ne forment pas des entités isolées, et que, tout en étant singuliers, ils ne sont pas des monades séparées, mais des réalités qui tirent aussi leur identité de leurs liens. C'est une thèse que Whitehead a développée dans *Process and Reality*.

Or l'idée d'Incarnation implique le refus de faire du corps et de l'esprit des substances séparables. Dans le christianisme, on ne peut pas imaginer, comme dans certaines interprétations du Platonisme, que l'âme mène après la mort une vie à part[1]. En outre, par son corps propre, chaque vivant porte en lui toute une tranche de l'histoire naturelle et, d'autre part, sa constitu-

1. Le mot « cimetière » signifie « dortoir » : c'est là que les morts attendent la « résurrection » : puisqu'ils n'auraient aucune destinée propre s'ils étaient réduits à l'état d'« esprits ».

tion physico-chimique l'enracine dans l'univers matériel. De là est venue l'idée que les notions de communion des saints et de corps mystique avaient une dimension cosmologique et que non seulement nos actions mais tout notre être sont chargés d'univers.

On comprend dès lors que, pour expliciter en quoi consiste l'agir humain et comment il peut atteindre son achèvement, Blondel ait dû concevoir et effectuer un immense périple. Quand, quarante ans après la publication de sa thèse sur l'action, il fait paraître, de 1934 à 1937, les cinq volumes de sa trilogie, il a pour but de retracer dans le détail toutes les étapes de ce parcours que les expressions de « communion des saints » et de « corps mystique » condensent. Toutefois, comme c'est en philosophe plus qu'en croyant qu'il réfléchit, on ne trouve pas, sous sa plume, dans la trilogie, d'analyses en forme de ces notions chrétiennes. On en respire la présence, on en suit l'inspiration, mais Blondel en regarde essentiellement l'impact métaphysique sur la pensée, l'ontologie et l'action.

ÉCLAIRAGES SCIENTIFIQUES

C'est seulement dans *La Philosophie et l'esprit chrétien* (1944-1946) qu'il s'exprime directement sur des notions religieuses comme la communion des saints. Alors que l'on s'attendrait à trouver de la théologie, on découvre d'abord un homme attentif aux dernières découvertes de la science : éloge des travaux d'Albert Lautman[1] en philosophie des mathématiques; allusion à la bombe atomique qui bouscule « la thèse selon laquelle la matière n'est qu'une inertie » (*E. C. II*, p. 330-331); exposition des découvertes de l'astrophysique sur l'expansion de l'univers (l'auteur cite longuement un rapport que lui a fait M. Besler, directeur de l'Observatoire de Marseille) (*E. C. II*, p. 229-230); prise en considération de la théorie de la relativité générale (*E. C. II*, p. 236-237); évocation de l'évolution et de l'œuvre de Bergson (*E. C. II*, p. 234), etc. C'est que « unité et extension de l'univers » sont à ses yeux des questions métaphysiques majeures, qui réclament un éclairage scientifique : « N'est-il pas singulier

1. Blondel observe, à propos de la thèse principale (*Essai sur les notions de structure et d'existence en mathématiques*) et de la thèse complémentaire (*Essai sur l'unité des mathématiques)* d'Albert Lautman : « Œuvres de grande portée et d'originalité puissante d'un jeune maître de notre enseignement supérieur, plein de promesses et de projets et qui, après avoir travaillé, avec le plus ardent et le plus pur patriotisme, pour la France dans la clandestinité, a été odieusement livré et fusillé en 1944, laissant la jeune famille et tous ceux qui l'ont connu dans une tristesse indignée », *La Philosophie et l'esprit chrétien*, t. II, Paris, P.U.F., 1946, p. 235 en note (en abrégé : *E. C. II*).

que ce problème de l'unité et de l'extension de l'univers n'ait jamais été abordé de front et que, même après les audaces scientifiques les plus récentes des astronomes, l'aspect philosophique d'une telle question n'ait pas été expressément discuté ? » (*E. C. II*, p. 227). Pourquoi ces références à la connaissance scientifique de l'univers sont-elles si importantes ? C'est qu'« [...] il importe d'intégrer dans la philosophie tout ce qui est réellement contenu [...] dans notre conscience, dans notre action, dans notre destinée inévitable, [...] en raison même de tout ce que nous portons en nous par notre liaison avec tout l'univers... » (*E. C. II*, p. 238).

L'attention à notre enracinement cosmique est nécessaire, puisque nous portons en nous un fragment de l'univers ; elle est de plus exigée par le fait que, sans la matière, notre singularité existentielle serait impensable : « C'est que, afin de concevoir et de sauvegarder la singularité individuelle de la personne humaine, il est impossible de ne point admettre un principe matériel qui, selon toute la tradition et plus clairement encore selon une philosophie de l'action, lie cette individualité de la personne à une matière conditionnant la diversité et la conscience distincte de tout être spirituel » (*E. C. II*, p. 224). La question de l'individuation est un problème majeur dans la conception de la « communion des saints » : dans la perspective chrétienne, en effet, le retour à Dieu des êtres n'est pas censé abolir leur singularité. C'est un objet de foi, et Blondel se demande ce qu'il est possible d'en dire en philosophe. Il note : « Nous apercevons par-là la vérité littérale de l'eschatologie catholique, sans que cette unité compromette en rien l'originalité personnelle de chacun des membres de cette communauté dont l'Apocalypse, répétons-le, nous déclare que chacun de nous a son nom secret, nom que seuls Dieu et le fidèle connaissent à fond, en une amoureuse charité et intimité réciproque » (*E. C. II*, p. 216).

Les neurophysiologistes et les philosophes de la biologie explorent les racines organiques de l'identité ; Blondel croit cette approche scientifique indispensable ; mais il la juge incomplète : il cherche à établir que l'identité de l'individu n'est pas seulement biologique ; il la regarde se faire dans l'action ; il va ici plus loin en imaginant que Dieu, étant Amour, ne peut pas aimer des êtres sans visage, dépourvus de singularité : il introduit dans sa quête de l'individuation une dimension supplémentaire, qui ne relève plus de l'anthropologie d'observation ou du savoir positif mais de la foi. Il change de registre, sans se cacher, mais en montrant que, ce faisant, il ne cesse pas de nourrir une question métaphysique essentielle, celle de l'identité des personnes.

On pourrait croire un instant qu'identité et stabilité vont de pair. Pour Blondel, il n'en est rien : « Notre fin dernière est de ne point avoir de fin et même de récapituler tout ce qui a existé dans la durée, selon la perspective de tout le dessein créateur et béatificateur » (*E. C. II*, p. 240). En d'autres termes, l'ontologie et le devenir ne sont pas antinomiques, dans un univers où la *créativité* s'étend à tous les êtres humains (et sans doute au-delà, comme le pense Tertullien dans *La résurrection des morts*[1]).

En regardant Blondel méditer sur la notion de « communion des saints », nous discernons comment, dans une conception unitaire de la philosophie, il prend appui, pour couvrir complètement l'examen d'un problème métaphysique (ici celui de l'individuation), sur des idées et des problèmes provenant de la tradition chrétienne.

Nous avons vu comment il procède sur un cas essentiel mais particulier ; pour comprendre vraiment sa démarche, il faut regarder, en le suivant dans la première partie de *La Philosophie et l'esprit chrétien*, comment il conçoit l'« autonomie essentielle » de la première et la « connexion indéclinable » des deux. En effet, pour Blondel, la recherche de la vérité ne peut être conduite au hasard : elle est systématique ou, comme il le dit, « organique ». Il s'agit donc de savoir de quelle façon un philosophe écoute la voix de Dieu. Dans la doctrine chrétienne, l'attention n'est jamais une restitution passive de ce qui est vu ou senti, car ce serait faire injure à Dieu d'imaginer qu'il attend seulement de la soumission de ses créatures, alors qu'il les a voulues « à son image et à sa ressemblance ». Tel est le défi que Blondel tente de relever dans sa philosophie : l'entendement implique la vigilance.

1. Tertullien, *La résurrection des morts* [sans doute après 211], Paris, Desclée De Brouwer, 1980.

CHAPITRE X

AUTONOMIE ET CONNEXION

AUTONOMIE DE LA PHILOSOPHIE

Le premier tome de *La Philosophie et l'esprit chrétien* (1944) porte comme sous-titre «*Autonomie essentielle et connexion indéclinable*». L'auteur pose, en deux propositions d'une brièveté qui ne lui est pas coutumière, les assertions suivantes : a) la philosophie est autonome à l'égard de la religion chrétienne; b) il existe entre les deux un lien que nous ne pouvons pas refuser de voir[1].

L'auteur, dès l'*Introduction générale*, indique sa méthode: prendre comme modèle de la relation entre la philosophie et la religion (c'est-à-dire, pour Blondel, le christianisme et, principalement, le catholicisme) la relation entre le baptême de Jésus par Jean-Baptiste et le baptême chrétien. «Il s'agit donc bien de vérités d'ordre humain et d'obligations s'imposant à une volonté droite dans l'ordre naturel préludant à une éventuelle vocation plus haute»[2]. La raison naturelle n'est pas close sur elle-même : où qu'elle soit et quelle que soit la question qu'elle traite, elle travaille au contraire

1. Le terme «indéclinable» surprend au premier abord: je l'interprète dans le sens suivant: notre raison est invitée à recevoir la Révélation (c'est-à-dire les messages ou les signes par lesquels Dieu se révèle à nous) : c'est une «invitation» à croire et à comprendre (*fides quaerens intellectum*) : nous ne pouvons pas – sans une sorte de rébellion de l'esprit – refuser cette invitation, la décliner : dans la perspective de Blondel, elle est «indéclinable». Calvin et Fénelon emploient le mot, nous apprend le Littré.

2. Maurice Blondel, *La Philosophie et l'esprit chrétien*, t. I, *Autonomie essentielle et connexion indéclinable*, Paris, P.U.F., 1944, p. XI. Nous désignerons le livre en abrégé par *E. C. I*, pour le 1er tome et *E. C. II*, pour le second.

à laisser apparaître une ouverture. L'art de se porter à cette ouverture, c'est l'*attention.*

L'attention, en tant que disposition de l'âme, ne fabrique ni perceptions ni images ni idées ni actions. Elle fait seulement sentir des présences. Elle révèle à l'individu que, s'il pense selon la vérité, il est relié à d'autres êtres et à autre chose que lui : cette relation d'altérité est constitutive de chaque être vivant. Blondel suppose que, si l'attention est patiente et convenablement orientée, elle voit, à travers le réseau des êtres, la cause efficiente de leur diversité et le principe de leur unité, qui est Dieu. Pourtant, il ne s'agit pas encore d'une « révélation », seulement d'une réflexion rationnelle. En effet, nous portons en nous l'idée de l'infini. Si nous en considérons l'histoire (réflexion *ex datis*), nous observons que la pensée antique va vers le monothéisme. En ce sens, la raison naturelle nous prépare à concevoir l'unicité de Dieu. Le monothéisme absolu de Parménide comporte un risque : « [...] ne faut-il pas, pour éviter de retomber dans le monisme matérialiste de son disciple Mélissos, admettre que cet Être se connaît lui-même, qu'il est, comme le définit Aristote, la Pensée de la Pensée [...] ? » (*E. C. I*, p. 219). Le Dieu d'Aristote est l'illustration du monothéisme rationnel. Toutefois, de l'aveu même d'Aristote, la distance entre le Moteur immobile qui se pense lui-même et l'humanité est telle qu'il ne peut pas y avoir d'amour entre eux. D'où la nécessité pour la raison de poursuivre sa recherche.

C'est ici qu'intervient une opération conjointe de la raison et de la révélation : si un Dieu d'amour existe, nous dit la raison, il sera plus parfait qu'un Dieu indifférent, simplement occupé de lui-même. Or, nous apprend la pensée chrétienne, ce Dieu d'amour existe. La raison, se trouvant relancée, reprend alors sa quête et demande : Que manque-t-il au dieu d'Aristote pour avoir la perfection que nous attendons de Dieu ? Si c'est la capacité d'aimer, trois modifications rationnelles de l'idée de Dieu s'imposent : a) qu'il soit Un en Trois, pour que l'amour circule entre ses trois « personnes » sans que son unité soit compromise; b) qu'il soit le créateur de l'univers et des êtres qui l'habitent; c) qu'il aime l'univers et les êtres qui le peuplent.

Procédant ainsi, Blondel pose successivement, par une sorte de génération spéculative, l'Unité de Dieu, la Trinité, la Création, l'existence d'un Médiateur entre Dieu et l'homme, etc. Ainsi, à propos du baptême de Jésus par Jean-Baptiste, raconté dans les Évangiles, il observe : « Le Christ veut faire comprendre qu'une préparation de la conscience humaine est requise de notre raison... » (*E. C. I*, p. XI-XII). Pressentant la surprise du lecteur, il précise que sa méthode, effectivement paradoxale, consiste à pousser la raison dans ses derniers retranchements, pour lui faire découvrir « des apports chrétiens qui seuls offrent une issue aux impuissances reconnues de la raison sincère avec elle-même » (*E. C. I*, p. XII, note). En d'autres termes, la méditation rationnelle ne met pas en évidence une sorte de *limes* au-delà duquel s'étendrait le domaine de la foi : l'inquiétude de la raison conduit cette dernière, comme le dit Augustin dans le *De Vera Religione*, à se dépasser elle-même pour puiser sa lumière à une source qui se révèle être Dieu, comme si la raison plaçait l'esprit au seuil de la révélation.

La méthode qu'emploie Blondel – dans *L'Action* de 1893, et plus encore dans la trilogie et *La Philosophie et l'esprit chrétien* – consiste à mettre chaque individu soucieux du vrai (tel l'*Homo viator* de Gabriel Marcel) dans une situation où, poussant sa délibération intime aussi loin qu'il le peut, il s'aperçoit qu'il bute contre un obstacle qu'il lui faut franchir : il ne se sent pas dans un monde fermé ou, s'il se trouve dans la « caverne », il distingue une issue par laquelle sortir.

Et, surtout, la force qui le conduit à se dépasser ne réside pas seulement en lui ; elle lui est extérieure, comme une présence devinée. L'événement essentiel d'un itinéraire philosophique est une rencontre, et cette rencontre est la grâce. La raison naturelle n'expérimente pas en elle-même le solipsisme d'une autonomie souveraine, mais l'agir d'une volonté éclairée qui se découvre reliée à d'autres êtres et, de proche en proche, à l'univers, en même temps qu'à un Autre, qu'elle ne sait pas d'abord nommer et qui la tire hors d'elle parce qu'il est l'Être, autrement dit Dieu.

L'Autre se révèle être, selon l'expression de saint Augustin, un hôte intérieur (*inhabitator*), plus réel que notre moi : « Quelqu'un qui soit en moi plus moi-même que moi »[1], dit Claudel. Dès lors, l'homme embarqué dans cette aventure se demande : vais-je y perdre ma vie ? ou vais-je y gagner une tout autre vie ? Blondel, fidèle à la pensée chrétienne, répond : il y a « mort » et « résurrection ». En revanche, il n'y a aucune « survie de l'âme » au sens des anciens, c'est-à-dire en tant qu'existence de l'esprit détaché de son corps et qui, dans cet état de séparation, resterait individué. Il y a rupture entre la pensée antique et la pensée chrétienne. Toutefois, Blondel entend établir, dans *La Philosophie et l'esprit chrétien*, que la révolution

1. Paul Claudel, *Vers d'exil*, VII, dans *Œuvre poétique*, « Bibliothèque de la Pléiade », Paris, Gallimard, 1957, p. 18. Claudel s'inspire de saint Augustin qui, dans les *Confessions*, écrit « Tu autem eras interior intimo meo et superior summo meo, Mais toi, tu étais plus intime que l'intime de moi-même, et plus élevé que les cimes de moi-même », *Œuvres* de saint Augustin, t. 13, *Confessions*, Paris, Desclée de Brouwer, 1962, III, VI, § 11, p. 382-383.

anthropologique provoquée par la révélation chrétienne est pensable par la raison et même préparée par elle.

Deux assertions de Blondel nous surprennent : a) l'identification entre religion et christianisme et même catholicisme (certes, il invoque aussi la tradition judéo-chrétienne); b) la connexion qu'il voit entre la Philosophie (il lui donne une majuscule pour la distinguer des « doctrines philosophiques ») et le christianisme.

Si le judaïsme est souvent évoqué, Blondel ne dit presque rien sur le protestantisme (peut-être parce que la conversion de John Newman l'a conforté dans l'idée qu'il y aurait une supériorité intrinsèque du catholicisme sur le protestantisme), et peu de choses sur l'islam[1]; quant aux allusions aux religions orientales, elles sont rares. Il crédite, nous l'avons vu, la raison naturelle de la capacité d'approcher les mystères de la Trinité, de l'Incarnation, de la Rédemption, de la Résurrection, alors que ces mystères ont suscité dans les premiers siècles du christianisme de très profonds débats dont les échos se retrouvent dans les premiers Conciles et chez les Pères de l'Église.

La singularité de Blondel est de nous faire sentir que la raison n'a pas pour fonction de dissiper l'obscurité où nous nous trouvons, mais de nous aider à discerner, mieux que ne l'ont fait Husserl et bien des phénoménologues, que penser, c'est se mettre en face de ce qui est autre. La raison n'est pas l'instrument d'une autonomie fermée, d'une puissance impuissante parce que limitée à l'empire sur soi au sein de la caverne : elle nous fait découvrir d'une manière indissociable notre liberté, nos liens avec autrui et

1. Blondel a eu des musulmans parmi ses étudiants et, en particulier, l'un d'eux, Paul Mulla, s'est converti, est devenu prêtre et a été l'un des brillants spécialistes de l'Islam à l'Université Grégorienne. Dans son *Itinéraire philosophique*, il dit : « ... Paul Mulla venu de l'Islam pour mieux comprendre et compléter l'âme religieuse de ses frères de race... », p. 277. En lisant, dans *La Philosophie et l'esprit chrétien*, sa « déduction » quasi transcendantale des attributs du Dieu chrétien, on se demande si, pour lui, l'Islam, en tant que religion, ne souffre pas d'une triple déficience : son monothéisme simple (qui exclut la Trinité), son absence de mystère de l'Incarnation (qui exclut l'idée d'un Dieu-Homme) et la limitation de l'*umma* en comparaison de l'universalité du corps mystique et de la communion des saints. Dans « Le problème de la mystique », dans *Qu'est-ce que la mystique ?*, Paris, Bloud et Gay, 1929, Blondel évoque la mystique dans l'islam, p. 59-60 en note. Il évoque le livre de Louis Massignon sur le martyre du mystique Al-Hallâj, exécuté à Bagdad le 26 mars 922. Il cite aussi un article du R. P. Maréchal sur « Le problème de la grâce mystique en Islam », paru dans les *Recherches de science religieuse*, mai-août 1923. Blondel observe que la mystique en Islam est éloignée de la gnose et de l'extase plotinienne, « mais revêt un caractère concret, cordial, personnel, singularisé, qu'exprime notre Pascal en son mystère de Jésus : "J'ai versé telle goutte de sang pour toi" » (p. 60, en note).

avec l'Être, ainsi que notre incomplétude. Cette recherche, pour aboutir, doit être menée sur les trois terrains – liés entre eux – de la pensée, de l'être et de l'action, d'où la nécessité de la trilogie : *La Pensée, L'Être et les êtres,* et *L'Action*. D'où aussi l'obligation de clarifier la relation entre la philosophie et l'esprit chrétien.

GENÈSE DE L'IDÉE DE CRÉATION

Blondel traite d'une façon originale le vieux problème des rapports de la foi et de la raison : soit, par exemple, la notion de *création*. Son analyse conjugue deux registres sans les confondre : celui de l'histoire (réflexion *ex datis*) et celui de la philosophie (réflexion *ex principiis*). Cette dernière, à son tour, fait apparaître une insuffisance ou une absence, dans laquelle l'esprit doit accepter de demeurer (attention) pour qu'une présence se manifeste (révélation). L'enquête historique établit que la philosophie antique a ignoré la notion de création : l'origine de celle-ci est juive et chrétienne. L'enquête spéculative, métaphysique, cherche à définir la création *ex nihilo*. Blondel reconnaît que la notion est obscure : « Si l'idée de création est restée à peu près ignorée en dehors de la tradition judéo-chrétienne, et si même elle demeure presque inassimilable à une philosophie rationaliste, c'est qu'en effet elle demeure énigmatique pour quiconque ne va pas au-delà d'un simple problème de puissance et de causalité, sans égard pour les secrètes intentions d'une Providence, non seulement intelligente et organisatrice d'une nature bien ordonnée en elle-même, mais infiniment charitable envers ses créatures » (*E. C. I*, p. 57). La notion de création a deux racines distinctes, l'une naturelle, l'autre surnaturelle : d'un côté, elle concerne la nature et donc l'observation et la science ; de l'autre, elle implique une vision de la destination de l'univers et des vivants. Cette notion se forme donc par une combinaison ou une « hybridation » de la pensée rationnelle et de la révélation religieuse. La philosophie a pour fonction de mettre en contact ces deux lignées hétérogènes et d'examiner ce que produit leur confrontation.

En effet, l'idée de création, telle qu'on la trouve dans l'histoire naturelle et les théories de l'évolution, combine nécessairement ces deux niveaux : il s'agit, scientifiquement, de savoir si les espèces vivantes évoluent et, dans l'affirmative, sous l'effet de quelles causes ; et il s'agit, philosophiquement, de comprendre ce que signifie le fait que la notion de création ne concerne pas seulement l'univers physique, mais également le monde vivant et l'ordre humain. Dans *L'Être et les êtres*, Blondel se demande pourquoi Dieu crée des êtres périssables, malheureux, agressifs, etc. En formant la notion de création, le philosophe accepte de faire le « procès de Dieu » (ce sont les termes de Blondel), de lui demander des comptes sur les lois qui régissent les relations des créatures entre elles et leur destinée propre. C'est une question que les naturalistes se posent inévitablement.

Pourtant, dans la seconde partie du tome I de *La Philosophie et l'esprit chrétien*, intitulée « L'énigme philosophique des existences contingentes et le sens mystérieux de la création », on constate l'absence de références à l'histoire naturelle, au transformisme, à Lamarck et à Darwin. Que Blondel n'ait pas pour Lamarck d'attirance, on le comprend : il suffit de lire, dans le roman *Volupté* de Sainte-Beuve, le récit des leçons du grand naturaliste au Muséum. Le génie de la Nature, chez Lamarck[1], n'a rien à voir avec Dieu ; et l'on peut se demander si le succès des idées lamarckiennes en France, dans la première moitié du XXe siècle, ne tient pas pour une part à l'esprit areligieux de son œuvre. Darwin est tout différent : issu d'une famille croyante, ayant un moment songé (comme Blondel) à recevoir les ordres, marié à une femme pieuse qu'il ne veut pas choquer, il est traumatisé de découvrir que le monde organique est violent et que sa beauté est le fruit de la « guerre de la nature »[2]. Pourquoi, se demande-t-il, Dieu a-t-il assujetti le monde vivant à des lois si dures ?

On peut, bien sûr, supprimer le problème à la façon de Descartes, en niant la souffrance animale sur la base de la théorie de l'animal-machine[3]. Mais Blondel écarte cette solution, car il juge que l'animalité que nous portons en nous est une part inaliénable de notre être, l'un des fondements de notre individuation, marquée par l'Incarnation. Or, dans le texte auquel nous nous référons, Blondel ne dit rien ni du monde animal ni de Darwin, alors que Lachelier, qu'il admirait, écrivait en 1882 à Caro : « Spéculativement, je suis de ceux qui ne voudraient abandonner ni Darwin ni

1. Le héros raconte : « Je fréquentais plusieurs fois par *décade*, au Jardin des Plantes, le cours d'histoire naturelle de M. de Lamarck ; [...] M. de Lamarck était dès lors comme le dernier représentant de cette grande école de physiciens et observateurs généraux, qui avait régné depuis Thalès et Démocrite jusqu'à Buffon ; [...] Sa haine, son hostilité philosophique contre le déluge, la création génésiaque et tout ce qui rappelait la théorie chrétienne, n'était pas moindre. [...] Une longue patience aveugle, c'était son Génie de l'Univers », Sainte-Beuve, *Volupté* [1834], 3e éd. 1845, Paris, Charpentier, chap. XI, p. 147-148.

2. Charles Darwin, *L'Origine des espèces au moyen de la sélection naturelle ou la lutte pour l'existence dans la nature* [1859], trad. fr. Ed. Barbier, Paris, C. Reinwald, 1880, p. 576.

3. La Fontaine, au début du dixième livre de ses *Fables*, dans le Discours à Madame de La Sablière, expose et critique la théorie de l'animal-machine.

Moïse»[1] et que, dans les années 1860-1870, Cournot et, plus encore, Maximilien Begouën[2], montrent l'importance des observations de Darwin.

Blondel écrit: «L'énigme de la création ne trouve donc son sens que dans un nouveau mystère, celui de la destinée des créatures spirituelles, liées elles-mêmes à toutes les préparations de l'ordre universel qui forment les paliers étagés de toutes ces ascensions des vivants et des esprits» (*E. C. I*, p. 57). Il ajoute: «Cette organisation progressive, *compages rerum*, sert de condition et d'appui à l'avènement d'un règne que la Révélation appelle le Royaume de Dieu...» (*E. C. I*, p. 57-58). Pourquoi qualifie-t-il l'apparition graduelle de formes vivantes de plus en plus complexes de «condition et d'appui à l'avènement» d'un autre règne? Cela signifie-t-il que Dieu n'attache pas d'importance intrinsèque au monde vivant, aux êtres qui le peuplent et aux lois auxquelles ces êtres sont assujettis? Nous nous sentons plus à l'aise chez Tertullien[3] pour qui Dieu a créé tous les vivants avec amour et reste soucieux de leur sort; ou dans *L'Origine des espèces* où transparaît, sous la plume de Darwin, un tourment méta-

1. Cité par Thierry Leterre dans son Introduction à Jules Lachelier, *Du fondement de l'induction* [1871], Pocket, 1993, p. 48 en note. Jules Lachelier était un catholique fervent.

2. *La création évolutive* par le Cte Begouën, Privat, Toulouse, 1879, plaquette de 59 pages. Cette étude est, notamment, une réponse critique à un auteur que cite Blondel, M. Vacherot. Maximilien Begouën rend hommage aux travaux de Darwin, en ajoutant: «Mais il n'en tire pas la conclusion si logique de l'intervention d'une volonté supérieure» (p. 37). Il est d'ailleurs à noter que les penseurs catholiques qui, à la fin du XIXe siècle et au début du XXe siècle, ont adhéré à l'idée de l'évolution, ont été plutôt darwiniens que lamarckiens. Sans doute sentaient-ils que Darwin se pose des problèmes métaphysiques et religieux que Lamarck, semble-t-il, pense avoir résolus dans le sens d'un naturalisme sans transcendance. C'est le cas, notamment, de Maximilien Begouën et de ses fils, eux-mêmes naturalistes et liés d'amitié avec Teilhard de Chardin. C'est aussi le cas de l'abbé Breuil. Ces hommes ont contribué, dans les années 1910-1920, à éviter que le Vatican ne condamne les théories de l'évolution et que, comme dans le protestantisme américain, on ne voie apparaître une critique de l'évolution fondée sur l'interprétation littérale de l'Ancien Testament. Ils montraient, en effet, la possibilité d'une conciliation entre les découvertes scientifiques du grand naturaliste et l'existence d'un Dieu créateur. Mais cette solution laissait en suspens la question que posait implicitement Darwin : Pourquoi de telles lois de la nature organique, lois que nous rejetterions pour régir les sociétés humaines ?

3. Tertullien se demande comment Dieu pourrait oublier ses créatures, même éphémères et sans conscience, puisqu'il les a créées avec amour. Il demande, incrédule, à ceux qui doutent de la valeur inestimable du corps : « Dieu aurait confié la réplique de sa vie, le souffle de sa respiration, l'œuvre de sa bouche à quelque récipient sans valeur et, en la plaçant dans une situation si indigne, l'aurait évidemment condamnée ? », *La résurrection des morts*, p. 53. Il ajoute, plus loin, à propos de la chair : « Il est exclu, absolument exclu, que l'ouvrage de ses mains, l'objet de sa sollicitude, le réceptacle de son souffle, la reine de sa création, l'héritière de sa libéralité, le prêtre de son culte, le soldat qui combat pour la défense de sa parole, la sœur du Christ, Dieu l'abandonne à la mort éternelle ! » (*Ibid.*, p. 55).

physique et religieux. La raison de cet « oubli » est peut-être que Blondel, étant en quête de l'Être, se demande devant tous les êtres (choses, organismes vivants, êtres humains, etc.) : sont-ils des êtres ? Comme, dans cette recherche ascendante, la réponse est négative, il est tenté de voir des « conditions » et des « appuis », là où Tertullien voit des vivants singuliers, aimés de Dieu.

Dans l'examen de la notion de création, Blondel, comme Bergson, n'exclut aucunement que d'autres mondes habités puissent exister : « En ce qui concerne la multiplicité éventuelle des mondes dans notre univers (que les progrès de l'astro-physique montrent en expansion constante en des espaces et en des temps prodigieux), rien ne nous autorise à exclure ou à admettre la réalité d'une infinie multiplication de créatures, conviées à des formes semblables ou différentes par la générosité divine » (*E. C. I*, p. 291). Bien plus, il n'écarte pas que le mystère de l'Incarnation se produise sur d'autres planètes : « Mais il est possible aussi que l'équivalent du prodige d'une présence réelle du Verbe incarné sur tous les autels de la terre et dans tous les communiants doive nous aider à comprendre une diffusion cosmique encore infiniment plus large… » (*E. C. I*, p. 291 *sq.*).

DÉMARCATION ENTRE RAISON ET FOI : SÉCULARISATION DES IDÉES RELIGIEUSES

Nous devons à présent nous demander : Blondel a-t-il élaboré une épistémologie des rapports de la raison et de la foi ? Est-il parvenu à établir une démarcation entre la philosophie et la religion qui puisse nous servir de modèle, à nous qui nous retrouvons, en ce début du XXIe siècle, devant des mélanges détonants et disparates de croyances et de savoirs ? Pour Blondel, l'homme n'échappe pas à l'alternative brutale : ou bien l'expérience de la transcendance, ou bien la réduction au règne de la force.

A-t-il su – ou a-t-il voulu –, après avoir défini la raison par une ouverture à l'Autre, c'est-à-dire à Dieu, affronter le risque que la rencontre désirée n'ait pas lieu, que le résultat de l'attention et de l'attente ne soit pas une révélation mais une incertitude ou même un constat d'athéisme ? Blondel est si imprégné de foi chrétienne qu'il interprète un tel vide, une telle absence, comme une rébellion. Mais est-ce toujours le cas ? Y a-t-il refus ou seulement constat d'une absence, d'un *rien* ? Le nihilisme ou, tout simplement, l'incroyance procèdent-ils du rejet d'un ordre transcendant que l'on aperçoit ? Ou d'actes sincères, causés par la cécité ou par le vide ?

En lisant Blondel, je n'ai pas ressenti cette interrogation tragique. Dans la mesure où il ne semble pas avoir véritablement vécu cette alternative, mais l'avoir seulement clairement conçue, il n'y a pas non plus dans son œuvre une démarcation vécue entre foi et savoir, même s'il proteste de sa constante préoccupation de distinguer les assertions de la raison naturelle et les enseignements de la foi. En fait, ce qu'il cherche à montrer, c'est que la conjonction de la raison et de la révélation est nécessaire tant à la religion qu'à la philosophie. L'une et l'autre sont distinctes, mais, quand elles sont dissociées, elles dépérissent.

Lorsqu'il s'agit de la sécularisation des idées religieuses (juives ou chrétiennes), la question de la démarcation entre foi et savoir n'est pas gênante : c'est le cas, nous l'avons vu, quand Blondel explique que la science moderne est liée au message chrétien et que sa naissance a été préparée par la logique scolastique, hypothèse continuiste qui est aussi celle de Duhem et de Gilson, mais à laquelle s'opposent Cournot et Brunschvicg.

En effet, pourquoi la science moderne est-elle née dans l'Europe latine et chrétienne, et non en Chine, en Inde ou en terre d'Islam ? Y a-t-il un lien entre la religion et la science ? Le christianisme a-t-il donné un élan propre à la rationalisation du réel ? La réponse de Blondel est nette : bien que les mystiques chrétiens aient insisté sur le caractère insondable de Dieu, ils n'ont pas prêté à Dieu des desseins arbitraires. Ils n'ont pas imaginé que Dieu changerait l'ordre de la nature. De même, ils n'ont jamais supposé que Dieu voulût tromper l'homme. Au contraire, dès le livre de la Genèse, il est dit que Dieu a créé l'homme « à son image et à sa ressemblance », ce que les penseurs chrétiens, savants, philosophes et théologiens, ont interprété en supposant que cela impliquait que l'homme pouvait – au moins dans une certaine mesure – percer les secrets de la nature. Certes, les rapports de la science et de la théologie n'ont pas toujours été simples, mais, en fin de compte, dans la mesure où un lien de filiation était supposé exister entre Dieu et l'homme, le christianisme a favorisé l'exploration de la nature et la découverte de son ordre intrinsèque.

L'étude que fait Blondel de la naissance de la science moderne ou de la notion de création pose un problème épistémologique général : comment s'effectue la transposition d'une idée religieuse à un autre domaine, scientifique ou politique ?

L'INTERACTION DES ESPRITS

Prenons comme exemple la conception chrétienne de l'interaction des esprits telle que la définit saint Augustin et voyons comment elle peut se transposer à la vie de laboratoire. Dans le *Sermo 280* consacré aux martyrs,

Augustin fait la recommandation suivante: « Si nous ne pouvons pas les suivre en action, suivons-les par l'affection; si nous ne partageons pas leur gloire, du moins partageons leur joie; à défaut d'avoir leur passion, témoignons-leur de la compassion; si leur excellence nous fait défaut, restons unis à eux. Qu'il ne nous semble pas trop peu d'être les membres de ce corps dont ils font aussi partie, eux que nous ne pouvons égaler »[1]. Augustin analyse ici le rapport asymétrique que des êtres ordinaires ont avec des individus d'exception, qui sont allés au bout du témoignage de leur foi.

La description d'Augustin s'étend-elle au cas où les êtres à qui nous voulons nous relier sont exceptionnels non par leur foi, mais par leur savoir? Ce qu'il dit des saints vaut-il pour les savants? Si la réponse est positive, le *Sermo 280* décrirait la condition où nous nous trouvons dans la recherche de la vérité. Essayons de tester cette hypothèse et de nous demander: les conseils d'Augustin sont-ils transposables de la foi au savoir? Faut-il les suivre lorsque, de façon solitaire ou de façon solidaire, nous essayons de participer à la construction de la science vivante?

Reprenons les paroles d'Augustin: en permanence nous faisons le constat que nous ne pouvons pas suivre en action, c'est-à-dire refaire par nous-mêmes, les opérations qui mènent aux découvertes ou aux inventions. Que veut dire alors: « Suivons-les par l'affection »? À mon sens: « Essayons de mettre nos pas dans les leurs et, si c'est trop difficile, recourons aux transpositions non techniques qu'ils peuvent donner de leurs actions de découverte ». Augustin insiste sur le fait que la communication de la vérité d'un esprit à un autre implique un climat d'adhésion, de reconnaissance, d'affinités. C'est un thème qu'évoque Simone Weil dans *L'Enracinement*, à propos de la « transposition » des vérités. On peut donc affirmer que, sur ce point, ce qui est vrai dans l'ordre de la foi l'est aussi dans celui de la connaissance. Les observations suivantes d'Augustin semblent être des corollaires, qui insistent sur les aspects affectifs de la communication ainsi créée avec les êtres d'exception: si nous n'avons pas leur gloire, partageons la joie qu'ils éprouvent et donc ne soyons pas envieux parce que nous ne les égalons pas; et si, n'ayant pas leur engagement passionné et absolu, nous ne montons pas en première ligne,

1. « Si eos sequi non valemus actu, sequamur affectu; si non gloria, certe laetitia; si non meritis, votis; si non passione, compassione; si non excellentia, connexione. Non nobis parum videatur quod ejus corporis membra sumus, cujus et illi, quibus aequi parari non possumus. »

que cela n'entraîne pas une rupture du contact; c'est ce que marque le contraste entre « *passio* » et « *compassio* ».

Une exigence forte s'exprime ici: ce que nous ne nous sentons pas capables de vivre par nous-mêmes, nous devons essayer de l'approcher par une empathie lucide, par une attention du cœur et de l'esprit. Il est clair que cette recommandation vaut pour l'activité de recherche: ce que nous n'égalons pas, nous ne devons pas nous en écarter par dépit ou déni, mais, tout au contraire, nous en approcher par sympathie et par attention imitative. La proposition « *si non excellentia, connexione* » résume les requêtes précédentes : elle souligne un constat : « l'excellence nous fait défaut » et en tire une conséquence souhaitable : « restons reliés ». Là encore, ce qui est vrai dans l'ordre de la foi l'est dans l'ordre du savoir.

À l'âge de la raison classique, tant que les individus (ou au moins certains d'entre eux) étaient capables d'intérioriser l'ensemble d'une discipline, l'idée religieuse que les hommes forment « un seul corps » n'avait pas d'application scientifique. Dès lors que la possibilité que l'individu intériorise une discipline ou même une théorie a disparu et que la raison classique est morte, l'agent des découvertes et des inventions ne se présente plus comme une entité atomique mais comme un organisme collectif. De ce fait, ce que dit Augustin dans l'ordre spirituel vaut pour l'activité de recherche: « *ejus corporis membra sumus* », nous sommes les membres d'un corps. Ce corps, en fin de compte, c'est l'Humanité elle-même, ce qui valide encore plus l'extension du modèle de la communion des saints de l'ordre de la foi à celui de la raison. En conclusion, l'analyse d'Augustin vaut pour la science autant que pour la religion. Cette perspective n'est pas étrangère à Blondel : même si, à bien des égards, il est solitaire, il a un sens aigu du travail collectif, comme le montrent son activité au sein de la *Société française de Philosophie*, sa participation au *Dictionnaire* de Lalande, sa vaste correspondance et ses interventions dans les congrès de philosophie.

LA SÉCULARISATION DE LA « COMMUNAUTÉ ÉTHIQUE » DE KANT

Nous pourrions faire la même démonstration pour la communauté éthique de Kant : elle procède de la notion chrétienne de communion des saints. Kant, dans les trois *Critiques*, limite les prétentions de la métaphysique qui voudrait, par « intuition intellectuelle », c'est-à-dire par « vision béatifique » (donnée à l'homme par Dieu), s'affranchir des conditions ordinaires de l'expérience. En même temps, il confesse qu'il est tombé amoureux de la métaphysique : même s'il s'astreint à rester dans les limites de l'expérience possible, il ne perd pas de vue que les théologiens ont formé l'idée de l'intuition intellectuelle. Il ne se désintéresse pas non plus d'expériences comme celles de Swedenborg, qui explique ses capacités par un don que Dieu lui a accordé. Kant dit : je n'ai pas ce don de voyance, mais rien ne m'empêche de concevoir que d'autres hommes le possèdent. Et, surtout, rien n'empêche d'imaginer un monde des esprits dans lequel la communication et l'interaction ne seraient pas limitées par notre enracinement corporel. Nous formons de la sorte une « idée » qui n'a pas pour nous de portée empirique, parce qu'elle ne correspond pas à l'expérience d'êtres incarnés, mais cette idée, quoique sans usage défini, n'est pas absurde ; elle pourrait même s'avérer applicable à un autre monde, qui est peut-être le « monde à venir » du christianisme.

Si l'on raisonne ainsi, on peut être amené à faire un pas de plus en se disant : qu'est-ce qui empêche que dès à présent, ici-bas, la frontière entre le monde dans lequel nous vivons et le monde à venir soit franchissable dans quelques rares cas ? En d'autres termes, Swedenborg n'aurait peut-être pas tort en pensant que Dieu, pour une raison particulière, lui a accordé le don de voir à distance ou la capacité d'établir un relation brève avec l'âme d'un mort. Ce n'est pas absurde si l'on croit que l'Humanité – vivants actuels et futurs et morts compris – forme un « corps ». Kant, en tant que technicien de la philosophie, pratique un rationalisme critique ; mais, en tant qu'amoureux de la métaphysique, il ne s'interdit pas de *rêver* d'un état ou d'une situation où les barrières de l'expérience possible bougeraient légèrement, comme il semble bien que Swedenborg pouvait, parfois, les déplacer. Blondel, quant à lui, est peu enclin à suivre Kant, William James et Bergson dans ces considérations métapsychiques : il se sent plus à l'aise chez saint Bernard et chez les docteurs de l'Église.

Il légitime avec raison de telles transpositions d'idées religieuses à des domaines de la vie sociale et politique. Ce qu'il appelle « sécularisation » a un effet à rebours : cela lui permet de remonter de l'idée sécularisée à sa forme métaphysique ou religieuse originale. C'est ainsi qu'il procède, quand, partant de l'observation du national-socialisme, il remonte à la racine originaire du totalitarisme. En d'autres termes, il est persuadé qu'une doctrine philosophique ne se compose pas de pièces disjointes. L'effort du philosophe est de faire accéder sa pensée à l'unité d'un système organique où tout communique. En même temps, une telle unité n'est pas close sur elle-même, puisque, justement, l'individuation s'accroît à mesure que le penseur est plus intensément relié aux êtres et à l'Être.

La sécularisation de l'idée de « corps mystique »

Pour comprendre comment Blondel conçoit le lien qui rattache entre eux les êtres qui composent l'univers, il convient à présent de regarder ce qu'il nous dit du « corps mystique ». Cette expression n'apparaît avec son sens moderne que dans le haut Moyen Âge; sous la forme simple de « corps »[1], elle est présente dans l'Église primitive et revêt, au cours des premiers siècles du christianisme, une extension variable : elle ne s'applique d'abord qu'aux croyants; mais, puisque le Christ est venu pour sauver tous les hommes, le « corps » englobe l'humanité entière passée, présente et future. Enfin, comme tous les vivants sont solidaires et que chacun d'eux porte en lui un fragment du monde physique, la notion de « corps mystique » finit par inclure de proche en proche l'univers sensible en son entier. Bien plus, l'éventualité que d'autres mondes soient habités ou qu'il y ait des êtres spirituels différents des hommes (les anges), accroît l'extension de cette notion, qui dépasse alors le périmètre terrestre.

Initialement, le mot « corps » est employé seul. L'expression « corps mystique » est tardive. Dans le sens que la théologie contemporaine lui donne, elle apparaît, sans doute, entre 1145 et 1160, chez maître Simon et en 1231 chez Guillaume d'Auxerre. L'idée, d'une grande audace, implique une foi profonde et intrépide : car cette croyance suggère, d'un côté, que, plus le réseau des relations d'un être avec les autres réalités de l'univers augmente, plus sa réalité singulière s'enrichit et s'approfondit; elle affirme aussi que cette identité individuelle au sein du corps mystique n'a presque rien à voir avec ce que nous appelons notre identité corporelle et psychique. La vie au sein du « corps mystique » n'est pas ce que nous appelons ordinairement « vie »; et, comme notre esprit ne peut pas, ainsi que le souligne Aristote, « penser sans imaginer », nous sommes démunis pour former l'idée de cette vie au sein du corps mystique. De ce fait, nous ne pouvons pas nous empêcher de souffrir psychiquement et affectivement à la pensée de la mort ou du déchirement que nous ressentirons s'il arrive que, changeant de statut, nous accédions à une autre forme de vie. La doctrine du « corps mystique » n'implique pas du tout – ou n'implique que secondairement – l'idée du souci de la préservation individuelle de soi ou de l'immortalité imaginée (au sens de la figuration ordinaire du paradis chrétien ou musulman). Il y a un sacrifice de l'imagination et des attachements ordi-

1. Saint Paul, dans la 1re Épître aux Corinthiens (x, 17) écrit : « Nous formons un seul corps, participant à un même pain ».

naires (narcissiques) qui est demandé[1]. Voyons à présent la conception que Blondel se fait du « corps mystique ».

La conception blondélienne du corps mystique est catholique ; elle tente d'approcher le mystère proposé : chaque être garde son individualité (son nom propre) ; il garde aussi « l'intime secret du seul à seul » (*E. C. I*, p. 207), c'est-à-dire une intériorité qui le préserve d'être exposé à la vue des autres comme le seraient une machine et ses rouages. C'est la première face de l'idée du corps mystique : la préservation de l'individualité des êtres, non seulement ici-bas mais dans le monde à venir.

Mais il y en a une deuxième : chaque membre du corps mystique accède à « l'innombrable foule » des autres membres de ce corps. En d'autres termes, la vie du monde à venir implique que l'intersubjectivité soit ontologique, brassant et commandant une vie immense en création continuée. Le corps mystique implique que les individus, tout en gardant leur « nom propre », communiquent comme de l'intérieur avec tous les autres êtres de l'univers.

L'expression de corps mystique implique une troisième exigence : que notre condition corporelle ne soit pas abolie. Blondel souligne que, « dans la vision chrétienne, *gratia non tollit naturam* » (*ibid.*). En d'autres termes, les membres du corps mystique ne sont pas de purs esprits (anges, fantômes

1. J'emprunte ces informations à Henri de Lubac, *Catholicisme. Les aspects sociaux du dogme* [1938], 4e éd. Paris, Cerf, 1947 et à l'article « Corps mystique et spiritualité » d'Émile Mersch dans le *Dictionnaire de spiritualité ascétique et mystique*, Beauchêne, 1949. Émile Mersch rattache l'*unité* du corps mystique aux paroles du Christ : « Qu'ils soient tous un, comme toi, Père, tu es en moi et moi en toi, qu'ainsi, eux aussi, en nous, soient un… Qu'ils soient un, comme nous sommes un ; moi en eux et toi en moi : qu'ils soient consommés dans l'un » (Jean, 17, 21-23). « Saint Paul reprend aussi volontiers le même concept, il aime à dire que nous sommes un dans le Christ : *Omnes enim vos unum estis in Christo Jesu* » (*Gal.* 3, 28 – *Éph.* 2, 13-18).

Émile Mersch passe en revue les synoptiques, Jean, saint Paul, les Pères grecs, et conclut : « Mais c'est certainement saint Augustin qui est, parmi les Pères, celui qui s'appuie le plus, dans ses conseils de vie chrétienne, sur l'incorporation dans le Christ » (Émile Mersch, *op. cit.*, p. 2386).

Le même auteur se demande enfin ce que pourrait être une doctrine du « corps mystique » pour aujourd'hui : § 32 « Le corps mystique contient, comme un complément, l'univers matériel lui-même : les hommes, qui en sont les membres, n'étant complets qu'avec leur corps, et leur corps n'étant complet qu'avec tout l'univers humain ; le Christ, en assumant un corps, a assumé cette matière et ces lois dont est faite la vie organique humaine ; le Christ, en unifiant l'humanité, l'a unifiée avec cet univers dont elle est inséparable. L'appartenance au Christ demande donc une appartenance à l'univers, et plus aimée, plus complète que l'appartenance matérielle, une appartenance à base de charité, une fierté plus joyeuse… » (Émile Mersch, *op. cit.*, p. 2396).

ou spectres) : « Nous restons des êtres personnels au sein même de l'irradiation divine; en Dieu même, nous demeurons des hommes, avec notre conscience propre, et d'autant mieux que nous jouissons en même temps de la vie singulière de tous nos frères, unis dans la charité du Christ » (*E. C. I*, p. 207).

Que l'identité de l'individu soit partiellement déterminée par son corps propre est une évidence sur Terre : mais il s'agit d'une « identité changeante »[1], qui se modifie, notamment, à l'occasion d'interventions comme les greffes, en particulier de cœur, de mains, de visage. Comme si déjà, ces actions réparatrices et risquées constituaient comme un signe biologique et médical de ce que le corps propre peut recevoir ou non d'étranger à lui[2].

D'AUTRES PLANÈTES HABITÉES : RÊVE OU CONJECTURE ?

Blondel aborde un autre problème : que se passerait-il s'il existait d'autres systèmes solaires, avec des planètes habitées par des êtres dont le corps serait différent du nôtre mais qui auraient une conscience et une vie spirituelle? Auraient-ils part au corps mystique? La réponse de Blondel est : oui. Cette position prend du relief au moment où nous découvrons des exoplanètes. Il note : « Rien ne nous empêche de penser que, sous des formes variées, la munificence divine ait répandu en d'autres mondes un autre ordre de grâce surnaturelle. En fait, le christianisme a toujours admis que d'autres êtres spirituels non seulement peuvent subsister en dehors de l'humanité, mais qu'il y a corrélation et influence éventuelle entre ces êtres et notre propre destinée » (*E. C. I*, p. 290).

La déclaration de Blondel vise deux buts : désarmer l'objection de théologiens qui diraient : si le Christ est le fils unique de Dieu, comment peut-il avoir opéré ailleurs que sur Terre ? ; et rappeler que, dans la tradition chrétienne (comme d'ailleurs dans le néoplatonisme de Plotin et de Proclus), des êtres spirituels autres que les hommes peuvent être conçus et

1. « L'identité changeante de l'individu » est le titre du Colloque organisé à l'Institut de France avec l'Académie des Sciences, l'Académie des Sciences morales et politiques, l'Institut Catholique de Paris et l'Académie Pontificale des Sciences les 24 et 25 janvier 2008. Les actes ont été publiés en 2008 chez L'Harmattan.

2. Blondel n'a pas connu le problème des greffes. Il a en revanche connu, à travers les trois guerres dont il a été le témoin (1870-1871, 1914-1918 et la Seconde Guerre mondiale encore en cours), le problème des mutilations et celui des « gueules cassées », c'est-à-dire de l'effet de l'altération ou de la destruction du visage sur l'identité des individus. Dans le tome II de *La Philosophie et l'esprit chrétien*, il qualifie de « guerre totale » la Seconde Guerre mondiale.

exister. Blondel va plus loin : la communion des saints exclut toute séparation radicale entre les espèces différentes d'êtres spirituels, d'où la conséquence qu'il tire : s'il y a des êtres doués d'esprit dans d'autres mondes, ils sont aussi membres du corps mystique. Cette conception, Blondel y insiste, ne s'écarte pas de la doctrine chrétienne : l'action de Dieu ne peut pas être nécessairement concentrée sur notre planète.

Reste à aborder un dernier point : peut-on, sans quitter le plan de la raison, établir qu'il ne s'agit pas d'une illusion chimérique, mais d'une possibilité envisageable ? Étendre la conception du corps mystique à une pluralité de mondes habités ne sera pas seulement un *rêve* de la raison s'il est possible de prouver ou – du moins – d'admettre à titre d'espérance que la raison n'a pas de motif logique de repousser cette idée. La méthode de Blondel est toujours la même : prendre comme fil conducteur le désir qui anime de l'intérieur l'esprit humain et examiner, par les moyens de la raison, si cette aspiration subjective a un corrélat objectif, c'est-à-dire si elle signifie qu'il y a, au-delà de l'ordre humain, une présence transcendante qui valide l'aspiration subjective : « En fait, et sans limiter la souveraine liberté divine, le dessein créateur se justifie par cette vocation à un ordre nouveau qui confère à des esprits créés et, par eux, à l'immense univers une valeur, une participation, une adoption divine qu'aucune créature, si élevée qu'on puisse la concevoir, ne pourrait tenir de sa nature propre, ni gagner par ses seules forces… » (*E. C. I*, p. 55).

Il est décisif, pour savoir quelle est notre destination, de poser la question : « Faut-il donc fermer les yeux du philosophe en obturant également tous les traits de lumière que laissent passer les voiles de la foi ? » (*E. C. I*, p. 54). Réduits à nous-mêmes, en effet, nous ne pouvons ni concevoir, ni, surtout, envisager la possibilité d'un corps mystique étendu aux autres mondes de l'univers (encore que, justement, les astrophysiciens tentent d'imaginer des signaux qui, s'ils suscitaient des réponses venues d'autres planètes, situées dans d'autres systèmes solaires, signifieraient que ces mondes sont habités par des êtres intelligents ou, dans le vocabulaire de Blondel, « spirituels »). Blondel pense ceci : l'hypothèse d'autres mondes peuplés d'êtres spirituels est née de la révélation chrétienne ; elle ne contredit la raison ni dans son usage scientifique ni dans sa dimension métaphysique. Ce que la raison humaine peut dire, c'est que cette éventualité, à titre d'hypothèse ou de rêve, est cohérente et désirable ; elle est en accord avec nos aspirations à l'éternité, à l'amour, à l'unité de l'Humanité et à la singularité des êtres. Reste à savoir si cette thèse est une idée, un rêve, une espérance ou une vérité susceptible d'être établie.

Blondel ne pense pas que la « communion des saints » et le « corps mystique » soient des propositions que la raison naturelle peut prouver; ce sont des révélations de la foi, mais la raison peut les ratifier à titre d'hypothèses parce qu'elles ne recèlent aucune contradiction logique[1].

Tout à la fin du tome II de *La Philosophie et l'esprit chrétien*, Blondel revient sur l'une des constantes de son œuvre, à savoir que l'univers est en devenir et que Dieu, dans ces conditions, ne peut pas vivre dans une éternité statique : « Répétons-le : Dieu ne s'épuise pas et rien ne nous empêche d'imaginer, tout suggère de concevoir une fécondité créatrice sans limites » (*E. C. II*, p. 374).

Ces lignes méritent qu'on les cite car, après la Seconde Guerre mondiale, la philosophie – en France tout au moins – se replie sur le territoire humain et se consacre exclusivement à ce que Bergson nommait « notre planète réfractaire ». Les philosophies de l'existence et le marxisme deviennent acosmiques. Cette période de repliement terrestre dure depuis un demi-siècle. Blondel, sur un ton et dans une langue que nous avons du mal à apprécier, nous rappelle opportunément la dimension de créativité et d'infini qui caractérise l'humanité.

LE CŒUR DE L'ŒUVRE

Maurice Blondel a poursuivi pendant plus de soixante ans une longue méditation sur l'action. La plus petite action, de proche en proche, nous lie à l'univers entier. La matière y apporte une contribution motrice : « Mais il est de science et de raison que la matérialité contient, sous le mot insuffisant qui la désigne, un dynamisme secret, d'immenses virtualités, une motion qui oriente les êtres physiques eux-mêmes vers des réalisations plus hautes que les simples lois de la mécanique. Au premier *fiat lux*, il y a déjà de la pensée » (*E. C. II*, p. 119). Il n'y a pas deux types de substance, d'un côté

1. Dans le tome II de *La Philosophie et l'esprit chrétien*, Blondel se pose la question : Pourquoi, si l'espérance de la révélation chrétienne (celle de la communion des saints et du corps mystique) est désirable pour la raison ou, en tout cas, ne contredit pas aux exigences de la pensée rationnelle, provoque-t-elle tant de réticences, d'oppositions violentes, voire de persécutions ? Pourquoi aussi l'ordre vivant (le règne animal notamment) est-il si peu pacifique ? Sa violence, qui perturba tant Darwin, se retrouverait-elle nécessairement sur d'autres planètes, si elles étaient habitées ? Y a-t-il là, dans les lois de l'univers, une sorte de contrainte fatale ? En un mot, dans *Lutte pour la civilisation et philosophie de la paix*, Blondel aborde le problème du mal moral, celui qui dérive du dévoiement de l'action humaine ; mais il ne traite pas, me semble-t-il, du malheur infligé et subi qui caractérise l'ordre biologique.

la pensée, de l'autre l'étendue : la matière est le réceptacle faussement tranquille d'une énergie latente. L'énergie atomique naissante fait apparaître la fausseté de l'identification de la matière à l'inertie. La matière joue un autre rôle : elle contribue à l'individuation : « [...] afin de concevoir et de sauvegarder la singularité de la personne humaine, il est impossible de ne point admettre un principe matériel » (*E. C. II*, p. 226).

Mais la matière, la vie, le psychisme animal et humain, la solidarité entre les hommes, la pensée elle-même ne forment pas un monde ayant en lui sa vie, son mouvement et son être. Il ne suffit pas de comprendre les interactions entre les éléments qui le composent pour en saisir la constitution et le devenir. En effet, la nature, humanité comprise, n'est pas le tout de l'Être. Le dessein de Dieu « est resté et demeure la vocation surnaturelle des êtres spirituels » (*E. C. II*, p. 107). Pour Blondel, il ne s'agit pas de juxtaposer, comme deux réalités étrangères, la raison et la foi. Il pense que la raison naturelle est capable de pressentir l'existence d'une réalité qui transcende l'homme et qui constitue le principe de l'unité non seulement des hommes mais de l'univers. Il prend l'exemple du lien social : « Nous rencontrons ici la question de la solidarité humaine, préparant, d'un point de vue encore rationnel et social, la doctrine transcendante de la "Communion des saints" et la vérité génératrice du Corps mystique du Christ total » (*E. C. II*, p. 179). L'esprit chrétien, en effet, « ne vaut pas seulement dans la vie intérieure et le secret des consciences : il est essentiellement social et universellement humain » (*E. C. II*, p. 182).

Autrement dit, à travers l'expérience effective de l'interaction, nous découvrons la « logique des êtres » et, au-delà d'elle, la présence des normes. Il faut, recommande-t-il, substituer au mot *logique* « cette notion concrète et profonde de *norme*, principe plus complexe, plus vital, plus judicatif de tous nos devoirs et de toutes nos responsabilités » (*E. C. II*, p. VI-VII). Nous voyons à la fois les réalités dans leur état factuel d'ébauches et discernons comment « l'accès à l'adoption divine » (*E. C. II*, p. 108) peut les amender et les parfaire. Si l'action est centrale, c'est que, justement, elle nous apprend que, dans l'exécution, nous ne pouvons nous jeter que tout entiers. Les normes ne sont pas des idées régulatrices planant au-dessus de nous : elles ne valent que si elles s'incorporent à l'agir.

Reste une alternative essentielle à trancher : la solidarité humaine et, plus généralement, toutes les interactions « horizontales » entre les êtres ont-elles un principe interne de cohésion et d'unité ou ont-elles besoin d'un principe unificateur transcendant ? Blondel opte pour le second membre de l'alternative. Mais, ce choix étant fait, une deuxième option en découle : le principe unificateur appartient-il à la sphère humaine ou lui est-il supérieur ? Là aussi, il décide en faveur de la seconde hypothèse. Il prend, pour illustrer ses choix, l'exemple contraire de la philosophie des Lumières : « Il est d'ailleurs à remarquer combien étrange est la logique d'un Kant lorsque, après avoir célébré le moi humain comme une fin en soi, absolument respectable, le philosophe de Koenigsberg, en se demandant "Qu'est-ce que la philosophie des Lumières ?", si célébrée au XVIIIe siècle, répond qu'afin de maintenir l'accord et l'interdépendance de tous les absolus, il faut recourir à un pouvoir non moins absolu, à un Frédéric II, type exemplaire du mainteneur de l'ordre » (*E. C. II*, p. 182-183). Si l'on veut éviter qu'une tyrannie s'installe sous les apparences de la République, il faut donc que le principe unificateur soit extérieur au domaine humain. D'où la référence à la communion des saints et, d'une façon voilée, au Christ, qui en est la figure centrale.

CONCLUSION

POURQUOI LIRE BLONDEL ?

RAISONS PERSONNELLES

La vie scientifique contemporaine repose de plus en plus sur des ensembles collectifs, alors que, à l'époque classique, on supposait que, si les découvertes ont une pluralité d'auteurs, l'individu peut assimiler à lui seul les découvertes d'une science. Ce n'est plus le cas aujourd'hui : l'activité rationnelle exige la coopération constante entre scientifiques.

Quand on cherche si cet état de choses nouveau a été pensé, on s'aperçoit que, dans la tradition occidentale, les représentations de ces modes de coopération ont leur source, souvent de façon implicite, dans des notions chrétiennes comme celles de « communion des saints » et de « corps mystique ». N'ayant pas de culture théologique, j'ai donc essayé de reconstituer l'histoire de ces notions : leur élaboration a pris des siècles et, de plus, elles touchent aux fondements de l'anthropologie chrétienne, telle que saint Augustin, notamment, l'a explicitée.

La formation universitaire française sépare nettement philosophie et théologie. Ainsi, on s'instruit de la première sans se soucier de la seconde. Il est donc instructif de lire de près un philosophe qui, tout en ayant reçu ce type de formation philosophique, a eu le souci de clarifier les liens entre raison et foi, argumentation rationnelle et expérience religieuse. C'est dans cette esprit que j'ai relu Blondel.

J'avais eu un premier contact avec *L'Action* (1893) après avoir soutenu une thèse sur *Les Mathématiques de la décision*. Car la lecture de Blondel fait prendre conscience de l'écart qui sépare le décideur abstrait de la programmation ou de la théorie des jeux et l'homme concret qui, aux prises avec une situation particulière, tente d'agir. Le contraste entre la modélisation mathématique et la vie pratique me frappa d'autant plus que, deux ans après avoir soutenu ma thèse, j'eus à exercer les fonctions de recteur d'académie. Avec le recul du temps, il me semble que *L'Action* – bien que ce livre ne soit pour ainsi dire jamais cité par les sociologues ou les théoriciens du choix rationnel – est un véritable *thesaurus*.

Toutefois, on comprend ce qui a compliqué la réception de l'ouvrage : les quatre premières parties présentent une étude anthropologique de l'action ; la cinquième partie, quant à elle, relie les analyses aux convictions religieuses de l'auteur. Or, en France, à la fin du XIXe siècle et dans les deux premières décennies du XXe siècle, les questions religieuses font l'objet de débats passionnés et de prises de position abruptes. Blondel s'est trouvé mêlé à ces controverses et l'appréciation sereine de ses travaux en a pâti. Lui-même, par peur d'être exclu par certains milieux catholiques, a plus d'une fois occulté certaines de ses convictions. Il était, par exemple, persuadé de la justesse des observations de Darwin sur la transformation des espèces ; de même, il interprétait le dogme de l'Incarnation comme signifiant la « présence réelle » du Christ non seulement dans le pain et le vin consacrés, mais dans l'univers. À cet égard, il se sentait proche de Teilhard de Chardin, de vingt ans son cadet. Toutefois, il note que considérer le Christ comme « le lien réalisateur, vivificateur de toute la création »[1] risque d'être mal compris dans une partie de l'opinion catholique : on croira « que le Christ joue physiquement le rôle que le Panthéisme ou le Monisme attribuent au Dieu vague et diffus dont ils se contentent » (*B. T.*, p. 23). S'il approuve les vues de Teilhard, il voit le risque qu'elles soient incomprises : « [...] il importe constamment de se mettre en garde contre une sorte de physicisme ou d'anthropomorphisme... » (*B. T.*, p. 35). Ces mises en garde adressées à un penseur qu'il estime et pour qui il a de l'affection, il se les adresse à lui-même : d'où la difficulté de reconnaître, à travers des expressions enveloppées, la forme audacieuse qu'avait la pensée de Blondel, y compris dans l'ordre religieux, quand il se la formulait à lui-même.

L'ANALYSE DE L'ACTION

Une raison majeure de lire Blondel aujourd'hui, c'est que sa peinture de l'action reste instructive, même s'il n'a pas fait état de la littérature mathématique qui la concerne. Il montre que l'exécution de l'action apporte à

1. Blondel et Teilhard de Chardin, *Correspondance* commentée par Henri de Lubac, p. 21. En abrégé : *B. T.*

l'agent des lumières sur sa situation et sur lui-même, lumières que la connaissance ordinaire ou scientifique ne lui apportent pas. À ses yeux, l'action est un « laboratoire vivant », où l'individu est mis à l'épreuve. Comme son contemporain le romancier Joseph Conrad, il a la claire perception que c'est en s'exposant aux événements que l'on découvre, par instants, l'étoffe dont on est fait.

Mais Blondel est philosophe : il ne se contente pas de cette évidence, il veut en saisir la raison. Pourquoi, se demande-t-il, y a-t-il un tel hiatus entre l'idée de l'action et l'action elle-même, alors que Descartes paraît ne pas les distinguer ? Qu'y a-t-il dans la réalisation de l'action qui fait défaut aux projets le plus minutieusement conçus ? Une chose énigmatique et simple : la pensée, hors de l'action, reste générale ; elle ne pénètre pas la singularité des situations et des êtres. De plus, entre penser et agir, il y a une autre différence : l'action implique un engagement de l'individu tout entier ; aucune part de lui-même ne reste spectatrice de la partie qui agit. D'où, dans l'action, un élément d'irréversibilité : une fois lancée, l'action déroule ses effets et l'agent ne peut plus se reprendre ; en revanche, il est sommé de garder les commandes (autant qu'il le peut).

Prendre l'action comme fil conducteur l'amène à établir que, de proche en proche, le plus petit de nos actes nous met en rapport avec le reste de l'univers. C'est un sentiment que Platon, Aristote, les Stoïciens ont eu. Le mérite de Blondel est de repenser cette évidence en fonction de la science moderne, qu'il considère, pour l'essentiel, dans la perspective phénoménologique de Duhem : la science éclaire l'homme sur les effets de son action. Mais, au-dessous du réseau de relations que les sciences mettent en évidence, il y a, dans l'action, une relation organique de confiance envers les êtres et les choses : agir, répète-t-il, c'est se confier à l'univers.

Cette confiance originaire dans le monde repose sur la conviction que la pensée s'égare si elle dissocie la perception et la science : de même que, dans l'action, nous ne pouvons disjoindre ce que nous pensons et ce que nous faisons, de même, dans la recherche de la vérité, nous tentons d'unifier, dans une même vision, les idées et les perceptions, au point que, se mélangeant, elles ne fassent plus qu'un, comme le dit, nous l'avons noté, l'Athénien dans les *Lois* de Platon (XII, 961 d).

Or cette tentative échoue, comme le développement de la science moderne à partir du début du XVIIe siècle en témoigne : Galilée, dans le *Saggiatore*, distingue entre les qualités « premières » et « secondes » des choses et, par la suite, les succès de la mécanique, de la chimie, de l'électricité, etc., ne remettent pas en cause une différenciation variable dans son contenu, constante dans son principe, entre les caractères des choses que l'on intègre aux sciences et les caractères qu'on laisse de côté. De ce constat, Blondel tire la conclusion que le philosophe ne doit pas se résoudre à une telle « vivisection » : sa fonction est d'élever à la rationalité la complète réalité de l'univers. Comme beaucoup de penseurs de son temps, il croit qu'il y a, au-delà de l'approche scientifique du monde, une approche métaphysique ou philosophique qui, tout en respectant les contraintes du savoir scientifique, s'affranchit de ses limites.

Puisque l'action intègre plus de substance que la science, il ne fait pas de doute pour Blondel que ce sont ses exigences qui déterminent le choix du philosophe. D'où sa position : a) la science est nécessaire pour aller vers les choses mêmes ; b) mais elle ne suffit pas et l'action doit prendre le relais : « La science, toujours fissurée, ne domine et n'explique pas l'agir, lequel ne se réduit jamais au déterminisme des phénomènes dompté et utilisé par notre pensée pour nos besoins… » (*A. II*, p. 391). Redisons-le, toutefois : par « science », Blondel n'entend pas la science antique, qu'il qualifie de « spéculative » et de « résignée », mais la science moderne qu'il qualifie de « dominatrice » et de « transformatrice du monde ». C'est que, pour lui, la science, loin d'être coupée de l'action, y participe : en mécanique, en théorie de la chaleur, en chimie de synthèse, elle contribue à la fabrication d'instruments et de substances, ou à la domestication des énergies.

Pourtant, alors que l'affirmation de la rationalité du réel amène Whitehead à considérer que tout *Essay in Cosmology* passe par la voie scientifique, Blondel, faute sans doute d'avoir le professionnalisme scientifique d'un Cournot ou d'un Whitehead, ne voit pas dans les sciences le moyen privilégié de mettre au jour les relations entre les choses. On peut résumer ainsi sa position : a) pour faire de la philosophie, aujourd'hui comme par le passé, il faut une culture scientifique et une culture métaphysique ; b) la culture scientifique n'est effective que si elle est liée (au moins pendant un temps) à un métier scientifique. Blondel est persuadé de la vérité de la 1re proposition ; il n'a pas eu l'occasion d'actualiser dans sa vie la 2e. Cette situation est encore la nôtre ; elle s'est même aggravée : la façon dont en France, dans la seconde moitié du XXe siècle, on a pratiqué la phénoménologie est en régression par rapport à ce que Blondel entendait par ce mot.

En résumé, Blondel prend l'action comme fil directeur de son exploration du réel. Il voit en elle la seule façon de passer de la phénoménologie à l'ontologie, ce mot technique désignant l'accession aux « choses mêmes » (c'est pourquoi il parle d'« ontologie concrète »). De l'analyse de l'action, il tire l'implication qu'agir nous fait éprouver notre solidarité avec l'univers. Sa perspective ne le pousse pas à isoler les individus les uns des autres ni non plus à dissocier l'ordre humain de l'ordre vivant (et donc de l'histoire naturelle) et de l'ordre physico-chimique (qu'il appelle « cosmique »).

Une anthropologie chrétienne

Blondel a une vaste culture : ses ouvrages nous permettent de pénétrer, d'une façon profonde et originale, ce qu'est l'anthropologie chrétienne, dont saint Augustin a proposé la première formulation philosophique systématique. Blondel ne prétend pas construire une anthropologie originale : il entend expliciter les traits fondamentaux de l'anthropologie qui se dégage de la Bible, des Évangiles et des Pères de l'Église. Il n'agit pas ainsi par piété, mais parce qu'il juge, en tant que philosophe, qu'il y a, de la pensée antique à la pensée chrétienne, un saut décisif et que, dans ses recherches sur l'action, il vérifie le bien-fondé d'un certain nombre d'affirmations essentielles du christianisme touchant la liberté, l'interaction des êtres, la non-séparation du corps et de l'âme, l'identité de l'individu, l'insertion de l'espèce humaine dans la nature, la transcendance de la destinée des individus et de l'humanité tout entière par rapport à l'ensemble des déterminations physiques, organiques, psychiques, sociales qui affectent sa constitution et son histoire.

Le principe fondamental de cette anthropologie, c'est l'idée de l'Incarnation : si Dieu s'est fait homme, cela veut dire, par analogie, que, dans l'être humain, il n'y a pas de séparation ultime entre le corps et l'âme. Ce sont des faces différentes d'une réalité unique, à laquelle participent tous les ordres de la nature : physico-chimique, biologique, psychique, social, intellectuel, spirituel. C'est là une rupture avec une partie de la pensée antique, pour laquelle l'âme séparée du corps a une destinée propre. Dans la perspective chrétienne, en revanche, de deux choses l'une : ou bien la mort biologique marque la disparition définitive de l'individu ; ou bien Dieu, parce qu'il l'a créé avec amour, le « ressuscite ». Saint Paul pose l'alternative de façon explicite et elle n'est pas remise en cause par la suite. À son tour, Blondel choisit.

Son second principe, c'est que l'individu n'est pas un isolat ; il est relié aux autres êtres et, de proche en proche, à tout l'univers. De fait, la pensée chrétienne, une fois sécularisée et transposée à l'ordre politique, est la source des notions de « communauté éthique », d'« intersubjectivité », de « solidarité » entre les générations, etc. Les idées régulatrices qui servent d'arrière-fond à ces principes sont les notions de « communion des saints » et de « corps mystique ». Il ne s'agit pas seulement de croyances religieuses, mais d'énigmes anthropologiques : est-il exact ou non que, plus les liens d'un individu avec les autres et avec le monde se multiplient et s'intensifient, plus son individuation s'affirme ? Blondel est persuadé de la justesse de cette conjecture : il croit que, plus les êtres humains se lient, plus leur singularité s'approfondit. Ce principe, d'origine judéo-chrétienne, s'est entièrement laïcisé et, par exemple, il a été remarquablement mis en œuvre par Whitehead et par Gilbert Simondon.

Whitehead fait remarquer, dans *Process and Reality*, que, du même coup, la notion de sujet ne peut pas se calquer sur la notion aristotélicienne de substance : nous sommes individués, mais nos frontières ne sont pas circonscrites. En permanence, nous incorporons des éléments qui viennent du dehors et rejetons d'autres éléments qui semblaient nous appartenir en propre. D'où une question : qu'est-ce que l'identité de l'individu ? Est-elle fixe ou, ce qui semble à première vue paradoxal, en devenir ?

Pour Blondel, comprendre, c'est reconstituer une généalogie, retrouver un processus génétique : d'où sa méthode exhaustive. Dans le travail de la pensée, comme dans l'action, on ne peut pas brûler des étapes. Tout obéit à des lois de germination, à des processus de causalité qui sont historiques. Le but de cette approche temporelle des choses est de mettre en évidence des interactions, de rendre visible le « lien substantiel » entre les diverses parties de l'univers. Ainsi, tout naturellement, l'anthropologie conduit à la cosmologie.

Or le trait principal de l'univers, selon Blondel, c'est qu'il est en devenir. Nous habitons un monde en évolution : c'est vrai dans l'ordre physico-chimique, comme l'astrophysique le révèle ; c'est vrai dans l'ordre biologique, comme l'histoire naturelle le donne à penser ; c'est vrai dans l'ordre humain, individuel et collectif. Toutefois, nous l'avons souligné, autant Blondel est explicite quand il s'agit d'astrophysique, autant il est circonspect quand il s'agit de l'histoire de la vie, même si, manifestement, il est proche d'évolutionnistes chrétiens comme Lachelier et Teilhard de Chardin. Quand il parle de Bergson, il ne critique jamais les faits touchant l'évolution des espèces que celui-ci évoque dans *L'Évolution créatrice*. D'ailleurs, Cournot, dans *Matérialisme, Vitalisme, Rationalisme*, paru en 1875, avait fait observer, nous l'avons vu, qu'il est bien peu logique et (même s'il ne le dit pas) bien peu chrétien d'imaginer que Dieu créerait les espèces indépendamment les unes des autres, par une suite de « coups d'État ».

Si les différents ordres de la nature sont le siège de processus d'évolution, en revanche, ces ordres, tout en étant solidaires, sont irréductibles. C'est dans la philosophie de Blondel un point essentiel : ainsi, dans l'éloge qu'il fait de Bergson après sa mort, il insiste sur ce qui, selon lui, distingue la mystique bergsonienne de la spiritualité chrétienne. La première est l'élan vital parvenu à l'état de perfection; la seconde est la grâce divine s'infusant dans l'être humain.

L'EXPLORATION DES ORDRES DU RÉEL

L'anthropologie, dans la perspective chrétienne, ne se sépare pas de la cosmologie, puisque le corps et l'âme ou, si l'on veut, la matière et l'esprit ne sont pas dissociables de façon ultime. D'où la nécessité de résoudre un problème philosophique difficile: quels sont les ordres du réel? Se limitent-ils aux trois ordres classiques: physico-chimique, biologique, humain? Ou bien y a-t-il, au-dessus de l'ordre humain, un ordre transcendant? La réponse de Blondel est que, effectivement, l'ordre humain n'est pas fermé sur lui-même mais comporte une ouverture, comme la caverne de Platon : ce que nous pouvons en voir est une révélation, en ce sens que c'est une « rencontre », non avec une réalité impersonnelle, mais avec un Dieu personnel qui nous aime.

Blondel est un penseur scrupuleux : il ne veut pas faire passer des actes de foi pour des arguments rationnels. D'où le problème qui se pose à lui : peut-on prouver que l'humanité ne loge pas dans un univers fermé sur lui-même et tel que ce que nous appelons la nature constituerait la totalité de l'Être? Sa réponse est que, d'un côté, nous pouvons prouver que la nature n'est pas le tout de l'Être et que, de l'autre, nous ne pouvons pas, par nos propres forces, dire de quoi est fait cet au-delà de l'ordre humain. Le christianisme de Blondel complique les données du problème puisque, dans la doctrine chrétienne, Dieu, tout en étant incommensurable avec la nature, s'y incarne. Ce qui est au-delà est en même temps pleinement présent dans l'ordre humain et même dans les ordres biologique et physico-chimique.

C'est ce qui explique que, dans les livres de l'âge mûr et de la vieillesse (la trilogie et *La Philosophie et l'esprit chrétien*), le cheminement de Blondel soit aussi lent : il pense que, pour rencontrer l'homme, Dieu traverse la nature et que l'homme, pour rencontrer Dieu, doit aussi parcourir difficilement les couches qui constituent son être. Toutes les ressources de l'homme sont nécessaires à la réalisation de ce qui est un enfantement : « Donc, me semble-t-il, je ne déprécie nullement le caractère vrai, bon, solide, de l'effort naturel, de l'opération humaine, du travail scientifique, en le subordonnant (comme un chemin providentiellement assigné à la plupart) au travail d'enfantement surnaturel qui est pour tous la condition *sine qua non* de la déification ; bien au contraire, je relève infiniment la grandeur, la beauté, le courage de cet effort humain : “construire du divinisable” » (*B. T.*, p. 40). Dans cette perspective, l'univers matériel et vivant participe à cette sorte de changement de nature. Il n'est pas « une machine à faire des dieux » comme à la fin des *Deux Sources* de Bergson ; il est, en revanche, inclus non seulement dans la philosophie de la nature, mais dans la philosophie de l'esprit.

Quel est le terme final de l'univers en devenir? À cette question, Blondel apporte deux types de réponse. D'un côté, en se référant à l'évolution de la vie d'une part, à l'expansion de l'univers physique de l'autre, il essaie de constituer une philosophie de la nature qui soit une ontologie du devenir. Mais il poursuit aussi un autre but : réfléchir à ce que devient la conception chrétienne de l'homme dans l'hypothèse – qui est pour le chrétien une espérance – où il y a une vie du monde à venir. Dans *La Philosophie et l'esprit chrétien*, on trouve quelques pages étonnantes sur sa « vision en Dieu » : la transparence mutuelle des êtres, loin de les exposer aux regards de tous, préserve leur relation intime à Dieu, c'est-à-dire leur secret, mais vivifie l'existence de chacun par le fait qu'il pénètre dans la vie des autres comme dans des contrées inconnues. Bref, il décrit un *commercium spirituale*, dont, sur Terre, l'amour et l'amitié nous livrent l'esquisse.

Blondel est conscient de ce qui sépare notre condition de cet état idéal. En 1940, dans *Lutte pour la civilisation et philosophie de la paix*, en effet, il analyse la réalisation ici-bas du contraire de la « communion des saints », en décrivant Hitler en Antéchrist. Ce qui est bouleversant dans la peinture qu'il brosse, c'est que les ingrédients dont est fait l'enfer sont ordinaires. Il aperçoit, à travers *Mein Kampf*, le déroulement futur de la tragédie européenne. Il ne prophétise pas : il discerne dans le présent les signes d'un engrenage fatal. Il ne l'analyse pas comme un événement historique contingent : il le fait dériver d'une doctrine totalitaire – reposant sur le sang et la force – dont il reconstitue les racines et l'histoire. Par-là, le message de Blondel l'emporte en précision sur la *Krisis* de Husserl et sur *Malaise dans la civilisation* de Freud, même si, tous les trois sont conscients de la même tragédie.

En 1937 déjà, dans la seconde *Action*, on trouve cette vision du national-socialisme, regardé du dehors : « Ces vues nous permettent aussi d'écarter les inductions téméraires et les prétentions inhumaines d'après lesquelles l'inégalité des races et la supériorité de certaines civilisations justifieraient l'asservissement, l'exploitation, même l'extermination des peuples ou des individus moins doués ou dégradés ». Il rejette radicalement le racisme au nom de l'unité du genre humain : « C'est parce que l'humanité a une unité et une destinée d'ordre métaphysique, spirituel, transcendant à tout l'ordre immanent que nous ne pouvons légitimement la violer, la détruire en ses membres même les plus infimes » (*A. II*, p. 292).

Il faut lire le livre de 1940 comme un témoignage, fourni par l'histoire réelle, de ce que devient l'humanité si elle oublie qu'elle ne forme pas l'ordre ultime du réel. Blondel, à la différence de son contemporain et camarade d'École Émile Durkheim, ne croit pas que l'humanité, livrée à ses seules déterminations, soit capable d'établir un ordre juste; il ne croit pas non plus que la religion soit explicable comme une projection de la société elle-même[1].

Il nous place devant une alternative qui fut celle même qu'il ressentit comme inéluctable: y a-t-il un Autre que l'homme ou non? Est-il une chimère ou, au contraire, une Présence? Dans ce début du XXIe siècle, où la religion fait irruption dans la vie sociale et politique plus qu'à d'autres époques, et sous des formes inattendues, il est précieux de recourir aux analyses de Maurice Blondel.

L'APPORT DES IDÉES CHRÉTIENNES À LA PHILOSOPHIE

Blondel est sensible à l'apport de la pensée grecque et de la révélation judéo-chrétienne à la philosophie. En plusieurs occasions, il analyse le passage des notions de leur source religieuse au domaine séculier.

Dans le premier tiers du XXe siècle, les biologistes, par la découverte des groupes sanguins et par les débats sur les races humaines; les ethnologues, par la description des cultures et des langues qui différencient les hommes en groupes distincts; les nations ou les ethnies, par leurs différends et par leurs guerres; les politiques enfin par leurs combats mettent l'accent sur ce qui sépare les groupes humains, au point que Bergson, dans *Les Deux Sources de la morale et de la religion* (1932), constate que l'espèce humaine semble faite pour vivre en communautés restreintes, méfiantes les unes à l'égard des autres, si bien que, pour passer des « sociétés closes » à

1. En 1960, méditant sur le régime soviétique à partir de considérations théoriques profondément différentes, Sartre aboutit à un constat voisin: « L'expérience historique a révélé indéniablement que le premier moment de la société socialiste ne pouvait être – à le considérer sur le plan abstrait du pouvoir – que l'indissoluble agrégation de la bureaucratie, de la Terreur et du culte de la personnalité », *Critique de la raison dialectique*, Paris, Gallimard, 1960, p. 630. Le rapprochement est intéressant, parce que Sartre se demande : que se passe-t-il, puisqu'il n'y a pas d'instance ou d'Être qui transcende l'ordre humain ? La fin du livre est sombre : on a le sentiment que l'humanité ne réussit pas à sortir du cachot.

une société « ouverte »[1], il faut comme une transmutation spirituelle de l'élan vital.

Blondel n'est pas plus optimiste que Bergson sur l'humanité si celle-ci reste livrée à ses propres impulsions. Toutefois, il ne doute pas de l'unité du genre humain; bien plus, il intègre dans la communauté des êtres spirituels non seulement les habitants de la Terre mais aussi, s'ils existent, les êtres raisonnables qui habiteraient d'autres planètes, même si leur constitution physique n'était pas identique à la nôtre. Son universalisme cosmique a des sources chrétiennes : saint Paul, dans son discours aux Athéniens, à l'Aéropage, exprime en ces termes l'unité que Dieu a donnée au genre humain : « *époièsen ex hénos pan ethnos* (fecitque ex uno omne genus hominum) » (*Actes*, 17, 26).

De ce fait, même s'il se montre intéressé par les recherches de Lucien Lévy-Bruhl sur la mentalité primitive ou par les travaux de Marcel Jousse concernant les langues sémitiques et la symbolique gestuelle, il étudie l'action comme si, malgré le caractère particulier de chaque acte, de chaque époque et de chaque culture, il était possible d'en dégager les traits universels. Toutefois, discerner les structures universelles de l'action, loin de conduire à des généralités sur l'agir humain, amène à saisir les alternatives singulières de l'histoire présente : « Il s'agit, en effet, ou de vivre pour la conquête scientifique et industrielle du monde en y subordonnant tout l'effort d'une technique et d'une organisation du travail, ou bien de vivre en sublimant cette activité nécessaire à des fins plus hautes et vraiment libératrices » (*A. II*, p. 88).

Sa réflexion sur la communion des saints et la vie du monde à venir lui sert aussi à examiner, à l'aide d'une expérience de pensée, un problème anthropologique et épistémologique que l'interaction entre les esprits soulève dans notre vie quotidienne : comment comprendre que nous soyons ce que nous faisons et ce que nous assimilons de l'expérience des autres, sans que pour autant notre identité se confonde avec celle d'autres individus ? Cette question a pris depuis les années 1940 un tour nouveau : en effet, de plus en plus, dans les sciences, le véritable agent du travail de recherche n'est plus l'individu mais une collectivité (équipe, laboratoire, institut ou université, etc). Blondel se réfère, redisons-le, à l'*Apocalypse*, selon laquelle, dans le monde à venir, chacun gardera son « nom propre » (connu seulement de Dieu et de lui seul), tout en ayant accès de façon transparente aux autres êtres. À travers ce modèle, projeté dans un autre

1. Karl Popper a peut-être emprunté à Bergson la notion de « société ouverte ».

monde, c'est bien de ce monde-ci qu'il s'agit : comment chacun de nous parvient-il à trouver sa propre identité ? À discerner, dit saint Augustin, sa vocation, son «*officium*» propre ou son *Beruf*? Et dans quelle mesure la découverte de notre identité est-elle le résultat d'une interaction entre des personnes ? Bien plus, puisque chaque action met en branle, en nous et hors de nous, d'innombrables processus dont nous n'avons ni la conscience ni la maîtrise, que signifie la notion d'identité ? Elle ne peut pas vouloir dire que nous sommes des substances séparées, puisque, nous l'avons vu, le lien qui fait tenir ensemble les pièces de notre être individuel, le lien qui fait tenir ensemble le genre humain, au point que ce dernier forme un «corps» (*Corpus sumus*, dit, nous l'avons noté, Tertullien), et le lien qui assure que le monde est un sont des « liens substantiels ». Le processus d'individuation est donc en même temps un processus de socialisation et d'universalisation (au sens logique et cosmologique). Là encore, on le voit, Blondel prend appui sur la notion chrétienne de communion des saints pour traiter un problème philosophique difficile, celui de la relation entre l'individuation des personnes et l'interaction des esprits. «Car c'est là ce qui constitue vraiment le sujet que nous sommes, ce sujet qui est l'être ébauché et à parfaire, un être qu'il ne faut pas confondre avec la somme de ses états successifs, ni masquer sous le revêtement de ces phénomènes subjectifs dont Spinoza disait qu'ils ne sont que l'historiole de l'âme périssable au lieu d'être l'avènement progressif de la vie éternelle » (*A. II*, p. 128).

L'ÉNIGME DU DEVENIR

Ainsi, sa méthode génétique a des sources religieuses : Dieu a choisi de créer le monde «en six jours», c'est-à-dire, si on traduit cette expression en termes actuels, par un processus historique : les êtres se déploient dans le temps, la vie évolue et l'univers lui-même est en devenir. Très tôt, semble-t-il, Blondel a interprété le livre de la Genèse comme signifiant que, du point de vue chrétien, Dieu n'a pas fait le monde d'un seul coup mais a procédé comme par ébauches dans l'ordre vivant, commençant par former des organismes relativement simples et choisissant la voie de la complexité croissante ou, comme on le dit aujourd'hui, de l'émergence.

Pour Blondel, c'est à la fois une conviction religieuse et une énigme philosophique. Pourquoi les processus naturels sont-ils les éléments de l'histoire de la nature ? Pourquoi la philosophie de l'esprit est-elle indissociable de l'histoire naturelle? Pourquoi rien, dans l'ordre intellectuel, moral et spirituel, n'advient-il sans une longue préparation physico-chimique, biologique, psychique, sociale? Blondel a voulu, en prenant l'action pour terrain d'exploration, esquisser une ontologie du devenir. Ce choix doctrinal lui est sans doute inspiré par son catholicisme; mais, en tant que philosophe, il prend cette conviction religieuse comme une conjecture à soumettre au tribunal de la raison et de l'expérience. Et, pour lui, il ne fait aucun doute que ce dont il a eu l'intuition en rédigeant sa thèse est exact; d'où le fait que, en 1937, dans le tome II de la seconde *Action*, il reprenne sans y changer un mot, l'introduction de *L'Action* de 1893. La confirmation des hypothèses de Darwin sur l'évolution des espèces, la mise en évidence par l'abbé Lemaître et par Alexandre Friedmann que la théorie générale de la relativité d'Einstein est compatible avec un univers non statique, les observations des astrophysiciens sur l'expansion de l'univers confortent Blondel sur la justesse de ses intuitions originaires.

La science moderne étend à la nature la conviction judéo-chrétienne que, Dieu ayant fait l'homme « à son image et à sa ressemblance », il n'y a aucune raison que les productions de la nature soient impénétrables à l'esprit humain. D'où la thèse que Blondel ne cessera pas de professer : il n'y a rien dans la réalité d'*alogique*. Il incline, de ce fait, à ne pas établir une cloison arbitraire entre nature et artifice, puisque, par essence, la science n'est pas faite seulement pour connaître le monde mais pour le transformer.

Dans le premier tiers du XXe siècle, c'est une thèse originale en épistémologie (sauf dans la perspective marxiste). Là encore se conjuguent chez Blondel deux motifs pour respecter la science moderne, « transformatrice du monde » : elle est un fruit du rationalisme chrétien; elle fournit à l'humanité le moyen le plus puissant d'approcher le réel et, à travers les techniques, de le changer, même si, à elle seule, elle ne nous instruit pas complètement sur la nature et sur la société.

La philosophie occidentale, au cours des siècles, a hérité de notions chrétiennes : elle ne les prend pas comme des croyances à assimiler, mais comme des conjectures à mettre à l'épreuve selon les procédures habituelles d'un examen rationnel. L'idée de Blondel est simple : étendre au *corpus* des notions judéo-chrétiennes ce que les philosophes, en Europe du moins, font pour les auteurs grecs et latins et ce que les ethnologues font pour la pensée de cultures plus lointaines : peindre en philosophe un univers chrétien.

BIBLIOGRAPHIE

OUVRAGES DE MAURICE BLONDEL CITÉS

Carnets intimes (1881-1894), Paris, Le Cerf, 1961.

Carnets intimes, tome II (1894-1949), Paris, Le Cerf, 1966.

L'Action (1893), dans *Œuvres complètes I. 1893. Les deux thèses*, Paris, P.U.F., 1995.

De Vinculo Substantiali et De Substantia Composita apud Leibnitium (1893), traduction de Claude Troisfontaines dans *Œuvres complètes I*, Paris, P.U.F., 1995.

Œuvres complètes II. 1888-1913. La philosophie de l'action et la crise moderniste, Paris, P.U.F., 1997.

Maurice BLONDEL et Auguste VALENSIN, *Correspondance (1899-1912)*, 2 tomes, Paris, Aubier, 1957. (En abrégé : *B. V.*).

Maurice BLONDEL et TEILHARD DE CHARDIN, *Correspondance commentée par Henri de Lubac*, Paris, Beauchesne, 1965. (En abrégé : *B. T.*).

Itinéraire philosophique. Propos recueillis par Frédéric Lefèvre, Paris, Spes, 1928.

Une énigme historique. Le « Vinculum Substantiale » *d'après Leibniz et l'ébauche d'un réalisme supérieur*, Paris, Beauchesne, 1930. (En abrégé : *V. S.*).

La Pensée, tome I. *La genèse de la pensée et les paliers de son ascension spontanée*, Paris, Alcan, 1934. (En abrégé : *P. I*).

La Pensée, tome II. *Les responsabilités de la pensée et la possibilité de son achèvement*, Paris, Alcan, 1934. (En abrégé : *P. II*).

L'Être et les êtres. Essai d'ontologie concrète et intégrale, Paris, Alcan, 1935. (En abrégé : *E.*).

L'Action, tome I. *Le problème des causes secondes et le pur agir*, Paris, Alcan, 1936. (En abrégé : *A. I*).

L'Action, tome II. *L'action humaine et les conditions de son aboutissement*, Paris, Alcan, 1937. (En abrégé : *A. II*).

Lutte pour la civilisation et philosophie de la paix, Paris, Flammarion, 1940. (En abrégé : *L.*)

La Philosophie et l'esprit chrétien, tome I. *Autonomie essentielle et connexion indéclinable*, P.U.F., 1944. (En abrégé : *E. C. I*).

La Philosophie et l'esprit chrétien, tome II. *Conditions de la symbiose seule normale et salutaire*, Paris, P.U.F., 1946. (En abrégé : *E. C. II*).

ARTICLES DE MAURICE BLONDEL CITÉS

« Principes élémentaires d'une logique de la vie morale » dans *Actes du Congrès international de Philosophie*, Paris, Armand Colin, 1900-1903, (4 volumes), tome II, 1903, p. 51-85, Cf. *Œuvres complètes II*, p. 311-318.

« Le problème de la mystique » dans *Qu'est-ce que la mystique ? Quelques aspects historiques et philosophiques du problème*, Cahiers de la Nouvelle Journée, N° 3, Paris, Librairie Bloud & Gay, 1929. (En abrégé : *P.M.*).

« Le jansénisme et l'anti-jansénisme de Pascal » dans *Études sur Pascal* (troisième centenaire de sa naissance), ouvrage collectif, Paris, Armand Colin, 1923.

« Aspects actuels du problème de la transcendance » dans *Actes du Congrès Descartes*, Paris, Hermann, 1937, tome VIII, p. 10-17.

« La philosophie ouverte », dans *Henri Bergson, Essais et témoignages inédits* recueillis par Albert Béguin et Pierre Thévenaz, Neuchâtel, La Baconnière, 1943, p. 73-90.

« Une des formes de la spiritualité et de l'amitié de Léon Brunschvicg » dans « Léon Brunschvicg. L'œuvre. L'homme », *Revue de Métaphysique et de Morale*, tome LV (n°s 1-2), 1945.

OUVRAGES SUR MAURICE BLONDEL

Maurice Blondel : dignité du politique et philosophie de l'action, colloque d'Aix-en-Provence, éd. par Marie-Jeanne COUTAGNE et Pierre de COINTET, Aix-Saint-Maur (Val-de-Marne), Parole et silence, 2006.

Penser l'être de l'action : la métaphysique du dernier Blondel, sous la dir. d'E. TOURPE; avec des textes de P. de COINTET, Cl. TROISFONTAINES, R. Virgoulay... [*et alii*], Louvain/Paris, Peeters, 2000.

L'Action, une dialectique du salut : colloque du centenaire, Aix-en-Provence, textes rassemblés par M.-J. Coutagne, Paris, Beauchesne, 1994.

COLIN Maurice, *L'Audace et le soupçon : la crise moderniste dans le catholicisme français*, Malakoff, Desclée de Brouwer, 1997.

DUMÉRY Henry, *La Philosophie de l'action. Préface de Maurice Blondel*, Paris, Montaigne, 1948.

ENGLISH, Adam C., *The possibility of Christian Philosophy : Maurice Blondel at the Intersection of Theology and Philosophy*, London, Routledge, 2007.

LACROIX Jean, *Maurice Blondel. Sa vie, son œuvre avec un exposé de sa philosophie*, Paris, P.U.F., 1963.

THEOBALD Christoph, *Maurice Blondel und das Problem der Modernität*, Knecht, 1988.

TABLE DES MATIÈRES

DANS LA MÊME COLLECTION

ARISTOTE. *Une philosophie en quête de savoir*, par Richard Bodéüs, 272 pages.
AUGUSTIN. *L'expérience du Verbe*, par Dominique Doucet, 192 pages.
BERKELEY. *Un nominalisme réaliste*, par Dominique Berlioz, 224 p ages.
BLONDEL. *Un univers chrétien*, par Bertrand Saint-Sernin, 192 p ages.
COURNOT. *Le réalisme*, par Bertrand Saint-Sernin, 192 pages.
DELEUZE. *La passion de la pensée*, par Pierre Montebello, 256 pages.
DUNS SCOT. *La métaphysique de la singularité*, par Gérard Sondag, 240 pages.
ÉPICURE. *La nature et la raison*, par Pierre-Marie Morel, 224 pages.
FICHTE. *Réflexion et argumentation*, par Isabelle Thomas-Fogiel, 256 pages.
GADAMER. *Une herméneutique philosophique*, par Isabel Weiss, 224 pages.
HEGEL. *Une philosophie de la raison vivante*, par André Stanguennec, 248 pages.
HEIDEGGER. *La question du logos*, par Françoise Dastur, 256 pages.
HOBBES *ou l'œuvre de la raison*, par Michel Malherbe, 224 pages.
HUME. *Une philosophie des contradictions*, par Jean-Pierre Cléro, 256 pages.
KANT. *L'invention critique*, par Monique Castillo, 248 pages.
MALEBRANCHE. *Une philosophie de l'expérience*, par Denis Moreau, 224 pages.
MONTAIGNE *ou l'usage du monde*, par Paul Mathias, 224 pages.
MONTESQUIEU. *Le droit et l'histoire*, par Francine Markovits, 232 pages.
LES NÉOKANTIENS. *Valeur et vérité*, par Éric Dufour, 192 pages.
PASCAL. *La force de la raison*, par Hélène Bouchilloux, 240 pages.
PLATON. *Le désir de comprendre*, par Monique Dixsaut, 288 pages.
SARTRE. *Liberté et histoire*, par André Guigot, 256 pages.
LES STOÏCIENS. *La liberté et l'ordre du monde*, par Robert Muller, 292 pages.
VOLTAIRE. *Du cartésianisme aux Lumières*, par Éliane Martin-Haag, 192 pages.

ACHEVÉ D'IMPRIMER
EN DÉCEMBRE 2009
PAR L'IMPRIMERIE
DE LA MANUTENTION
A MAYENNE
FRANCE
N° 09N-110

Dépôt légal : 4e trimestre 2009